# 지방의원의 길

'6선 지방의원' 김용석의 의정가이드

**시간의서재**

"나는 자신의 심장을 열고자 하는 열망에서 태어나지 않은
예술은 믿지 않는다. 모든 미술과 문학, 음악은 심장의 피로
만들어져야 한다. 예술은 한 인간의 심혈이다."
– 에드바르트 뭉크 〈예술 심장론〉 중에서


나는 예술가도 아니고 그저 한없이 부족한 지방의원일
뿐이지만 22년 동안 현장에서 느낀 수많은 좌절과 한계,
분노에 대해 절규하면서 '내 심장의 뜨거운 피'로
이 글을 썼다.

프롤로그

# 스물일곱의
# 꿈을 담다

1998년, 만 스물일곱의 나이에 기초의원으로 당선되었다. 미리 준비한 일도 아니었다. 막상 당선이 되고 보니 덜컥 겁부터 났다. 그저 운이 좋았다고밖에는 설명할 수 없는 결과 앞에서 당황스러운 일들은 셀 수 없이 많았다.

나는 지방의원의 역할도 잘 몰랐을 뿐더러 의정활동에 대한 전문성 또한 전무한 상태였다. 준비는 부족했고 상황은 낯설었다. 막연함으로 집행부를 대하기에는 어색하고 어려운 것 투성이었다.

아버지뻘 되는 집행부의 간부 공무원들을 견제·감시하기 위해 대면하는 것도 어색했지만, 생소한 행정용어와 도시계획, 재정·회계, 사회복지 등 전문 분야에 대한 이해 부족은 더욱 문제였다. 세상 물정 모르는 새파란 20대 청년에게는 작은 기초의회조차 너무나 큰 세상이었고, 깊이 있는 지식이 필요한 전문가의 세계였다.

무엇보다 어려운 것은 의정실무였다. 지방의원으로서 가장 기본적 의정활동인 행정사무감사와 예·결산 심의, 질문과 질의 등을 준비해야 했는데 정말 아는 것이 없었다. 국회의원은 9명의 개인 보좌관이 있지만 지방의원은 개인 보좌관은커녕 도움을 받을 수 있는 의회 소속 사무직원조차 몇 명 되지 않았다.

이런 상황에서 사전 지식도 없이 전문성이 부족한 내가 이 모든 것을 혼자서 준비한다는 것은 정말 힘든 일이었다. 법률적인 지식이 필요했고, 풍부한 사회 경험과 문제인식을 바탕으로 대안과 해결방안을 제시할 수 있어야 했다. 닥치는 대로 분야별 공부를 하는 것 말고는 방법이 없었다. 매일이 도전의 연속이었다.

그중에서도 가장 어려웠던 것은 '민원 해결'이었다. 주민들은 크고 작은 생활적 불편 및 불만들을 제기했고, 대규모 개발사업 등으로 집단민원이 자주 발생했다. 사회 경험이 부족한 청년 지방의원이 민원인을 만난다는 것은 여간 힘든 일이 아니었다.

성난 민원인들이 쏟아 내는 거친 말투와 너무도 다양하고 복잡한 민원들은 많은 인내심과 전문지식을 필요로 했다. 작은 말실수나 무성의한 태도는 용납되지 않았고, 해결책이 성에 차지 않을 때에는 모욕적인 언사와 비난이 쏟아지곤 했다.

그러나 정작 의정활동의 경험과 모범적인 실전사례를 제대로 가르쳐 주는 선배 지방의원이나 전문가, 교수들이 없다는 것이 더 큰 문제였다.

심지어 책이나 논문 등 의정활동 지침서도 부족해서 공부할 자료도 별로 없었다. 생각해 보면 짧은 지방자치 역사에서 이것은 당연하고 자연스러운 일인지도 모른다.

지난해 당선의 기쁨을 안은 전국 3,756명의 지방의원 중 의정활동이 처음인 초선의원은 무려 70~80%에 달한다. 제10대 서울시의회만 하더라도 74%가 초선의원이다. 나이가 많든 적든 처음 의회에 나왔을 때 느끼는 당황스러움은 비슷할 것이다.

전문 분야에 대한 지식은 모자라고 챙겨야 할 사항들은 많다. 사전에 준비가 되어 있었다면 다행이지만 지방자치의 필요성에 대해서조차 수많은 설왕설래가 반복되는 상황이고 보면 지방의원으로서의 전문성을 갖추고 의회에 나서는 이들이 많지 않을 것임은 불을 보듯 뻔하다.

그럼에도 여전히 누구 한 사람 의정활동의 노하우에 대해서 제대로 가르쳐 주는 사람이 없다. 지방의회가 부활한 지 30년이 다 되어 가지만 제대로 된 교육기관도, 제도화된 시스템도 없다. 현 지방자치의 한계를 비판하는 책들은 꽤 있지만 지방자치에 뜻을 둔 이들이 읽고 배워 익힐 만한 책은 많지 않다.

초선의원 때 느꼈던 그 난감함을 잘 알기에 6선 지방의원으로서 지난 22년 동안의 의정활동 노하우를 공유하고자 부족한 글 솜씨에도 용기를 한번 내 봤다. 기초의원 3선과 만 서른한 살에 기초의회 의장직 수행 경험, 광역의원 3선과 광역의회 교섭단체 대표의원직 수행, 그리고 10년이 넘는 세월 동안 전국 200여 군데 기초·광역의회에서 진행해 온 실전강의 경험을 토대로 실질적인 의정활동의 노하우를 이 책에 정리했다. 지방자치의 역사와 기본원리는 물론 지방의원의 길과 의정활동 사례, 에피소드, 자료요구와 조례 제·개정, 행정사무감사와 예·결산 심의, 질의와 발언 등 의정활동 실전사례와 현장경험 등을 생생하게 담아 보려고 노력했다.

"나는 자신의 심장을 열고자 하는 열망에서 태어나지 않은 예술은 믿지 않는다. 모든 미술과 문학, 음악은 심장의 피로 만들어져야 한다. 예술은 한 인간의 심혈이다."

〈절규〉라는 작품으로 잘 알려진 노르웨이 표현주의 화가 에드바르트 뭉크의 일명 '예술 심장론'이다. 나는 예술가도 아니고 그저 한없이 부족한 지방의원일 뿐이지만 22년 동안 현장에서 느낀 수많은 좌절과 한계, 분노에 대해 절규하면서 내 심장의 뜨거운 피로 이 글을 썼다.

"다 함께 잘 사는 세상"

지방자치의 궁극적인 목표다.

부족하지만 이 책을 통해 도덕성과 전문성, 실력을 갖춘 많은 지방의원들이 지방자치의 새로운 역사를 써 가는 데 작은 보탬이 되었으면 한다. 자치와 분권, 특히 지방의회가 발전해야 정치가 발전하고, 대한민국의 지속가능한 발전은 비로소 실현될 수 있다.

"정치에 무관심한 것은 자기 인생에 무책임한 것이다"라는 조정래 작가의 말처럼 당장 부족하더라도 비난하고 외면만 할 것이 아니라 사랑과 관심으로 비판하고 참여해서 풀뿌리 민주주의인 지방자치를 함께 키워가야 한다.

끝으로 오늘의 나를 있게 해 준 '민주주의자' 故 김근태 의원과 33만 도봉구민들께 감사드린다. 더불어 이 책이 발간될 수 있도록 마음을 다해 도와주신 도서출판 시간의서재 손은미 대표이사와 이지선팀장, 이준호 팀장 및 관계자 여러분께 깊은 감사의 마음을 전한다.

2019년 가을 아침밥을 준비하며…….

김용석

**프롤로그**
# 스물일곱의 꿈을 담다     6

**제1장**
# 지방의원의 길

## 1. 청년, 의회에 가다
삼고초려는 아니었지만     18
공중전화와 선거운동     23
작은 부정과도 타협하지 않다     26
당선, 그리고 두 살림     29
등원하던 날     32
무모한 약속     34

## 2. 연구만이 살 길이다
과외가 필요해     38
술자리와 바꾼 공부     41
지방의원으로 산다는 것     44
사람이 책이다     47
당신은 좋은 의원입니까?     50

## 3. 해결책은 현장에 있다

| | |
|---|---|
| 왕도 없는 길에 서다 | 54 |
| 바지는 입고 얘기합시다 | 57 |
| 두 할머니의 부탁 | 60 |
| 1,000원짜리 민원의 소중함 | 63 |
| 25년 만의 해결 | 66 |

## 4. 이리 오라 부르는 소리 있어

| | |
|---|---|
| 축구와 바꾼 딸의 외박 | 72 |
| 5만 원이 가른 운명 | 75 |
| 뇌물은 쥐약이다 | 78 |
| 후원회보다 더 시급한 것 | 81 |
| 차라리 배지를 달지 마라 | 85 |

Tip. 지방의원의 5가지 길     88

## 제2장
## 의정활동 A to Z

### 1. 자료요구가 반이다

| | |
|---|---|
| 자료로 읽는 세계 | 94 |
| 모든 공무원이 내 보좌관 | 99 |
| 자료요구는 이렇게 | 101 |
| 자료요구는 평가의 척도 | 105 |
| 자료요구 '꿀 팁' | 108 |

### 2. 지방의회 수준이 한눈에

| | |
|---|---|
| 조례가 왜 필요해? | 112 |
| 붕어빵 조례 | 115 |
| 초선의원이 무능한 이유 | 120 |
| 조례 발의와 의회 무용론 | 124 |
| 조례 발의 ABC | 130 |
| 조례 발의도 실적 관리를 | 134 |
| 산고의 고통, 제정 조례안 | 137 |

## 3. 숫자로 말한다

| | |
|---|---|
| 예산이 곧 로마다 | 142 |
| 고무줄, 숫자놀음, 혹은 조작 | 146 |
| 예산의 8대 원칙 | 149 |
| 국가재정도 알아야 한다 | 159 |
| 예산심의 포인트 | 163 |
| 예산서의 마술사 순세계잉여금 | 179 |
| 지방의회는 허수아비 | 184 |
| 10만 3,000원짜리 특별회계 | 189 |
| 예산총칙을 보라 | 193 |
| 예비비의 천태만상 | 199 |

## 4. 성과를 확인하라

| | |
|---|---|
| 결산이 예산보다 중요한 이유 | 204 |
| 집행부의 조직적 방해 | 209 |
| 성과로 말하라 | 213 |
| 결산심사 체크 포인트 | 218 |
| 기금은 예산과 별개다 | 231 |

## 5. 의정활동의 꽃 행정사무감사

| | |
|---|---|
| 행정사무감사의 의미 | 236 |
| 1차에 할까, 2차에 할까 | 239 |
| 서면감사가 50% 이상이다 | 242 |
| 4개의 범주 | 244 |
| 증인 채택과 현장 확인 | 248 |

## 6. 의원의 유일한 무기는 '말'이다

| | |
|---|---|
| 시장을 꾸짖다 | 252 |
| 말이 전부다 | 256 |
| 공무원이 대신 써 준 질문서 | 258 |
| 옳은 말을 할 수 있는 용기 | 260 |
| 지방의원 5대 수칙 | 263 |

Tip. 의정활동, 어떻게 평가될까?　　　　　　　　　265

---

### 제3장
# 지방의회에 길을 묻다

## 1. 불행한 역사를 넘어

| | |
|---|---|
| 전쟁 속에 태어나다 | 272 |
| 역사에서 지워지다 | 275 |
| 미스터 지방자치 | 278 |
| 유아복을 입은 30대 청년 | 280 |
| 지방의원 다 없애 버려? | 283 |

## 2. 지방의회에 필요한 것

4년 비정규직의 월급을 공개하다 288
지방의원 역량 강화 방안 294
소가 웃을 일 299
더 많은 청년이 필요해 302
스타 강사, 전국을 누비다 305

## 3. 자치의 시대, 분권의 희망

야구장 이름이 소송 중인 이유 314
8 대 2도 문제지만 9 대 1이 더 큰 문제 316
더디고, 돈 많이 들고, 시끄러워야 320
서생적 문제의식과 상인적 현실감각 323
지방자치, 독일에서 배우다 327

### 에필로그
**인간 김용석을 말하다** 335

인재근 국회의원 / 이인영 더불어민주당 원내대표 /
박원순 서울시장 / 신원철 서울시의회 의장 / 도봉구민 김수영 /
늘 부족한 아내 / 사랑하는 딸

**1장**

지방의원의 길

'인생과 사막에는 정해진 길이 없다'고들 하지만
정치는 나에게 전혀 고려조차 해 본 적 없는 생소한 길이었다.

# 1 청년, 의회에 가다

## 삼고초려는 아니었지만

현재는 서울시 도봉구에 살고 있지만 내 고향은 경상남도 사천이다. 지방 출신인 내가 서울에 터를 잡게 된 것은 많은 사람들이 그렇듯 대학 진학이 계기였다. 사천에서 5형제 중 넷째 아들로 학창시절을 보내고 마침내 서울의 대학으로 진학했을 때 처음 터를 잡은 곳은 서대문구 아현동이었다.

넉넉하지 않은 시골 살림살이에 아들 다섯이 모두 대학을 가자 부모님은 등록금 마련에 허리 한 번 펼 날이 없었다. '상아탑이 아니라 우골탑'이라는 농담을 하던 시절, 소를 팔아서 큰형의 등록금을 마련했던 기억이 아직도 생생하다.

아현동 굴레방다리에서 마을버스를 타고 다시 10여 분 올라가야 하는, 하늘과 맞닿은 자취방은 작고 허름했다. 큰형, 셋째 형과 함께 살았던 달동네 풍경은 시골의 작은 동네에서 진학한 갓 스물 청년의 서울에 대한 환상을 깨기에 충분했다. 교통비 할인제도가 없었다면 매일의 등굣길이 부담이 될 만큼 생활은 궁핍했다.

학생운동이 한창이던 그 시절, 형들은 모두 운동에 투신해 매일매일을 바쁘게 보내고 있었다. 그 덕분에 나 또한 자연스럽게 학생운동에 관심을 갖게 됐다. 돌이켜보면 많은 부분에서 넉넉하지 않았음에도 부모님의 삶이 부끄럽지 않았고 형들의 대학생활 또한 치열했기에 나도 자연스레 그 길을 따라갈 수 있었던 것 같다.

가끔 학생운동을 하지 않았다면 현재와는 다른 삶을 살았을지도 모른다는 생각을 할 만큼, 그 시절 나에게 학생운동이 끼친 영향은 지대했다. 집회에 나가고 사람들을 만나고 이런저런 책을 읽고 공부하는 동안 사회에 대해 더 깊은 관심을 갖게 되었다. 불의와 부정 앞에서 나 혼자 잘 살자고 현실을 외면할 수는 없었다. 그렇다고는 해도 지방의회 의원으로 거의 평생을 살게 될 것이라고 생각한 적은 한 번도 없었다.

5년에 걸친 대학생활을 마치고 군대에 다녀왔을 때만 해도 나는 취업을 고민하던 평범한 청년이었다. 김근태 의원의 선거 캠프에서 자원봉사를 해 달라는 선배의 요청을 받았을 때도 그랬다. 경험 삼아 해 보면 좋겠다는 생각에 선뜻 수락했지만, 정치를 나의 길이라 생각한 적은 없었다. '인생과 사막에는 정해진 길이 없다'고들 하시만 정치는 나에게 선혀 고려조차 해 본 적 없는 생소한 길이었다.

선거 캠프에는 두 달 반 정도 있었다. 그리고 그곳에서의 인연을 계기로 김 의원에게서 함께 일해 달라는 제안이 왔다. 그 자리는 여의도 국회의원회관이 아니라 도봉구 지구당사무실이었다. 여의도에서 '젊은 피'로서 참모 역할을 해 달라는 요청이 아니라 김 의원의 지역사무실에서 사무도 보고 청소도 하고 커피도 타는 일을 해 달라는 얘기였다. 깨끗한 정치인답게 많은 사람들에게 봉급을 줄 수 없는 상황이었기 때문에 혼자서 온갖 자질구레한 업무까지 감당해야 하는 자리였다.

솔직히 여의도가 아닌 지역사무실을 제안받았을 때 내심 서운했다. 의식한 적은 없었지만 부지불식중에 '국회 의원회관에서 보좌하는 것이 모양새가 난다'고 생각했던 것 같다. 그러나 그저 조금 서운하다는 이유로 제안을 거절할 수는 없었다. 김 의원의 부탁이었다. 그는 내 정치적 스승이자 아버지였다. 대한민국 정치사에서 가장 존경할 만한 몇 안 되는 인물이다. 그렇게 내 첫 직함은 지구당사무실 총무부장이 되었다.
지방의원 출마를 제안 받은 것은 그로부터 2년 후였다. 후보자들이 각 동별로 넘쳐났지만 유독 한 동은 기초의원 후보가 없어서 애를 먹고 있었다. 당세가 약해서 출마해도 당선될 가능성이 낮은 곳이었다.
선거를 한 달여 앞둔 어느 날, 김 의원이 할 얘기가 있다며 조용히 불렀다. 나에게는 너무 큰 정치인이어서 마주앉는 것도 항상 어렵게 느껴지던 시절이었다.

"출마를 한 번 생각해 봐."

순간 머릿속이 하얗게 변했다. 전혀 예상하지 못했던 엄청난 말이었다. 강압적인 명령조는 아니었지만 조용하고 신중한 말투였다. 찰나에 많은 생각들이 스쳐갔다.

'무슨 생각으로 무모한 제안을 하시는 것일까?'

도대체 이해가 되지 않는 이야기 앞에 나는 더럭 겁이 났다. 일단 거절부터 했다.

"제가 할 수 있는 일이 아닙니다."

당시만 해도 지방의원은 지역에서 이름깨나 알려진 사람들이 주로 출마하던 자리였다. 제대로 된 보수도 없는 명예직이었으므로 재력이 있는 사람들이 명예를 명분 삼아 지역을 활보하던 시절이었다. 지역주민들 사이에서, 또 공무원들을 상대로 목소리를 내는 자리이다 보니 나이도 적당히 있어야 한다는 인식이 일반적이었다.

그러나 나는 상대적으로 너무 젊었다. 젊은 정치에 대한 목소리가 당시라고 없었던 것은 아니었지만 30대도 아닌 20대 지방의원은 쉽게 찾기 어려운 시절이었다. 또한 나는 가난했다. 고맙게도 생계를 맡아 주는 아내가 있었으므로 당장 굶어 죽을 상황은 아니었지만 명예를 위해 생활을 내던져도 좋은 상황은 아니었다.

무엇보다 나는 지방자치나 지방의회에 대해서 아는 것이 거의 없었다. 의회의 중요성을 머리로는 알고 있었으나 그것이 현실에서 어떻게 작동하고 있는지에 대해서는 아는 바가 없다고 해도 과언이 아니었다. 심지어 그 동네에 살지도 않았다. 준비가 없었던 것은 물론이고 모든 여건이 맞지 않았다.

김 의원이 재차 불렀을 때도 그래서 거절했다.

"아무리 생각해 봐도 저는 아닌 것 같습니다."

다시 며칠 후 김 의원이 또 한번 나를 불렀다. 세 번째 요청이었다. 큰 정치인의 눈으로 보자면 천둥벌거숭이에 가까울 스물일곱 청년에게 세 번의 부탁이라니. 이쯤 되면 마냥 거절만 하기도 미안한 일이었다. 그렇게까지 절박한 상황인가 싶어 생각해 보겠다 대답하고 자리에서 물러났다. 혼자 고민할 수 없는 문제였다. 가족의 동의 없이는 할 수 없는 일이라 생각했다. 말려 줄 사람이 필요하다고 생각했는지도 모르겠다.

그날 저녁, 식사를 마치고 조심스럽게 아내에게 물었다. 가정을 꾸렸으므로 아내의 의견을 듣지 않을 수 없었다. 상황을 설명하고 세 번째 요청이라는 말을 하자 아내가 단칼에 결정을 내렸다.

"출마해!"

전혀 예상하지 못한 답변이었다. 사실 아내도 당연히 반대할 것이라 생각했었다. 당선에 대한 보장도 없으려니와 선거 출마 경험이 좋은 경력이 될지 망하는 경험이 될지도 알 수 없는 상황이었다. 심지어 해당 선거구의 상황이 그다지 유리한 편도 아니었다. 그런데 일고의 망설임도 없이 출마를 하라니! 놀라운 반응에 대꾸할 말을 바로 찾지 못하고 바라보기만 하자 아내가 말을 이었다.

"당신의 당선은 중요하지 않아. 밀알이 되라는 뜻이잖아. 경험 삼아 출마해 봐. 그분이 그렇게까지 말씀을 하셨다면, 그만큼 당신을 믿는다는 이야기 아니겠어? 그럼 출마해야지!"
학교 동기에서 평생의 동반자가 된 이 사람은 종종 나보다 큰 눈으로 세상을 지혜롭게 본다. 나와는 정반대의 성격을 가졌지만 시야가 넓고 결단력이 있어 고민이 있을 때 항상 좋은 조언자가 되어 주곤 했다. 아내의 말은 큰 용기를 주었고, 나는 결정을 내렸다.
선거 한 달 전의 일이었다.

# 공중전화와 선거운동

**갑작스러운** 결정을 내리고 황급하게 후보등록을 마쳤다. 그러자 현실적인 고민들이 몰려왔다. 당장 주어진 선거운동 기간은 겨우 2주가량이었다. 짧은 선거운동 기간 동안 3만 명이 넘는 주민들을 만나서 이름을 알리고 지지를 얻어 내야 했다. 당선될 것이라는 보장도 없었지만 짧은 시간 안에 모든 걸 해내야 한다는 압박감이 어마어마했다.

먼저 선거 전략을 구상하고 선거사무실을 구해야 했다. 명함에 들어갈 사진도 찍고 후보자 이미지를 어떻게 만들어 갈지도 고민거리였다. 현수막과 홍보물, 선거운동 차량도 준비하고 선거운동원 또한 꾸려야 했다. 유동인구가 많은 지역의 주요 거점을 파악하고 꼭 만나야 할 사람들의 명단을 정리하는 것도 필요한 일이었다.

'공중전화'. 당시의 선거 과정을 비유할 수 있는 최적의 단어가 있다면 그것은 공중전화였다.

그 시절 선거운동에는 돈이 많이 들었다. 마치 공중전화처럼, 돈을 넣어야 통화가 되듯이 선거운동도 자금이 투입되어야 진행이 가능했다. 지금이야 선거가 깨끗해지고 선거공영제도가 정착되어 대부분의 선거비용이 보전되기 때문에 큰돈이 없어도 출마가 가능하지만 그때의 상황은 달라도 너무 달랐다.

나에게는 돈도, 조직도 아무것도 없었다. 아무런 지역기반조차 없는 상황에서 고민은 차라리 사치였다. 미리 알고 지내던 지역주민도 딱히 없었기에 새벽부터 밤늦게까지 무작정 거리를 누비고 다녔다. 뾰족한 선거운동 전략이나 방법이랄 것이 없었다.

우선 이름을 알려 좋은 인상을 남기는 것이 중요했다. 명함과 피켓을 들고 하루에도 수십 번 동네를 누볐다. 다행히 소선거구제하의 지역구는 그리 넓지 않았고, 열심히 발품만 팔면 오전에 만난 주민을 오후에 다시 마주치는 것은 어려운 일이 아니었다. 믿을 것은 오로지 젊은 몸뚱아리와 체력뿐이었다. 젊음은 내가 가진 유일한 선거운동 무기였다.

그러나 선거운동은 열심히만 한다고 해서 되는 일이 아니다. 중요한 것은 사람의 마음을 얻는 일이다. 인간에 대한 무한한 사랑과 애정이 필요했고, 믿음과 신뢰를 줘야 했다. 지역 발전에 대한 비전 제시와 문제 해결 능력 또한 중요한 선택 기준으로 작용했다.

돈으로도 살 수 없는 것이 사람의 마음이다. 유권자들의 '표심'은 선거운동 기간 내내 계속 움직이고 있었다. 단 한 순간도 방심할 수 없는 긴장의 연속이었다.

열심히 동네를 누비는 일이 젊고 성실한 인재라는 이미지를 만드는 데 기여한다면, 믿고 일을 맡길 수 있는 일꾼이라는 인상을 남기기 위한 방법도 필요했다. 혼자서 해결할 수 있는 일이 아니었다.

선거운동원은 후보자의 분신이다. 선거운동원이 어떤 마음과 자세로 얼마나 열심히 해 주느냐에 따라서 당락이 좌우된다. 선거운동원의 헌신만이 당선의 보증수표였다.

출마 소식을 알리자 대학교 후배 2명이 달려왔다. 6월 초여름 날씨에 정말로 헌신적으로 선거운동을 해 주었다. 당원들도 손을 내밀었다. 선거에서 정당과 당원들의 적극적인 지지를 받지 못하면 당선이 어려워진다. 생각하면 정말로 감사한 일이었다.

과연, 그들이 뛰기 시작하자 손바닥만한 동네에 소문이 쫙 퍼졌다. 후보자보다 선거운동원들이 더 열심히 뛴다고 온 동네에 소문이 자자했다.

절박함이 통했을까? 처음에 느꼈던 막막함이 안개 걷히듯 서서히 사라지고 있었다. 몸을 아끼지 않고 뛰는 후배들과 도와준다고 나서 준 당원들의 도움 덕분에 시간이 갈수록 선거 분위기가 서서히 올라오는 것이 느껴졌다. 냉랭하게 대하던 주민들이 눈을 마주치기 시작했다. 처음 보는 청년 후보와 운동원들의 열정적인 선거운동 방식에 주민들이 반응을 보였다.

"아들뻘인데 열심히 해 봐!"

"아유, 고생하네. 수고가 많아요!"

멀리서 지켜보던 이들이 조금씩 다가오더니 한마디씩 툭툭 던지고 갔다. 마냥 막막하기만 했던 선거 국면에 작은 희망의 불씨가 보이는 듯했다.

'혹시나 이길 수도 있겠나.'

'어쩌면 이길지도 몰라.'

하루가 다르게 체력이 떨어져 가는 동안, '어쩌면'과 '혹시나'는 그 어떤 피로회복제보다 강력한 힘을 발휘하고 있었다.

## 작은 부정과도 타협하지 않다

**치열한** 선거운동 과정이 다 순탄했던 것은 아니다. 믿는 도끼에 발등 찍힌다고 했던가. 당원들 내에서 문제가 터졌다.

"동생, 아무 걱정 말고 출마만 해 줘! 형들이 돈 안 받고 선거운동 다 해 줄 테니까!"

처음에 출마를 망설일 때 동네 당원 형님들이 나를 설득하면서 한 얘기다. 실제로 선거운동을 본격적으로 시작하자 내 일처럼 나서 준 이들이 있기에 세상 경험이 부족한 나는 순진하게도 그날의 말을 철석같이 믿고 있었다.

그런데 투표 일주일 전, 전혀 예상하지 못한 일이 벌어졌다. 매일 당원들로 북적이던 선거사무실이 한순간에 텅 비었다. 선거운동을 돕던 당원들이 다 떠나 버리고 만 것이다.

이유는 직감할 수 있었다. '돈' 때문이었다.

바보스럽게 순진한 데다 미숙하기까지 했던 나는 선거운동 활동비를 줘야 한다는 생각을 하지 못했다. 뭐라도 지원했어야 했는데, 그럴 상황도 아니었을 뿐더러 그럴 마음 또한 없었다.

"우리가 다 해 줄게"라는 말을 문자 그대로 믿고 있었다. 그저 다들 순수한 마음으로 나를 돕고 있는 줄만 알았다. 어떤 식으로든 보상이 돌아올 것이라 생각했던 사람들은 시간이 지날수록 더 이상 나를 지지하고 지원할 이유를 찾지 못했던 것이다. 그래서 그들은 떠났다. 어쩌면 당연한 결과였다.

문제가 있다면 투표일을 딱 일주일 앞둔 시점이라는 사실이었다. 선거 분위기는 달아올랐고, 인지도를 겨우 높여 주민들 사이에서 반응이 돌아오고 있던 시점이었다. 이때 동네 곳곳에서 나를 홍보하던 당원들이 갑자기 사라진 것이다. 절체절명의 위기였다. 순식간에 패배의 그림자가 엄습해 오는 듯 했다.

선거 일주일 전 한 표가 아쉬운 때, 한 사람이라도 더 만나야 할 때, 이제 막 작은 희망이 보이기 시작했는데……. 가장 믿었던 당원들의 선거운동 파업은 잊을 수 없는 아픈 기억으로 남아 있다. 정치가 모질고 냉정하다는 것을 처음으로 깨달았다.

떠난 사람들은 돌아오시 않았다. 봉두를 들고 찾아가서 매날려 보라는 주위의 조언도 있었지만 찾아가지 않았다. 선거에서 패배하더라도 비굴하고 싶지 않았다. 작은 부정과도 타협해서는 안 된다고 생각했다.

결국 남은 사람은 아내와 김근태 의원의 부인인 인재근 여사(현 국회의원), 선거운동원인 대학교 후배 2명, 그리고 당원 중에서 유일하게 남은 김상수 씨였다. 지금은 고인이 되셨지만 마지막까지 선거사무실을 지켜주신 김장수 씨는 내 정치 인생의 일등공신으로서 평생 잊을 수가 없다.

그 일이 있은 후 김근태 의원이 선거운동 지원을 나왔다. 대부분 밤늦은 시간이었다. 당원들의 선거운동 파업 소식을 듣고 걱정이 많이 됐던 모양이었다. 전국을 다니며 선거 지원 유세를 했기 때문에 쓰러질 정도로 피곤했을 텐데도 내 옆을 끝까지 지키며 선거운동을 지원해 주었다. 김근태라는 이름이 주는 무게감을 생각하니 어쩌면 전화위복(轉禍爲福)이라는 기분도 들었다.

낮에는 인재근 여사가 차량 운전과 자원봉사를 자처했다. 비가 부슬부슬 내리던 어느 날, 아내가 확성기를 들고 아파트 단지를 돌면서 선거유세를 할 때 그 곁에서 인재근 여사가 비옷을 입고 스피커를 받쳐 들기도 했다. 지금 생각해도 매순간이 감사할 따름이다.

정치를 누구에게서 배웠는지는 어떤 부모 밑에서 자랐는지와도 같다. 작은 지방의원일 뿐이지만 김근태 의원에게서 많은 것을 배웠고, 그 사실이 지금도 가장 자랑스럽다. 온화한 미소와 부드러운 손, 크지 않은 체구만 봐서는 '민주화의 대부'라는 이미지와는 잘 어울리지 않았다. 그러나 그의 행동에는 언제나 원칙이 있었고, 아무리 작은 것이더라도 부정과 불의에 타협하지 않았다. 소탈했고, 신중했으며, 강했다. 사람에 대한 근본적인 애정과 신뢰가 있었다. 최선을 다하고서 결과를 겸허히 받아들이던 그의 냉철한 모습을 기억한다. 한 달간의 선거운동을 마치고 투표일을 보낸 뒤, '진인사대천명(盡人事待天命)'을 떠올린 것은 그러한 배움이 있었기 때문일 것이다.

이제는 조용히 결과를 기다리는 일만 남았다고 생각하자 새삼 마음이 가벼워졌다. 약 한 달간의 악전고투를 일일이 회고할 정도로 여유로운 것은 아니었지만, 할 것을 모두 다 했다는 후련함이 마음 한쪽에 느껴졌다. 다음 날 새벽이 다 되어 개표장에서 당선소식이 들려 왔다. 모든 것은 고마움으로 변했다. 스물일곱 청년이 벌인 한 달간의 무모한 도전은 그렇게 해피엔딩으로 끝났다.

# 당선, 그리고 두 살림

'민심은 천심'이라거나 '뚜껑을 열어 봐야 안다'는 말은 숱하게 들었지만 '당선'이라는 두 글자가 내 몫이 될 것이라고는 예상하지 못했다. 기왕에 출사표를 던졌으니 열심히 해 보자고 생각했고, 몸을 던져 열심히 했으니 결과가 나쁘지 않기를 바랐다. 나와 함께했던 모든 이들의 사정 또한 그러했을 것이다. 그러나 예측이나 기대는 할 수 없는 처지였다. 객관적 상황이 불리했고 준비 기간 또한 충분하지 못했으니 당연한 일이었다.

그러나 1998년 6월 4일, 아무도 기대하지 않은 일이 현실로 바뀌었다. 실로 낯선 상황이었다. 예상하지 않았기 때문에 더욱 기뻤지만, 그렇기 때문에 더욱 어깨가 무거웠다.

차분하게 마음을 정리할 시간조차 없었다. 바로 다음 날 당선증을 받으러 구민회관에 가야 했다. 당선자마다 가족과 선거캠프 등 많은 축하객들이 꽃다발을 들고 참석했지만 나는 혼자서 담담하게 당선증만 받아들고 돌아왔다. 쑥스럽기도 했고 당선의 기쁨보다는 무거운 책임감이 한

발 앞섰던 것 같다.

당선과 임기 시작 사이에는 한 달 정도의 시간이 있었다. 개원을 준비하면서 공무원들이 이런저런 행정 처리를 위해 찾아왔다. 아버지뻘인 공무원들이 허리를 굽히는 것도 부담스러웠고, '의원님' 하면서 꼬박꼬박 존댓말을 하는 것도 불편했다. 권위적이고 낡은 관습을 하나씩 바꿔야겠다고 다짐했다.

도봉구 15명의 의원 중 20대 청년의원은 나를 포함해 2명이었다. 변화의 바람이 불면서 30대 초반의 젊은 의장이 선출되었다. 젊고 의욕적인 초선의원들이 중심이 되어 공부하는 의회로 변신하기 시작했다. 공무원들을 대하는 자세도 한결 겸손해졌다. 흔히 말하던 '의원님'들의 갑질과 구태들이 사라지고 있었다. 나 또한 그 변화에 보탬이 되고자 노력했다. '관례'라는 이름의 낡은 관습을 버리고 '개혁'이라는 새로운 바람을 일으켜야 했다. 대표적인 일이 젊은 의장 선출이었다.

지방의회에서 의장을 선출하는 일은 간단한 문제가 아니다. 학급의 반장, 학과의 대표는 리더십과 성실성으로 자격요건을 채우고도 남지만 의회의 의장이 되려면 그 외에도 많은 조건이 충족되어야 했다. 자리가 주는 의미, 자리가 가진 권한이 달랐기 때문이다. 당연히 정당 차원의 조율이 필요했다.

의장을 하고 싶은 다선의원들은 선거운동 때부터 미리 계획적으로 움직인다. 선거사무실 개소식에 참석해서 격려를 하거나 선거운동을 지원하기도 한다. 당선자가 확정되면 본격적으로 의장단 선출을 위한 선거운동이 시작된다. 치열한 물밑 경쟁과 기상천외한 수법들이 동원되기도 한다. 특히, 기초의회의 경우에는 의원 수가 몇 명 되지 않는 경우가 많고, 당시로서는 정당공천제가 없었기에 이합집산은 더 활발했다. 속된 말로 몇 사람만 꾀면 의장이 될 수 있는 구조였다. 표를 얻기 위해 돈 봉투는 물론 온갖 감언이설과 약속들이 넘쳐났다. 의회가 혁신하기 위해서는 의장 선출 과정부터 바뀌어야 했다.

엄연히 불법인 돈 봉투를 몰아내고 같은 당 의원끼리 모여서 먼저 의견을 나누는 자리를 만들었다. 무언가 욕심을 부릴 수도 없고 실제로 별다른 욕심이 없었던 막내인 내가 나서서 합의를 이끌어 냈던 기억이 있다. 인구 3만 명의 작은 동네일뿐이지만 기초의원은 엄연히 주민들을 대표하는 자리였다. 주민과 소통하면서 의견을 잘 수렴해야 하고, 주민을 대신해서 행정을 견제·감시해야 한다. 자리가 주는 부담감에 질식하지 않을 수 있었던 것은 순전히 아내 덕분이었다. 때로는 격려하고 때로는 채찍질하는 그의 도움 덕분에 등원을 앞두고 착실하게 마음을 다잡을 수 있었다.

아내는 "너무 잘하려고 하지 말라"고도 했다가, "주민을 대표하는 자리니 가볍게 생각하지 말라"고도 했다가, 또 "할 수 있는 만큼 최선을 다하는 것이 중요하다"고 응원하기도 했다. 그 응원을 등에 업고 수험생이 된 기분으로 등원 준비에 들어갔다. 참고서도, 교과서도 없이 시험 준비를 하는 기분이었다.

당시 아내가 생계를 책임지고 있었으므로 집안 살림은 내 몫이었다. 집안 살림과 도봉구 살림, 두 가지를 다 챙기는 것은 쉬운 일이 아니었지만 그 어느 하나도 소홀히 할 수 없었다. 딸을 등·하원 시키고 식사와 빨래 등 집안일을 챙겨야 했다. 그리고 밤에는 어김없이 공부를 했다. 이 생활은 의원생활을 시작한 이후 내 삶의 중요한 공식이 되었다. 자연스레 식탁 한 편이 내가 공부하는 책상이 되었다.

지금도 매일 밤 우리 집 식탁은 책상으로 변한다.

# 등원하던 날

**누구나** 첫 경험은 잊지 못하게 마련이라고들 한다. 나 또한 그랬다. 스물일곱 나이에 처음 의회로 등원하던 날의 기억은 지금도 생생하다. 풋풋한 청년의 의회 출현이 다른 이들 눈에도 꽤나 인상적인 기억으로 남았을 수 있겠지만, 첫발을 들이던 나만큼 강렬하게 기억하고 있지는 않을 것이다.

크고 웅장한 본회의장과 높디높은 의장석, TV에서 보았던 화려한 회전의자들은 나를 더욱 주눅들게 만들었다. 지역 케이블방송 카메라가 뜨거운 열기를 내뿜으며 돌아가고, 수십 명의 공무원들이 본회의장을 에워싸고 있었다. 방청석은 개원을 축하하기 위해 참석한 지역주민들과 가족들로 발 디딜 틈이 없었다.

특히, 몇 번 고배를 마신 후 당선된 의원일수록 축하객이 많았다. 모든 것이 어리둥절하고 생경한 풍경들이었다. 한껏 들뜬 당선자들과 그들의 일거수일투족을 주목하는 사람들. 마치 유명 스타라도 된 듯한 착각이 들 정도였다. 문득 경계하는 마음을 느낀 것은 그 때문일 것이다.

의원이 되었다는 것을 실감하자마자 주변의 풍경이 다르게 느껴지다니 위험한 일이었다. 그저 '주민의 대표'로서 겸허하게 맡은 일을 수행해 나가겠다는 결심은 왁자하게 달라진 풍경 앞에 흔들리기 딱 좋아 보였다. 고상한 말로 주민의 대표이지 다른 뜻에선 대단한 권력을 가진 존재임에 분명했다. 무슨 말을 해도 될 것 같고, 무엇을 해도 주목 받고 박수 받을 것 같은 상황. 어깨가 으쓱해지고 목에 힘이 들어가기에는 최적의 조건이었다. 이런 분위기라면 웬만한 각오로는 휩쓸리기 십상이었다.
권불십년(權不十年) 화무십일홍(花無十日紅). '십년 가는 권세 없고, 열흘 붉은 꽃은 없다.' 정신을 차리고 마음을 다잡았다. 권력에 취하지 않고 초심으로 돌아가야 한다. 주민의 대표로서 항상 성실해야 하고, 겸손한 자세로 주민들을 섬겨야 한다. 재차 다짐했다. 의회의 '젊은 피'가 되지는 못할망정 흐트러진 마음으로 이리저리 휩쓸려서는 곤란했다. 그래서는 무엇도 할 수 없을 것이다.
주목 받고 있는 만큼 조심해야 한다고 다시 한번 생각할 즈음, 자리에서 일어나서 오른손을 들고 의원선서를 했다. 청렴하고 성실한 의정활동과 법령 준수 등을 맹세했고, 마지막엔 각자 이름을 외쳤던 것 같다.
다시 생각해 보면 그 잔치 같았던 분위기가 단순히 축하와 기쁨만으로 채워져 있었던 것만은 아니었지 싶다. 회의장을 둘러싼 공무원들은 만면에 웃음을 띠고 있었지만 언뜻언뜻 매서운 눈초리를 하고 있었다. 카메라들은 의원들의 행동거지 하나하나를 기록했고, 이는 앞으로 공무원들이 의원들을 상대할 때 참고사항이 될 것이었다.
흔히 지방의회와 지방자치단체를 지방자치의 양 수레바퀴라고들 하지만, 조금만 살펴보면 두 기관이 정책적으로 건전한 경쟁관계에 있지 못하다는 것을 알 수 있다. 단체장의 권한은 막강하고, 지방의원들이 할 수 있는 일은 생각보다 많지 않다. 운동장은 처음부터 심하게 기울어져 있었다. 의원은 혼자지만 단체장은 수백, 수천 명이 넘는 공무원들과 함께한다. 그날 그 자리, 본회의장을 둘러싼 공무원들은 사실상 단체장의 눈이고 귀였다.
등원 첫날. 신출내기 청년은 거대한 파도 앞에 홀로 서 있었다.

# 무모한 약속

**사람들은** 살면서 많은 약속을 한다. 함께 밥을 먹자고도 하고, 언제 만나자고도 하고, 어떤 일을 같이 하자고도 한다. 많은 사람들이 수많은 약속을 쉽게 나눈다. 간혹 약속을 어기는 경우가 생기지만 어지간히 반복된 문제가 아니고서야 약속 불이행을 이유로 단박에 신뢰를 접지는 않는다. 대개 약속은 서로의 관계를 돈독히 하는 요소지만 한 번 지키지 못했다고 바로 신뢰의 문제가 생기지는 않는 것이 일반적이다.

그러나 정치인은 다르다. 다를 수밖에 없고 달라야 한다. 약속의 무게가 다르기 때문이다. 정치를 하는 사람들은 약속을 대가로 믿음을 얻는다. 지역을 위해, 국가를 위해 무슨 일을 하겠다고 말하는 것. 바로 그 약속이 정치인의 삶을 채우는 요소다. 물론 정치인에게 약속을 지킨다는 것은 결코 쉬운 일이 아니다. 후보자들은 선거 과정에서 많은 공약들을 제시하고 주민들은 후보자의 이력 및 경력사항과 함께 공약의 내역을 보고 마음을 정한다.

그러나 막상 당선이 되고나서는 이런저런 이유로 공약을 버리기 일쑤다. 여러 가지 사정상 공약을 지킬 수 없는 경우도 있고, 별 다른 이유

없이 공약을 포기하는 사례도 있다. 딱히 공약을 안 지켜도 누구 한 사람 따지는 이가 없으니 크게 양심의 가책을 느끼지 않는 이들도 있다. 그래서일까? 참으로 이해하기 힘든 일이지만, 오랜 선거 경험상 유권자들은 후보자를 결정할 때 공약을 가장 우선하지 않는다. 후보자들의 공약을 검토는 하지만 공약이 좋다고 반드시 그 후보자에게 투표하지는 않는다. 선거가 '바람'이고 '구도'라고 하는 말은 그래서 생겼다.

"실력이 아무리 좋아도 바람을 이길 수는 없다"는 말이 있다. 소위 '동남풍'이 불어야 한다는 것이다. 제갈량이 적벽대전에서 승리할 수 있었던 결정적인 이유는 동남풍이었다. 2006년과 2018년 지방선거가 그랬다. 후보자의 자질보다는 정치적 입장에 따라서 후보자를 선택하는 경향이 강했다. 그 때문에 설령 후보자 개인에게 도덕적으로 큰 흠이 있어도, 실력이 부족해도 특정 정당이 의석을 싹쓸이하는 결과가 가능했다. 바람직한 투표 현상은 아니지만 현실 속에서 엄연히 벌어지고 있는 투표 행태다.

다음은 구도다. 바람이 불어도 같은 진영의 후보자가 난립하게 되면 다른 진영의 단일후보를 이길 재간은 없다. 바람과 달리 구도는 후보자의 노력에 따라서 간혹 바뀌기도 한다.

처음 당선되었을 때 나는 선거공약으로 매 분기마다 의정보고서를 만들어 배포하겠다는 약속을 내걸었다. "하룻강아지 범 무서운 줄 모른다"는 속담처럼 의정보고서에 대해서 잘 알지도 못하면서 덜컥 약속을 하고 만 것이다. 요즘에야 SNS, 인터넷 등이 발달해 다양한 방법으로 의정보고를 하는 것이 가능하고 문자메시지를 활용할 수도 있지만 당시에는 온전히 유인물과 책자 형태로 만들어 배포하는 것 말고는 방법이 없었다.

게다가 초선의원이 3개월마다 의정보고서를 제작하는 것은 쉬운 일이 아니었다. 처음엔 뭘 써야 할지, 어떻게 써야 할지도 막막했다. 그러나 약속은 약속이었으므로 어떻게든 지켜야 한다고 생각했다. 사례를 찾아보며 형식과 내용을 고민했다.

진짜 문제는 그다음이었다. 무보수 명예직이라 기본적인 생활도 하기 어려운 재정적 상황에서 의정보고서 제작비와 우편발송비를 감당하는 일은 당장의 걱정일 수밖에 없었다.

직접 컴퓨터로 글을 작성하고, 사진을 현상해 넣고, 대학교 앞 인쇄소로 달려갔다. 재학 시절부터 안면이 있던 인쇄소라 그나마 가장 저렴한 비용으로 인쇄물을 만들 수 있었기 때문이다.

당시 지역구 주민은 3만 명 정도였고 세대수는 1만 세대가량이었는데 3,000세대 정도에 의정보고서를 발송했다. 처음에는 우편으로 발송했으나 비용을 감당할 수가 없었다. 그렇다고 포기할 수 없었기에 다른 방법을 찾아야만 했다.

다행히 의정보고서를 접어서 봉투에 넣고, 주소 라벨을 붙이는 작업은 열성 지지자들의 자원봉사로 도움을 받았다. 아파트와 동·호수별로 정리된 의정보고서는 입주자대표회의와 관리소의 협조를 받아 우편함에 투입했다. 젊고 가난한 지방의원의 열정적인 의정활동 모습을 보고 다들 내 일처럼 나서서 도와줬다. 매일같이 관리소를 방문하면서 입주자대표들과 관리소의 민원을 잘 챙기고 돈독하게 지내다 보니 가능한 일이었다. 어떻게든 약속을 지켜 냈다는 생각에 뿌듯했지만 한편으로는 이 현실이 슬펐다. 무보수의 가난한 청년 지방의원이 의정보고서까지 자기 돈으로 제작해야 한다는 것이. 국회의원이야 연간 의정보고서 제작비용이 지원되지만 지방의원은 아직도 아무런 지원이 없는 실정이다.

초선의원 시절, 나는 분기마다 의정보고서를 제작해서 4년 임기 동안 열여섯 번 배부했다. 잘 몰라서 덜컥 해 버린 무모한 약속이었지만 '몰라서 그랬다'를 핑계로 약속을 어길 수는 없었다. 주민들과의 약속이었고, 나는 공인이었다. 공적인 약속은 지켜지는 것이 옳다고 믿었고, 그 생각은 지금도 변함이 없다.

무모한 약속, 그것은 순수였고 열정이었다.

# 2 연구만이 살 길이다

# 과외가 필요해

**자랑** 같지만, 오래전 대학입시를 준비하던 시절에도 나는 과외 한 번 받아 본 일이 없었다. 하숙비 마련도 어려운 형편이었기에 과외는 상상도 할 수 없었다. 학력고사 세대였기 때문에 무식하게 암기하는 방법이 통했고, 오랫동안 책상 앞에 앉아 있으면 성적이 나왔다. 4지선다형 문제가 많았기에 교과서를 보충해 줄 참고서만 몇 권 있으면 노력으로 얼마든지 부족한 부분을 메울 수 있었다. 그렇기에 진학을 놓고 전공을 무엇으로 할 것인가 고민한 적은 있어도 과외가 필요하다는 생각을 한 적은 없었다.

그러나 대학을 졸업한 후, 전혀 생각지도 않은 순간에 나는 과외가 필요하다는 생각을 했다. 그것도 아주 절실히. 누구든 어디든 과외를 해 준다는 사람이 있다면 찾아가겠다고 마음먹었다. 바로 지방의원이 된 순간이었다.

지방의원의 역할과 의미에 대해 가르쳐 줄 사람이 필요했다. 아니 교재라도 있었으면 좋겠다고 생각했다. "열심히 해라", "잘해라" 하는 격려는 숱하게 들었지만 무엇을 어떻게 열심히 하면 된다는 건지 제대로 알려 주는 사람이 없었기 때문이다. 무엇부터 어떻게 해야 할지 도무지 알 수가 없었다.

무슨 일이든 닥치면 다 한다고들 하지만, 정작 일을 잘하기 위해서는 수많은 노력과 노하우가 필요한 법이다. 세상에 거저 얻어지는 것은 없고, 요행으로 얻을 수 있는 것에는 한계가 있다는 사실을 살면서 단 한 번도 잊은 적이 없다. 그러나 지방의원이 된 순간만큼은 어떤 방법으로든 빨리 노하우를 깨우치고 싶다는 생각이 간절했다.

의원생활 중 두 번 '결산검사위원'으로 위촉되었는데 당시 잘 모르면서도 사양하지 않은 것은 배우고 싶은 욕망 때문이었다. 기초의원 초선 때와 광역의원 초선 때, 나는 악착같이 노력해서 결산검사위원으로 활동했다. 당장 알아보지도 못하는 용어가 줄을 선 서류들을 앞에 놓고 기울였던 노력과 시간은 무엇과도 바꿀 수 없는 소중한 경험이었다. 짧은 시간 안에 행정 전반에 대해서 많은 것을 배우고 성과를 확인할 수 있었기 때문이다.

한번은 결산검사위원으로서 결산검사를 준비하다가 '순세계잉여금(純歲計剩餘金)'이라는 용어의 의미를 몰라서 다른 지역의 재선의원을 찾아간 적이 있었다. 그러나 설명은 어려웠고, 막상 듣고 나서도 쉽게 이해가 되지 않았다. 내가 이 용어를 연구하고 공부해서 그 뜻을 정확히 이해하는 데만 5~6년의 시간이 걸렸던 것 같다. 수없이 많은 행정 전문 용어를 이해하고 파악하는 것은 의원으로서의 기본적인 자질이자 의무라 하겠지만 제대로 이해하기 위해서는 상당히 오랜 시간과 노력이 필요했다.

초선의원 시절 지방의회의 원리와 역할, 의미에 대해 공부하고 이해하려고 무던히 노력했지만 4년의 노력만으로 그 모든 것을 한방에 꿸 수는 없었다. 지방의회의 역사와 해외 선진국들의 지방자치 운영 형태, 원리 등을 학습하고 습득하는 데만도 긴 시간이 필요했다. 지방의원들에게 의정연수원 설립이 절실한 이유이기도 하다.

국회 의정연수원은 국회의원과 보좌직원, 국회사무처 직원에 대한 교육이 목적이고, 전라북도 완주에 있는 행정안전부 지방자치인재개발원은 전국 243개 지방자치단체 공무원들을 교육하는 지방행정 인재 양성 기관이다. 그러나 전국의 3,756명의 지방의원들을 체계적이고 전문적으로 교육하는 기관은 가슴 아프게도 아직 없다. 많은 이들이 지방의원들에게 전문성이 부족하다고 욕하고, 제대로 의정활동 못한다고 비판해 왔지만 정작 현실은 교육연수원도, 교육을 해 줄 경험 있는 강사나 교수도 없다.

불쌍한 지방의원들에게 당분간 과외가 필요한 슬픈 이유다.

# 술자리와 바꾼 공부

**처음** 당선되고 나서 가장 많이 들었던 이야기 중 하나는 "술 한잔 하자"였다. 축하의 의미로, 인사의 의미로 밥과 술을 제안하는 목소리가 줄을 이었다. 감사한 일이었지만 부르는 대로 다닐 수는 없었다.

우선은 그 자리에서 먹는 밥이, 마시는 술이 이후 어떤 의미로 돌아오게 될지에 대한 불안감이 컸다. 소위 '술자리 민원', '식사 민원'은 대개 누군가의 이익과 관련된 일이기 십상이라 제대로 거절하지 않았다가는 나중에 무슨 대가를 치러야 할지 몰랐다.

아무리 복권 당첨 수준의 운 좋은 당선이었다고 해도 주어진 기회를 그렇게 써 버릴 수는 없었다. 지방의원은 주민을 위해 일하는 자리여야 했으므로 일단 당선이 된 이상 주민을 위해 작은 일이라도 해야 한다고 믿었다.

숱한 제의 앞에 "고맙지만 사양한다"는 말을 하고 또 했다. 하지만 감사한 마음을 아무리 표현해도 계속해서 거절이 이어지자 돌아오는 반응은 점차 냉랭해졌다.

지방의원이 곧 지역 유지와 동의어처럼 쓰이던 시절이었다. 지역 유지가 아닌 청년의원은 눈에 띌 수밖에 없는 상황이었으므로 눈에 띄는 청년의원에게 '지역의 뜻'을 대변해 달라는 요청이 줄을 이은 것은 물론이다. 그러나 누군가의 사적인 이익만을 대변하고자 지방의원이 된 것이 아니었으니 그런 제안들을 곧이곧대로 들어줄 수는 없었다.

"정치를 하려면 적당히 어울릴 줄 알아야 한다."
"술 안 마시고 정치 못한다."
"물이 너무 맑으면 물고기가 살지 못한다."

세상과 적당히 타협할 것을 집요하게 요구받았다. 때로는 비난에 가까운 이야기도 들어야 했다. 특별히 변명은 하지 않았다. 변명할 시간을 아껴서라도 어떻게든 혼자서 공부를 해내야 했기 때문이다. 집안의 생계를 아내가 책임지고 있는 상황이었으므로 공부를 한답시고 집안일을 외면하는 것은 있을 수 없는 일이었다. 과외를 받고 싶을 정도로 절박한 심정이었던 나에게 시간은 쪼개고 또 쪼개도 부족했다.

효율적인 시간 관리가 필요했다. 매일의 일과를 정해 두고 정확하게 수행했다. 회기 중일 때는 회의 출석이 최우선이었고, 비회기 중일 때는 지역민원 해결 등에 신경을 쏟아야 했지만, 그 어떤 상황에서도 매일의 공부는 잊지 않았다. 하루 일과를 마치고 6~7시쯤 귀가해서 밤 10시까지는 아이를 돌보고 집안일을 챙겼다.

가사와 육아는 의정활동 못지않게 중요한 내 일과였다. 퇴근하면 전화도 받지 않았다. 집에서 밤늦게까지 민원에 시달린다는 것은 개인적인 생활이 전혀 없다는 것이었기 때문에 욕을 먹는 한이 있더라도 전화를 받지 않았다. 대신 다음 날 전화를 드리고 직접 찾아다니며 민원을 처리했다. 낮 시간 동안에는 단 한순간도 게으름 피우지 않고 마음을 다해서 주민들을 만났다.

진심은 통했다.

밤에 술 안 마시고 공부하는 의원으로 동네에 소문이 돌기 시작했다. 밤 10시부터 새벽 1시까지 매일매일 주방의 식탁을 책상 삼아 자료와 책을 들여다봤다. 두툼한 예산서를 읽고 확인해야 할 부분들을 메모했다. 참고 도서도 태부족이었고 인터넷도 원활하지 않던 시절이었으므로 쉽게 이해가 되지 않는 개념은 외워질 때까지 읽고 또 읽었다. 지방자치와 지방의회, 예산과 재정 등 관련 책과 논문, 자료들을 닥치는 대로 구해서 읽었다.

나는 기회가 있을 때마다 지방의원들에게 강조한다.

"술자리를 줄이고 공부하셔야 합니다."

지방의원은 보좌관도 없고, 사무국 직원들도 충분치 않아서 혼자서 모든 일을 처리해야 하기 때문에 선택과 집중을 할 수밖에 없다. 덜 중요한 것은 반드시 포기해야 한다는 얘기다. 술자리가 바로 그중 하나다.

# 지방의원으로 산다는 것

**지방의원과** 국회의원은 많은 것이 다르지만 무엇보다 전문보좌관이나 비서관이 없다는 점이 가장 큰 차이다. 국회의원은 전문가를 보좌관과 비서관으로 둘 수 있으며, 최대 9명의 개인 보좌인력을 둘 수 있다. 그러나 지방의원에게는 개인 보좌인력이 없다. 모든 일을 혼자서 처리한다. 국회의원은 보좌관이 질의서를 써 주지만 지방의원은 본인이 직접 공부하고 질의 내용을 정리해야 한다.

서울시의원의 경우 서울시와 교육청, 기금을 합친 1년 살림 규모가 55조 원에 달하는데도 누구 한 사람 내역을 살펴보고 분석·정리해 주지 않는다. 지방의원 혼자서 모든 내역을 공부하고 분석해서 질의서를 준비해야 한다. 혼자서 북 치고 장구 치고, 소리도 하고 춤도 춰야 한다.

55조 원이라고 하면 규모가 쉽게 와 닿지 않을 수도 있겠다. 2020년 국가 살림 규모가 513조 원 정도다. 국가예산의 10분의 1이 넘는 결코 만만치 않은 규모다. 게다가 지방의원에겐 사무실 전화를 대신 받아 줄 사람도 없고, 일정관리와 민원상담도 오직 혼자서 감당해야 한다. 한마디로 '만능 슈퍼맨'이 되어야 한다.

상당수의 지방의원들이 국회의원과 정당의 지역사무실에서 사무도 맡아보는 경우가 많다. 의정활동에 연관성이 있어 효율적인 면도 많지만 이로 인해 업무량은 폭발적으로 늘어나게 된다. 지역 행사와 경조사에 참석하는 것도 업무의 일부이므로 한가로운 주말이나 여유로운 개인 생활은 기대도 할 수 없다.

이런 현실에서 가장 슬픈 일은 따로 있다.

"당선되고 나니 얼굴 보기 힘드네!"

주민들이 가장 쉽게, 많이 하는 말이다. 가장 가슴 아픈 말이자 슬픈 말이기도 하다. 사실 당선이 되고 나면 기본적인 의정활동을 하기에도 시간이 빠듯해 지역 곳곳을 자주 다닐 수가 없다. 광역의원의 경우엔 기본적인 회기가 150일 정도인 데다가 세미나 등 다른 의회일정으로 200일 이상은 지역에 있을 수가 없다. 놀지 않는데도 눈코 뜰 새 없이 이래저래 바쁘다.

물론 주민들의 말은 항상 고맙다. 애정이 있어서, 보고 싶어서 건네는 말이라는 걸 잘 알기 때문이다. 혼자서 얼마나 바쁜지 알 수 없는 주민들로서는 그저 가볍게 던진 말이었을 것이다. 더 가까이에서, 더 자주 봤으면 하는 마음을 담은 표현인 것이다.

지방의원의 본질적인 임무는 단체장과 집행부를 견제·감시하는 일이다. 주민들이 낸 세금이 낭비 없이 효율적으로 잘 사용되는지 확인해야 한다. 공무원들이 친절하게 주민들을 섬기고 있는지, 법과 규정에 맞게 사무를 처리하고 있는지, 생활이 어려운 사람들을 잘 돌보고 있는지, 주민들이 꼭 필요로 하는 사업들을 잘 챙기고 있는지 꼼꼼하게 확인하고 살펴야 한다.

그래서 지방의원은 문서를 읽을 수 있어야 하고, 예산서와 결산서를 볼 줄 알아야 한다. 모든 자료는 문서화되어 있고, 두꺼운 예산서와 결산서를 잘 심의하려면 상당한 전문지식과 노하우가 필요하다. 시정질문서를 논리 정연하게 작성할 줄 알아야 하고, 법적 지식과 문제 해결 능력도 갖춰야 한다. 기본적으로 주민들을 주인으로 섬길 줄 알아야 하고, 소통하려는 자세도 갖춰야 한다.

이 모든 것을 아우르는 능력을 갖추었을 때 지방의원으로서의 역할을 제대로 수행할 수 있다. 지방의원의 전문성을 계속해서 말하는 이유다. 거대한 공무원 조직과 방대한 업무들을 제대로 감시하고 살펴보기 위해선 부단한 자기 계발로 전문 노하우를 축적해야 한다.

독일의 사상가 막스 베버는 정치인이 갖추어야 할 세 가지 자질로 '열정'과 '책임감', '균형감각'을 말했다. 지방의원은 이 세 가지 외에 '전문성'도 갖춰야 한다. 그러기 위해서는 교육과 제도화된 시스템이 필요하다. 생활정치인인 지방의원은 어느 날 갑자기 '짠' 하고 나타나서는 안 되며, 사실상 그럴 수도 없다. 준비되어 있지 않은 사람은 주민들의 진정한 대표로서 역할을 할 수가 없다.

벌써 네 번째 연임을 하고 있는 독일의 총리 앙겔라 메르켈은 14살 나이에 정당에 가입해서 훈련을 받았다. 선진국의 많은 정치인들은 이른 나이에 자신의 지향에 맞는 정당에 가입해서 정치캠프 등을 통해 경험을 쌓는다. 우리의 부족한 정당정치 현실이 아쉬울 뿐이다.

'지방의원은 만능 슈퍼맨이 되어야 한다!'

무리한 요구처럼 보이지만 어쩔 수 없는 현실이다.

# 사람이 책이다

**학창시절** 내 학부 전공은 역사학이었다. 학생운동을 한다고 공부를 소홀히 한 적도 있었지만 기본적으로 역사에 관심이 많았고, 역사를 살피는 것이 즐거웠다. 막상 지방의원이 되었을 때 당장 나에게 필요한 것은 역사보다 회계, 사회복지, 도시계획, 행정학적 지식이었다. 그래서 대학원에 진학했다. 없는 시간을 또 한번 쪼개야 하는 일이었지만 배움의 갈증이 피로와 번거로움을 이기게 했다. 지금은 다시 행정학 박사과정을 밟고 있다.

물론 대학원에서 도시행정학과 행정학을 공부한다고 해서 바로 훌륭한 지방의원이 될 수 있는 것은 아니다. 누구나 알고 있듯이 학교에서 모든 것을 배울 수는 없다. 그런 학교도 없다. 그러나 도시는 어떠해야 하는지, 행정의 발전 과정은 어떠했으며 이론적 배경지식은 무엇인지 등을 알 수 있었다. 많은 자료와 논문들을 읽고 발표하면서 '다 함께 잘사는 세상'을 위해 진정 무엇이 필요한지를 고민할 수 있게 되었다. 현장에서의 경험들이 이론들을 만나면서 비로소 흔들리지 않는 방향을 찾아가고 있었다. 더 단단해지고 있었던 것이다.

그러나 지방의원들에게는 책이나 자료를 통해서 배우는 지식보다 더 소중한 것이 있다. 다선의원들의 실전 경험과 풍부한 노하우가 바로 그것이다. 4년마다 지방의회가 새로 구성되는데 초선의원들의 가장 훌륭한 스승은 바로 재선·삼선의원들이다.

다선의원들이 의정활동의 내용과 방향을 모범적으로 설정하면 의회는 주민들이 진정 가려운 곳을 찾아서 제대로 된 해결책을 마련하게 되고, 생활밀착형 의정활동으로 주민들로부터 사랑받게 된다. 자연스레 잿밥에 관심이 있었던 의원들도 눈치를 보면서 허튼짓을 안 하게 되고, 의회 내에서도 자정 분위기가 큰 흐름을 형성하게 된다.

이 모든 것은 다선의원들의 마음 자세와 실천에 의해서 시작된다. 의회는 하나의 공동운명체이기 때문에 동료의원 한 사람이 부정과 비리로 지탄을 받으면 그 의회 전체가 공동으로 평가받고 욕먹게 된다. 이런 의미에서 주로 재선 이상 다선의원들이 맡게 되는 의장과 부의장, 상임위원장과 대표의원 등 의회 지도부를 어떤 사람으로, 어떻게 구성하는지는 무엇보다 중요하다.

아무것도 모르는 초선의원 시절, 돌이켜 보면 다선의원들의 검은 사심에 순진한 초선의원들이 이용당한 적도 많았다. 재선의원쯤 되면 속된 말로 어디에서 돈이 나오는지, 누구를 비틀면 돈이 생기는지, 어떻게 하면 공무원들을 골탕 먹일 수 있는지를 대충 알기 때문에 한 사람만이라도 나쁜 마음을 먹으면 의회는 순식간에 비리의 소용돌이에 빠져서 파국을 맞게 된다.

한번은 대형할인 매장이 건축허가를 받기 위해 절차를 밟고 있는데 그 과정에서 공유재산을 매각해야 하는 경우가 발생했다. 초선의원들로서는 내용과 절차를 잘 모르는 상황이었으므로 재선의원들이 상황을 주도했는데 이런저런 이유를 달아서 매각을 반대한 것이다. 두 번쯤 매각이 보류되더니 얼마 있다가 결국 재선의원들이 나서서 다시 동의를 해 주자고 했다. 확실한 물증은 없지만, 지금 생각해 보면 허가과정에서 이런저런 거래가 있었을 것으로 짐작이 된다.

불쾌한 기억은 또 있다. 어떤 이들은 명절마다 관내업체 사장들에게 아무 이유 없이 전화해서 안부를 묻거나, 크고 작은 허가 과정이나 행정사무감사 등을 통해서 괴롭히기도 했다. 심지어 고급 일식집을 개업하고는 집행부 공무원들을 부서별로, 반강제적으로 식사를 하게 만들기도 했다. 주민들의 대표로서 지역의 민원과 주민들의 삶을 꼼꼼하게 챙겨야 하는데도 정작 본연의 임무에 충실하기보다 작은 권한을 이용해서 사리사욕을 챙기는 다선의원들은 분명히 있다.

사람은 경험을 통해서 배운다고 했다. 다선의원들이 모범을 보여야만 의회가 제대로 항해할 수 있다. 다선의원들의 마음이 콩밭에 가 있으면 의회는 선장을 잃은 배와 같다. 게다가 초선의원들에게 다선의원은 가장 좋은 책이다. 베스트셀러가 많은 의회가 우리의 희망이자 미래다.

# 당신은 좋은 의원입니까?

**올 초에** 개봉했던 영화중에 〈증인〉이라는 작품이 있었다. 영화를 좋아하는 대학생 딸의 추천으로 집에서 함께 봤다. 장애인 증인과 변호사의 이야기를 담은 이 영화를 보다가 문득 한마디 대사 앞에 생각이 많아졌다. 자폐를 가진 증인이 변호사에게 묻는다.
"당신은 좋은 사람입니까?"
나에게는 그 대사가 이렇게 들렸다.
"당신은 좋은 의원입니까?"
선뜻 대답할 수가 없었다. 별것 아닌 상상 앞에 자기 반성이 이어졌다. 사실 기초의원 3선과 광역의원 3선의 경력을 가졌다고 하면 사람들은 부럽다는 말부터 꺼낼 때가 많다. 하지만 나에게도 지방의원으로 활동하면서 즐겁고 보람찬 기억만큼 화가 나고 부끄러운 때도 많았다. 가장 크게 반성하는 기억은 세 번째 기초의원 선거에 나갔을 때의 일이다.
2006년의 정치상황은 내 정치인생에서도 최대 위기를 몰고 왔다. 대통령과 정당 지지율이 최악으로 치달으면서 패배의 먹구름이 가득 차던 때였다. 천만다행으로 이때부터 기초의원 중선거구제도가 도입되어 몇 개의 동(洞)을 묶어서 기초의원을 2~4명씩 뽑았다. 나는 이때 세 명을 뽑는 기초의원 선거에서 턱걸이하듯 3등으로 겨우 당선되었다. 완전히 체면을 구기고 말았다. 한 명씩 뽑는 기존의 소선거구제 방식이었다면 100% 낙선했을 것이다.

이 일로 나는 마음에 병이 들었다. 무려 6개월 동안이나 집 안에 틀어박힌 채 두문불출했다. 결과에 대한 실망과 분노, 사람들에 대한 원망과 배신감이 감당할 수 없이 컸다. 지난 8년 동안 그 누구보다도 열심히 지역을 누비며 민원을 챙겨 왔다. 작은 부정과 타협하지 않고 오직 주민들만 바라보면서 의정활동을 했고, 무보수 명예직임에도 없는 돈을 써 가면서 분기마다 성실하게 의정보고서를 3,000부나 배부했다. 전국 최연소 의장으로서 성실하게 직무를 수행했고, 많은 것을 개혁해 내면서 지방의회의 새로운 모범들을 창출했는데도 겨우 3등으로 당선된 것이다. 부끄럽게 의정활동을 하지 않았고, 마음을 다해 주민들을 섬겼음에도 결과는 초라했다. 자부심과 자신감이 너무 컸던 탓에 실망감은 이루 말할 수 없이 컸다.

함께 당선된 분 중에는 선거운동도 제대로 하지 않았는데 당선이 된 70세의 고령자가 있었고, 선거 한 달을 남겨 두고 영입이 된 최고 득표자도 있었다. 1, 2등 모두 상대당 후보들이었다. '정권 심판'이라는 바람이 세게 불었기에 그 누가 출마한들 당선은 힘든 선거였지만 서운함은 꽤 오래갔다.

그러나 6개월 만에 얻은 깨달음은 의외로 간단했다.

'욕심을 버리고, 착각에 빠지지 마라.'

지방의원의 임기는 4년이다. 주민들은 우리에게 4년만 일하라고 위임하지만, 욕심과 착각에 빠진 의원들은 당연히 다시 당선되어 4년 더 일할 수 있을 것이라고 생각한다.

지방의원들이여! 4년만 열심히 일하라. 4년 동안만 최선을 다해 주민을 섬기고, 지역을 발전시키며, 단체장과 집행부를 주민의 입장에서 제대로 견제·감시하라.

다만, 의정활동을 잘했다고 해서 반드시 재선이 된다고 보장할 수는 없다. 재선이 되는 문제는 그때의 정치상황과 조건이 맞아야 해결이 가능하다. 마음을 비운다는 것이 결코 말처럼 쉬운 일은 아니지만 그렇게 하지 않을 경우 건강을 해치거나 극단적인 선택으로 불행해지는 사람들을 많이 목격했다.

욕심을 내려놓고 4년 동안만 최선을 다하라. 그러면 자신 있게 대답할 수 있을 것이다.

"당신은 이미 좋은 의원이다!"

# 3 해결책은
# 현장에 있다

# 왕도 없는 길에 서다

**모든** 길에는 지름길과 왕도가 있다고들 하지만 딱 하나 왕도 따위 없는 길이 있다. 바로 '민원 해결의 길'이다.

지방의원은 주민의 대표자이기 때문에 늘 주민의 곁에 있어야 하고 주민의 가려운 곳을 긁어 주어야 한다. 주민의 일이 내 일이 되어야 하고 주민의 삶의 질 향상과 복지·권익 보호가 최우선이 되어야 한다. 이런 이유로 대부분의 지방의원들은 정기적으로 지역 순찰을 돈다. 지방의원의 의정활동은 국회의원과 달라서 '생활정치'를 구현하는 일이 가장 중요하기 때문이다. 그래서 지역을 정기적으로 돌면서 현장을 눈으로 직접 확인하고 주민들의 작은 목소리에도 귀를 기울인다.

그러나 민원은 상시적으로 발생하고 사안에 따라, 민원 주체에 따라, 상황에 따라 요구와 요청이 다르기 때문에 매번 모두에게 만족을 줄 수는 없다. 주민들의 민원은 다양하고 복잡하며, 때로는 황당하고 가슴 아프기도 하다.

때에 따라서는 하나의 민원을 해결하는 데 오랜 세월이 걸리기도 하며,

어떻게 하든 해결할 수 없는 경우도 간혹 있다. 즉, 해결되지 않는 민원이 있을 수 있다는 이야기다. 난감하고 괴로운 순간이 아닐 수 없다. 이때는 민원인을 상담하는 마음 자세가 중요하다. 함께 안타까워하고, 민원인의 입장에 서서 공감해 주는 것이 중요하다.

초선의원 시절 모든 것이 쉽지 않았지만 그중에서도 어렵고 또 어려웠던 것이 민원 해결이었다. 한 번은 아파트 단지 앞 공터에 서커스 공연이 허가되면서 집단 민원이 발생했다. 대규모 아파트단지 앞에 개발되지 않은 상태로 방치되어 있던 시유지 2,000평에다가 구청이 서커스 공연을 임시로 허가해 준 것이다. 너무 가까워서 공연으로 인한 소음피해가 우려됐다. 그러나 주민들의 불만이 커진 이유는 소음피해보다 '가난한 시절의 오락거리'인 서커스에 대한 이미지 때문이었다. 새로 입주한 대규모 아파트 앞에 오래된 서커스단과 낡은 공연장 천막 등은 어울리지 않는다는 것이다.

지금이야 '태양의 서커스' 같은 공연이 인기를 끌어 서커스가 '비싼 돈'을 주고도 즐길 만한 놀라운 오락거리로 대접을 받지만, 그때만 해도 해외의 서커스 공연늘이 제대로 소개되기 전이었다. 사람들은 서커스 하면 그 옛날 가설 천막에서 벌어지던 '가난한 시절의 오락거리'를 떠올렸다. 주민들의 항의는 매일 이어졌고, 초보 지방의원인 나는 주민들에게 매일 불려가 고문을 당해야만 했다. 민원을 어떻게 처리해야 하는지도 잘 몰랐고, 주민들의 예상치 못한 거센 항의에 당황했던 기억이 아직도 생생하다.

재정이 어려웠던 구청으로서는 시유지를 임대하는 경우 발생하는 임대수입에 대한 작은 기대로 내린 결정이었을 테다. 경험이 부족했던 나는 무조건 주민들 편에 서서 구청과 서커스단을 압박했다. 결국 서커스단은 서둘러 공연을 접고 떠났다. 주민들은 환호했지만 나는 이 일을 자랑스러운 민원 해결의 사례로 기억하지 않는다. 그 서커스단이 바로 우리나라 최초의 서커스단인 '동춘서커스단'이었기 때문이다.

국내 최고의 역사를 가진, 하나밖에 없는 서커스단이 가진 의미에 대해 나는 깊은 이해도 없었고, 인식도 부족했다. 주민들을 설득하고 오히려 예산을 지원해서 도움을 주는 것이 옳았다. 역사와 가치를 설명하고 부모 세대의 소중한 추억을 자녀 세대가 함께 즐길 수 있도록 도와야 했다. 당장 주민들의 반대에 움츠러들기 보다는 잠깐의 소음피해를 해결할 수 있는 방안을 찾던지, 아니면 감수할 가치가 있다고 설득했어야 했다. 그게 지방의원으로서 내가 해냈어야 할 일이었다.

지방의원은 주민의 편에서 주민의 이야기를 들어야 한다. 그러나 그것이 주민의 말을 되풀이하는 앵무새가 되어야 한다는 의미는 아니다. 진정으로 주민을 위하는 일은 가치와 철학으로부터 출발해야 한다.

소통과 참여, 정의와 공정, 관용과 배려, 협치와 혁신, 다 함께 잘 사는 공동체 만들기와 민주주의……

# 바지는 입고
# 얘기 합시다

**누구나** 실수를 하게 마련이라지만 실수를 하면 안 되는 자리도 있다. 누군가를 대표하는 자리가 그렇다. 지방의원도 마찬가지다. 대통령이나 국회의원처럼 큰 결정을 할 수 있는 것은 아니지만 지방의원 한 명이 내리는 결정이 해당 지역에 큰 영향을 줄 수 있다. 더군다나 그 결정에 많은 재산상 이해관계들이 얽혀 있다면 정말로 힘들 수밖에 없다. 서로 생각의 차이를 넘어 금전적인 손해가 예상될 경우 문제가 집단화, 장기화되는 일은 다반사였다. 처음 당선되었을 때 내가 거대한 부담감에 시달린 이유다.

사람은 누구나 시행착오를 겪는다. 나 또한 초선의원 4년 동안 많은 시행착오를 겪었다. 대부분의 의원들이 처음 당선된 것이다 보니 그 역할과 방법을 모르기 때문이다. 게다가 복잡하게 얽히고 꼬인 문제들을 조정하고 해결하는 것이 정치인데도 우리의 정치 인식은 너무도 부정적이다. 포용과 설득 그리고 조정, 고도의 정치력은 오랜 훈련을 통해야 얻을 수 있지만 현실은 어떤가. 투자에는 인색하고 손가락질에는 너그럽다.

이런 구조적인 문제가 아직도 해결되고 있지 못해 답답할 뿐이다.

지방의원들의 일상적인 업무인 민원 해결도 마찬가지다. 항상 하는 일이기 때문에 가볍게 여기기 쉽다. 그러나 실수는 대개 가벼운 생각과 판단에서 비롯되게 마련이다. 가벼운 생각과 판단이라고 하면 경박함을 먼저 떠올리겠지만, 그보다는 민원 자체가 지닌 하나하나의 무게와 의미를 진지하게 받아들이지 않는 것이 더 큰 문제다.

주민들 입장에서야 투표해서 선출하기는 대통령이나 국회의원, 단체장, 그리고 지방의원이 모두 마찬가지겠지만 사실상 대통령이나 국회의원, 단체장을 평소 만나는 것은 하늘에 별 따기보다 더 어렵다. 선거 때나 행사 때 잠시 스쳐지나듯 만날 수는 있지만 생활상의 고민을 진술하게 풀어낼 시간은 없다.

결국 특별한 경우를 제외하고 주민들이 가장 쉽게 만나는 선출직은 지방의원이다. 그것도 지역에 상주하면서 순회하는 기초의원이 대부분이다. 자주 만날 수 있다는 말은 그만큼 친근하다는 의미도 되지만 반대로 만만하다는 의미도 될 수 있다. 민원 또는 민원인을 가볍게 생각하다가 '큰코다치는 경우'는 바로 이런 관계상의 특성에서 비롯된다.

재선 후 만 서른한 살에 의장을 맡고 있을 때 황당한 일이 있었다.

민원 해결이 아직은 서툴던 시절, 재건축과 관련된 예민한 민원이 있었다. 재건축 과정에서 크고 작은 특혜성 행정 처리들이 있었고, 재건축 후 인근 초등학교 학생들의 통학로 확보 문제로 재건축 조합과 의회가 충돌 중이었다. 단체장과 의회 다수당의 정치적 입장이 달라 상황은 더욱 복잡하게 꼬여 가고 있었다. 구청의 토지 일부가 재건축 부지에 포함되면서 재산상의 가치를 더 높이려는 주민들과 과도한 특혜를 막고 학생들의 통학로를 안정적으로 확보하려는 의회 간의 신경전이 치열했다. 이 과정에서 의회가 '조사특별위원회'를 구성·운영하면서 긴장감은 최고조로 높아졌다.

조합원들이 의회 앞에서 매일 규탄집회를 열었다. 상복을 입고 상여를 메고 와서 곡(哭)을 하는가 하면 꽹과리를 치면서 자극적인 집회를 계속했다. 하루는 재건축조합장이 면담을 신청했다. 마다할 이유가 없었다. 그런데 의장실에 마주앉아 단 둘이 얘기를 나누려던 순간 그가 자리에서 벌떡 일어섰다. 그러더니 사정없이 바지를 내리는 것이 아닌가. 그는 남자 대 남자로서 허심탄회하게 얘기해 보자고 했다. 순식간에 벌어진 황당한 상황에 무슨 말을 해야 하나 고민했던 기억이 떠오른다. 그날의 일은 아직도 큰 충격으로 내 기억 속에 남아 있다.

되돌아보면 그 사람의 불같은 성격 탓에 벌어진 일이기는 해도 민원인들의 마음을 충분히 헤아리지 못하고 강(强) 대 강(强)으로 상황을 몰고 갔던 나를 비롯한 의원들의 미숙한 민원 처리도 한몫한 것 같다. 민원의 특성과 의미를 좀 더 무겁게 받아들이고, 진지하되 유연하게 대처했더라면 그런 황당한 일은 겪지 않을 수도 있었을 것이다.

민원은 반드시 그 이유가 있다. 설령 그 민원이 이기적이고 합당하지 않더라도 주민의 대표인 우리는, 주민을 섬기겠다고 약속한 우리는, 주민의 심부름꾼이라 자처한 우리는 끊임없이 경청하고 대화해서 서로의 차이를 좁혀야 한다.

'역지사지(易地思之).'

민원 해결의 첫 실마리는 민원인의 입장에서 그 문제를 바라보는 것이다.

# 두 할머니의 부탁

**젊은** 나이에 지방의원이 된 나는 유독 할머니·할아버지 팬들이 많다. 흔히 보던 의원들에 비해 젊다 보니 자식 같은 생각에, 손주 같은 생각에 마음이 짠해서 일 것이다. 어르신들의 민원은 차라리 마음이 편하다. 그 해결 여부와 상관없이 부모자식 같은 사랑과 믿음이 있기 때문이다. 그렇다고 하더라도 어떤 민원들은 처음부터 아예 해결책이 없는 경우도 있다. 법규와 지침에 맞지 않는 요구는 해결될 수 없다. 처음부터 되는 것은 아니겠지만 의정활동 경험이 어느 정도 쌓이고 나면 이런 민원들은 단번에 파악할 수 있다. "현실적으로 해결책이 없다"고 대답할 수밖에 없는 민원들. 그러나 그런 경우라 하더라도 민원 자체를 듣지 않아도 된다는 것은 아니다. 해결책이 마땅치 않다는 생각이 들어도 민원상담을 처음부터 거부하거나 내 스스로 어설픈 판단으로 미리 포기해서는 절대로 안 된다. 만약 지방의원이라면 더더욱 그렇다.

어느 날 할머니 한 분으로부터 전화가 걸려 왔다. 방문 날짜를 서로 약속하고 곧바로 찾아갔다. 혼자 살고 계셨다. 자식이 하나 있었지만 연락이 두절된 지 오래였고, 작은 집을 자기 명의로 소유하고 있긴 했으나 일을 할 수 없는 상황이었다. 몸이 자주 아파 병원비 걱정을 해야 했으니 생활고 또한 무시할 수 없었다. 할머니는 궁여지책으로 기초생활수급자 신청을 했다. 그러나 거부당했다. 집이 있고, 자식이 있다는 이유 때문이었다. 지금이야 조건이 많이 완화되었지만 예전에는 자식이 있으면 무조건 수급자 지정이 안 되는 시절이 있었다. 방법을 찾지 못하고 속으로 가슴앓이하던 할머니는 한참을 하소연한 뒤 이렇게 말했다.

"내가 죽으면 의원님이 장례 좀 치러 줘요. 나는 자식이 있어도 없는 사람이라. 이걸 부탁할 데가 없어. 다른 건 필요 없고 그냥 화장해 주면 돼요."

순간 나도 모르게 눈물이 흘렀다. 자식 된 입장에서 나도 어머니 생각에 무척 가슴이 아팠다. 규정상 기초생활수급자 지정이 어렵다는 사실은 나 또한 알고 있었으므로 할머니의 고민은 쉽게 해결될 일이 아니었다. 할머니도 이 사실을 모르는 것이 아니었음은 물론이다. 나를 만나기 전에 수 십 번 동주민센터를 찾아가서 하소연했을 것이기 때문이다. 그러나 나는 주민을 위해 일하기로 약속한 사람이었다. 무엇이든 해결책을 찾는 것이 내 몫이고 역할이었다.

나는 가까운 종합사회복지관에 밑반찬 배달을 부탁하고, 동주민센터 사회복지 담당자에게 취로사업 및 정기후원 등을 문의했다. 기초생활수급자 지정이 왜 안 되는지 정확한 이유를 다시 확인해 할머니에게 잘 이해시켜 드린 것은 물론이다.

당시 할머니는 다른 당 지지자였고, 평생 동안 한 정당에만 투표해 온 분이었다. 그럼에도 날 찾은 이유는 내가 그 지역 의원이었기 때문이라고 했다. 어디에서도 도움을 받을 수 없으니 단 한 번도 지지해 본 적 없는 나를 찾은 것이다. 나를 지지하는가 안 하는가는 그리 중요하지 않다. 지방의원은 당선과 동시에 모든 주민들의 대표가 되기 때문이다.

또 다른 분은 선거 때, 쌍문동에서 만났다. 할머니 한 분이 힘들게 캐리

어에 고물을 싣고 가셨다. 마음이 안타까워서 말을 건네고 손을 잡아드렸다. 며칠 후 같은 장소에서 다시 만났고, 반갑게 인사를 건넸다. 익숙해져서 그런지 다가와서 하소연을 하신다. 우울증이 심해서 자꾸 죽고 싶다고…….

아무리 바빠도 사람 살리는 일보다 더 중요한 일은 없겠다는 생각에 선거운동을 잠시 중단하고 얘기를 더 들었다. 몇 년 전, 남편이 갑자기 죽은 후 혼자 살면서 우울증이 깊어졌단다. 젊어서 동대문에서 크게 사업을 해서 돈은 많이 벌었는데 한 번도 돈을 써 본적이 없다고 했다. 친구도 없고, 여행을 가 본 적도 없고, 맛있는 음식을 사 먹을 줄도 모른다고 했다. 고물 수집을 하게 된 계기도 살고 싶어서라고 했다. 돈은 있으나 쓸 줄을 모르고, 작은 돈이라도 손에 쥐는 게 우울증 치료라고 했다. 이제는 맛있는 것 사 드시고, 친구도 만나면서 인생을 즐기시라고 해도 소용이 없었다. 한없이 불쌍한 쌍문동 할머니.

사무실 위치를 알려 드렸더니 종종 헌책과 파지를 수거하러 오신다. 따뜻한 커피를 한잔 대접하고 사탕 몇 개를 호주머니에 넣어 드린다. 흐뭇해하면서 고물을 수거해 가시는 쌍문동 할머니의 뒷모습에 그나마 마음이 조금 놓인다. 할머니는 한층 밝은 얼굴로 사무실을 나서면서 나에게 한마디 툭 던지신다.

"의원님, 파지 또 모아 줘요. 부탁해!"

# 1,000원짜리 민원의 소중함

쓰레기 문제가 전 세계적으로 심각하다. 인류의 생존과 쓰레기 발생을 떼어 놓고 생각할 수 없는 상황에서 쓰레기 문제는 전 지구적 환경문제의 원인이 되고 있다. 특히 플라스틱에 의한 환경오염은 지구생태계의 재앙으로까지 불린다. 나도 얼마 전부터 일회용품 사용을 자제하고, 텀블러를 자주 들고 다닌다. 사무실에서는 직원들이 조금 힘들어도 일회용품을 아예 금지시켰다. 도자기 컵을 구입하고 대용량 보온병을 구입해서 사용하고 있다.

쓰레기 처리 문제는 다양한 갈등과 민원의 원인이 되기도 한다. 지난해 재활용쓰레기 문제로 전국적인 소동이 일어났는가 하면, 쓰레기 처리를 위한 소각장 건설은 지방자치단체 간 오랜 갈등의 원인이 되어 왔다. 혐오시설은 자연스레 지방자치단체의 외곽에 건립하게 되고, 이로 인해 지방자치단체 간 경계 지역은 항상 혐오시설들의 집합소가 되고 만다. 서울만 하더라도 경기도와 인천 등 인근 지방자치단체와 많은 갈등이 계속되고 있다. 분뇨처리장 이전 문제, 쓰레기매립장 포화 문제, 재활용

선별장 건립 문제, 생활쓰레기 소각장 문제 등등.

언젠가 할머니 한 분이 전화를 한 적이 있다. 전화기를 넘어 들려오는 목소리가 차분하면서도 교양 있게 들렸다. 약속시간을 잡고 할머니 댁을 방문했다. 혼자 사시는 독거노인이셨다. 정리정돈이 잘된 살림살이와 청결한 집 안 상태를 보고 성격을 쉽게 파악할 수 있었다.

할머니의 민원은 음식물쓰레기 배출에 관한 것이었다. 음식물쓰레기 배출량이 많든지 아니면 아예 없든지 간에 한 세대당 무조건 1,000원씩 처리비를 징수하는 것이 불합리하다고 억울해하셨다.

당시 구청에서는 음식물쓰레기 처리비용으로 세대당 1,000원씩을 징수하고 있었다. 가령 할머니처럼 혼자 살면서 아예 음식물쓰레기를 배출하지 않아도 한 세대에 5명이 살면서 음식물쓰레기를 많이 배출하는 세대와 똑같이 1,000원씩을 납부해야 했던 것이다. 아파트의 경우에는 관리비에 포함해서 징수하면서 그 방식 또한 반강제적이었다. 혼자 살면서 밥도 잘 안 해 먹고, 음식물쓰레기를 배출하지 않는 할머니로서는 충분히 억울해하실 만했다. 비록 그 돈이 매달 1,000원일지라도.

20년이 지난 후 할머니의 문제 제기는 현실적 해결책을 찾았다. 음식물쓰레기 종량기와 RFID카드가 보급되면서 이제는 사용한 만큼 처리비용을 각자 납부한다. 할머니가 20년을 앞서서 정책을 제안하신 것이다. 이것이 바로 현장의 생생한 목소리이자 주민들의 힘이다.

행정에도 불합리한 부분들이 많다. 구청의 재정부서 간부가 징수교부금 관련 민원이 있다면서 찾아왔다. 징수교부금은 광역시·도의 지방세를 기초자치단체가 대신 수납하면서 3%를 되돌려 주는 것을 말한다. 예전에는 징수금액의 3%를 교부했으나 이로 인한 문제들이 제기되면서 개선되었다.

서울의 경우만 하더라도 강남과 강북의 지방세 징수 건수는 큰 차이가 없는데도 징수금액은 2008년 기준으로 강남구가 407억 원, 강북구가

32억 원으로 무려 13배에 달했다. 똑같은 행정력을 투입하고도 되돌려 받는 돈이 무려 13배 차이가 났던 것이다. 이 얼마나 불합리한 결과인가. 오랫동안 개선해 줄 것을 정부에 요청해서 결국 시행령이 개선되었고, 광역자치단체 조례로 건수와 금액 비율을 자율적으로 정하도록 했다. 서울시의 경우도 금액만을 기준으로 삼던 것을 건수와 금액을 각각 5 대 5로 하면서 13배에 달하던 강남·북 징수교부금 차이는 6배로 줄어들었다. 민원은 다 이유가 있고 나름대로 합리성을 가지고 있는 경우가 많다. 행정집행에 있어서 상향식 접근 방식은 반드시 필요하다. 하나의 정책이 집행되는 과정에서 현장의 목소리들이 반영되면서 지속적인 수정이 필요한 이유다. 지방의원들이 공무원들보다 논리적 우위에 서서 따질 수 있는 근거는 바로 이러한 현장성에 있다.

'우문현답', 우리들이 가진 문제의 답은 언제나 현장에 있다.

# 25년 만의 해결

**숙제** 하나를 하는 데 25년이 걸린다면 기가 찰 노릇이겠지만 민원은 때때로 그렇게 사람을 기막히게도 한다. 단순한 통학로를 정비하는 데도 수많은 이해관계의 조정이 필요해서 시간이 걸리게 마련인데 더구나 그것이 자치단체와 중앙정부 또는 두 개 이상의 자치단체에 걸쳐진 민원이라면 간혹 25년이라는 시간을 요구하기도 한다. 4년짜리 임기의 선출직 지방의원이 해결하기에는 버거운 일처럼 보이는 이런 민원들은 생활 현장에서 늘 마주치게 된다. 하나의 민원을 해결하기 위해 지방의원에게 소신과 끈기가 요구되는 이유다.

한번은 밤늦게 사회복지과장으로부터 전화가 걸려 왔다. 긴요하게 상의할 일이 있다며 만나자는 것이었다. 잔뜩 긴장하고 위축된 모습에서 꽤 심각한 문제임을 직감할 수 있었다. 무겁게 내뱉은 첫마디도 "죄송합니다"였다. 과장의 사설(辭說)은 길었지만 결론은 노숙자 쉼터를 내 지역에 설치하겠다는 것이었다. 짧은 순간 많은 생각들로 복잡했지만 신속하면서도 올바른 판단이 필요한 순간이었다. 주민들의 강력한 반대 민원이 불을 보듯 뻔했다. 사실 이렇게 밤늦게 찾아온 이유도 그동안 두 곳에서 추진하다가 주민들의 반대에 부딪혀 실패하면서 세 번째 장소를 내 지역에 물색했기 때문이었다. 그 사정을 잘 알기에 오히려 측은한 마음이 들었다. 모두가 다 내 이웃임에도 우리는 솔직하지 못한 마음과 위선적인 태도로 노숙자쉼터를 거부하고 있었다.
"괜찮습니다. 지읍시다!"
나는 단호하게 말했다. 오히려 과장이 못 믿겠다는 듯이 다시 되물었다.
"선거 때 이 문제로 떨어질 수도 있는데 괜찮으시겠습니까?"
그의 걱정이 충분히 이해가 되고도 남지만 알면서도 어차피 가야 할 길이었다. IMF로 우리의 선한 이웃들이 노숙자로 내몰리던 그 시절, 그래도 사회적 정의는 살아 있어야 했다. 그들이 잘못해서가 아니라 국가와 위정자들이 잘못해서 생긴일이었다. 온 사회가 누구라 할 것 없이 교회, 사찰, 성당 등에서 기도하던 때였다.
그러나 노숙자쉼터 같은 기피시설이 지역에 설치된다고 하면 대개 주민들은 막무가내로 반대부터 한다. 특히 생활 수준이 높은 곳은 더했다. 내 지역이 바로 그런 곳이었는데 대부분 평수가 넓은 빈엉아파트 지역이있다.
"주민설명회부터 합시다. 주민들은 내가 설득할 테니 걱정하지 마시고, 구청에서는 자료 준비나 잘하시기 바랍니다."
주민센터에 많은 주민들이 모였고, 예상했던 것처럼 거친 말들이 쏟아졌다. "노숙자들이 왔다 갔다 하면 집값 떨어진다", "밤길이 무서워서 어떻게 다니겠느냐?", "딸을 키우는데 성폭행이 우려된다" 등등 험악하고 살벌한 분위기였다. 이럴 때는 말을 가로막기보다는 차분하게 다 듣는 게 좋다. 모든 사람들에게는 최소한의 양심이 있게 마련이라 결국 본인들이 내뱉은 말이 너무 이기적이고 허황되며 상상력이 지나치다는 사실을 스스로 잘 알 것이기 때문이다.
차분하게 다 듣고 나서 우려하는 사항에 대해서는 대책을 세우겠다고 약속했다. 어두컴컴했던 거리 조명을 밝게 바꾸고, 쉼터에 직원을 상시 배치해서 관리에 소홀함이 없도록 하겠다고 안심시켰다. 무엇보다 경찰의 협조를 얻어서 지역 순찰을 강화하겠다고 약속했고, 마지막으로 감정에 호소했다. 그렇게 내 지역에 들어선 노숙자쉼터는 아무 문제없이 3년 정도 잘 운영되다가 노숙자들이 자립하면서 해체됐다.

지방의원은 정의와 공정에 대한 소신이 있어야 한다. 큰 정치든 작은 정치든 우리가 정치를 하는 이유는 모든 인간의 존엄성을 지키고, 부당한 차별이 없는, 정의롭고 공정한 공동체를 만들기 위해서이기 때문이다.

내 지역구의 주민들은 약 9만 명 정도이고 유권자 수는 6만 명이 조금 넘는다. 문제는 내가 아무리 열심히 지역구를 돌아다녀도 만날 수 있는 유권자의 수가 언제나 정해져 있다는 사실이다. 행사나 주민 간담회 등을 통해서 만날 수 있는 주민들은 극히 제한적이다. 민원을 제기하는 주민 또한 소수에 불과하기 때문에 4년 동안 만나는 유권자는 많지 않다. 따지고 보면 우리나라의 지방자치 규모는 한 자치단체의 인구수가 20만명에 달하기 때문에 아주 큰 편이다. 미국과 독일의 경우 자치단체당 평균 인구수는 8,000명 정도이고, 일본은 7만 명 규모다. 역사적으로나 문화적으로 지방자치의 발전 수준과 체계가 다 다르기 때문에 단순히 인구 규모를 가지고 논하기는 어렵겠지만 분명 우리나라의 지방자치 인구 규모는 작은 편은 아니다.

동부간선도로 확장공사와 관련한 지역 민원이 해결되기까지 대략 25년이 걸렸다. 상습 정체 구간인 동부간선도로 의정부시계에서 노원구 월릉교 구간까지의 도로를 확장하는 사업이 진행됐다. 이 구간은 도로가 좁아서 병목현상으로 인해 상습적인 교통정체가 발생하는 구간이었다. 경기도 의정부와 서울시 도봉구, 노원구 간 광역도로를 확장하는 사업이어서 정부의 승인과 예산 지원이 있었다. 사업은 서울시가 맡아서 추진했지만 그만큼 협의 기간도 길고 더딜 수밖에 없는 구조였다.

그러나 확장공사를 하면서 공사로 인한 주민들의 직접적인 피해와 불편, 도봉구의 의견이 충분히 수렴되지 않아서 발생할 많은 피해들이 예상되었다. 의정부, 양주 등 경기 북부권 주민들이 출퇴근하는 길인데도 설계가 잘못돼 있어 도봉구의 교차로와 인근 도로가 교통 정체로 인해 거대한 주차장으로 변할 게 뻔했다. 6,000세대 대규모 아파트단지 바로 옆으로 고속화도로가 지상으로 지나가면서 소음과 분진 등 주민 피해도 심각할 것으로 예상됐다. 이를 이슈화시키고, 주민들에게 적극적으로 알렸다. 다행히 주민들이 적극 나서서 지지해 줬고, 함께 싸우기 시작했다. 기초의원 12년 동안 서울시를 상대로 문제를 제기하고 따졌지만 기초의원 한 명의 목소리는 공허한 메아리에 불과했다. 이것이 내가 서울시의원에 출마하게 된 계기 중 하나였다. 시의원이 되자마자 서울시장을 상대로 이 문제를 가지고 시정질문을 했고, 그제야 시장이 현장을 처음으로 방문했다.

얼마 지나지 않아 시장이 다시 바뀌었고, 나는 바뀐 시장을 상대로 또다시 시정질문을 했다. 바뀐 시장이 다시 현장을 방문했을 때 문제점에 대해서 내가 직접 설명을 했고, 주민들도 한목소리로 힘을 보탰다. 많은 문제점에 대해서 현장에서 직접 눈으로 확인한 시장의 지시로 설계변경이 검토되고, 다시 용역절차를 거쳐서 투자심사 등 행정절차를 다시 밟고, 중앙정부와 협의하고 승인받는 데만 다시 5~6년의 시간이 소요됐다. 동부간선도로 확장공사는 무려 25년의 세월이 흘러서 2020년 12월 준공을 앞두고 지금 막바지 공사가 한창 진행 중이다.

지방의원의 임기는 4년인데 민원은 25년 만에 해결되는 이 기막힌 현실이 안타깝고 서글프다.

# 4 이리 오라 부르는 소리 있어

# 축구와 바꾼 딸의 외박

**나는** 골프를 하지 않는다.

"골프는 배우지 마라! 신세 지게 되면 깨끗한 정치 못한다."

살아생전 김근태 국회의원의 지론이다. 그래서 기회는 있었으나 배우지 않았다. 실제로 내 지역에도 골프연습장이 몇 군데 있고, 그중 한 곳의 사장님은 늘 나에게 골프를 권유했다. 심지어 골프채도 주겠다고 했으나 나는 거부했다.

골프가 많이 대중화되었고, 김영란법 등으로 예전의 접대 문화가 많이 사라진 건 맞지만 여전히 골프는 부담스러운 운동임에 분명하다. 정치를 시작하고 오랜 세월이 흘러서인지 주변에도 골프를 치는 사람들이 부쩍 늘었다. 동료의원들끼리 짝을 맞춰 필드로 나간다는 얘기를 들을 때 조금은 부럽기도 하다. 아들 다섯 중 나를 제외한 네 명이 골프를 하면서 약속을 잡을 때면 작은 소외감도 느낀다.

그러나 나는 앞으로도 골프를 배우지 않을 생각이다. 정치를 하든지 안 하든지 간에 골프에 대한 내 생각에는 변함이 없기 때문이다. 골프에 여

전혀 귀족 스포츠적인 면모가 남아서인지 이기적인 운동이라는 생각을 떨칠 수 없다. 굳이 '이기적'이라는 표현까지 사용한 것은 주말을 가족과 함께 보내지 못하는 일부 골프인의 세태와도 연관이 있고, 골프장 건립으로 인한 무분별한 환경 파괴도 못마땅하다. 게다가 골프와 나는 악연의 연속이었다.

22년 의정활동 과정에서 골프연습장 건립 문제로 크게 네 번 싸웠다. 초안산근린공원에 골프연습장 2군데가 허가되면서 건립 과정에서 주민들의 강력한 반대로 긴 세월을 싸워야 했다. 대규모 서민아파트단지 인근에 골프연습장 건립이 추진되면서 환경 파괴와 주민 위화감, 소음과 조명으로 인한 피해 등이 우려됐다.

추운 겨울 공사현장에서 주민들은 대형 굴삭기 버킷에 온몸을 던져 가면서 막아 내기도 했고, 무려 17년이라는 긴 세월 동안 싸워서 승리한 경우도 있었다. 주민들의 승리로 골프연습장 대신 자연공원으로 복원되었고, 구립어린이집이 들어서기도 했다.

그러나 나머지 한 곳은 결국 골프연습장이 들어서고 말았다. 주민들의 강력한 투쟁과 골프연습장 허가 과정의 문제점을 파헤치기 위해 의회에서 조사특별위원회까지 구성·운영했지만 막아 내지는 못했다. 심지어 의회에서 단체장을 고발까지 했으나 결과는 달라지지 않았다. 네 곳의 골프연습장 허가 과정에서 행정기관의 탁상행정과 개운치 못한 승인·변경 절차가 있었다. 현실을 고려하지 않은, 그리고 환경 보전이라는 시대정신을 반영하지 않은 결과로 인해 오랜 주민 갈등과 행정 불신, 행정력 낭비, 자연 파괴와 예산 낭비 등 막대한 사회적 비용을 치러야 했다.

골프를 멀리하고 있지만 그렇다고 내가 운동을 싫어하는 것은 아니다. 나는 축구를 좋아한다. 벌써 22년째 축구를 하고 있다. 이 또한 김근태 의원과 연관이 있다. 유별나게 축구를 좋아해서 아예 '파랑새축구단'을 만들었다. 아마도 정치인 김근태가 가장 행복해하고 즐거워하던 순간이 바로 축구할 때였을 것이다. 일주일 동안 찌들었던 여의도 정치의 스트레스를 매주 축구장에서 날려 버렸다. 눈이 오나 비가 오나 김근태의 축구 사랑은 식을 줄 몰랐다. 그래서 그가 떠난 지 오래되었어도 축구인 김근태를 그리워하며 '김근태 추모 축구대회'를 매년 열고 있다.

사실 축구는 과격한 운동이다. 우리 축구회에서도 십자인대 파열, 어깨 탈골, 아킬레스건 파열 등 많은 부상자들이 생겼고, 나 또한 하루가 멀다 하고 다치기 일쑤다. 최근에는 헤딩을 하다가 안경으로 인해 코가 심하게 찢어져서 응급실에서 10바늘을 꿰맨 적이 있었다. 해외 출장을 일주일 앞둔 상태여서 마음을 더 졸였다.

이 일로 집에서 축구 금지령이 내려졌다. 이제는 나이 생각해서 과격한 축구는 그만두라는 것이다. 아내보다 대학생이 된 딸의 성화가 더 심했다. 축구 인생에서 가장 큰 위기였지만 가족에게 절대로 축구는 포기할 수 없다고 사정했다. 그리고 딸에게 솔깃한 제안을 했다.

"어른이니까 이제 외박해도 돼."

협상은 성공했고, 나는 요즘도 축구를 즐긴다.

# 5만 원이 가른 운명

**대가를** 바라고 주는 선물이 있다. 우리는 그걸 흔히 뇌물이라고 부른다. 부정을 행하고 불의를 눈감는 대가로 받는 선물. 받을 땐 아무도 모를 것 같고 받아서 즐거울 것 같지만 결국에는 탈이 나고 만다.

특히, 돈을 조심해야 한다. 지방의원은 그 어떤 돈도 받을 수 없다. 정치자금법에 의한 정치자금의 종류는 당비, 후원금, 기탁금, 보조금 등이 있지만 지방의원에게는 그 어느 것도 해당되지 않기 때문이다. 세상에는 공짜가 없기 때문에 돈은 무조건 받으면 안 된다. 22년 의정활동을 하면서 직간접적으로 많은 사람들이 뇌물로 불행해지는 것을 목격했다. 대부분 과도한 욕심과 철저하지 못한 자기 관리에서 비롯된다.

단체장과 기초의회 의장이 뇌물을 나눠 먹고서 같이 구속된 사건, 공원용지 보상에 부당하게 개입해서 뇌물을 챙긴 기초의원, 기초생활수급자 지정에 힘써 주고 돈을 받은 광역의원, 공사와 일감을 몰아 주고 상습적으로 뇌물을 받은 단체장, 도시계획 정보를 미리 빼돌려 투자이익을 챙긴 기초의원, 돈 봉투 수십 개를 선거 과정에서 돌려 구속된 광역의회 의장 등.

"낮말은 새가 듣고 밤말은 쥐가 듣는다"라는 속담이 있다. 항상 말조심 하라는 얘기지만 뇌물 또한 그렇다. 반드시 지켜보는 사람이 있고, 언젠 가는 드러나기 때문에 아예 받지 말아야 한다.

주는 사람은 반드시 대가를 바란다. 영원한 비밀로 절대 드러나지 않을 것 같지만 소문은 연기처럼 곳곳에서 피어난다. 우리 사회도 이제 공정함에 기반한 공익 제보가 많아지면서 투명사회로 한 걸음 더 다가서고 있으므로 더욱 조심해야 한다.

1억 원의 뇌물을 받은 의장이 있었다. "형님, 돈을 조심하셔야 합니다"라고 조언을 했지만, 그는 "내가 돈도 많은데 뭣 하러 뇌물을 받겠는가? 걱정하지 마소"라고 호언했다. 그런데 그가 뇌물을 받은 것이다. 도무지 이해가 되질 않았다. 그가 한 말이 너무 생생했기 때문이다.

그는 처음엔 모든 사실을 부인했지만 수사기관에서 통신기록, CCTV, 증언 등 상세한 증거를 내밀자 결국 혐의를 인정했다. 아니 정확하게 말하면 수사기관이 그가 인정하지 않을 수 없게 '빼박' 증거를 수집한 후 체포해 버린 것이다.

처벌을 피할 수 없는 상황이 되자 이제는 형량이 문제였다. 지방의원도 공직자이기 때문에 특정범죄가중처벌을 받게 되고, 뇌물수수금액에 따라 형량이 정해진다. 1억 원 이상은 무기 또는 10년 이상의 징역형, 5천만 원에서 1억 원 미만은 7년 이상의 유기징역, 3천만 원에서 5천만 원은 5년 이상의 유기징역형이 내려진다.

5만 원권 한 장으로 7년이 될 수도, 10년이 될 수도 있는 상황에서 형량을 조금이라도 줄이기 위한 눈물겨운 법정공방이 벌어졌다.

"1억 원인 줄 알고 돈을 받았지만 직접 세어 보니 5만 원권 한 장이 모자라더라." 그의 주장이었다. 헛웃음이 나올 만한 소리였지만 당사자로서는 5만 원으로 3년이라는 형량을 줄일 수 있는 '기발한 주장'이었을 테다.

당연히 재판부는 이 기발한 주장을 받아들이지 않았고, 10년 징역형을 선고했다. 항소와 상고를 거친 뒤 최종 5년의 징역형이 확정되었다. 가까운 사람들의 불행한 소식은 항상 나의 가슴을 아프게 한다.

# 뇌물은 쥐약이다

**작은** 것이면 괜찮겠지, 보통은 이렇게 시작한다. 양말 한 켤레, 넥타이 한 장이라고 허투루 넘기다 보면 찔끔찔끔 사이즈가 커진다. '1만 원이 10만 원이 되고, 10만 원은 또 어느새 100만 원이 된다'. 그러다보면 주는 사람도 점점 큰 걸 집어들고 찾아온다. 시간이 흐르고 보면 수백만 원, 수천만 원, 수억 원이 오가는 사이가 돼 있다.

당연히 크기가 커지고 액수가 커지면서 대가가 오가게 마련이다. 부모 자식 간에도 애정을 주다 보면 '고맙다'는 한마디라도 돌아오길 바라는 게 사람인지라 이 같은 상황은 피할 수 없다. 그러므로 처음부터 차단하는 것이 중요하다. 아무리 줘도 받지 않는 사람은 줘 봤자 소용없는 사람이 되기 때문이다.

내가 아는 법적 지식으로는 받은 돈은 24시간 이내에 돌려주어야 한다. 그래야 뇌물수수 의사가 없는 것으로 입증된다. 잘 아는 지방의원이 경계와 의도가 모호한 돈에 대한 경험담을 풀어놓은 적이 있다. 그 발상이 기발해서 기억에 오래오래 남는다. 큰 액수는 아니었지만 아는 사람이 정치후원금 명목으로 돈을 놓고 간 것이다.

"정치하려면 돈이 필요할 텐데 걱정하지 말고 받아."

뿌리쳐도 막무가내로 돈을 주고 도망치듯 사라졌단다. 마음에 계속 찜찜함이 남았기 때문에 돈을 돌려줄 방법을 찾았으나 뾰족한 대책이 없었다고 한다.

결국 의원은 관내 장애인시설을 찾아가서 그 사람의 이름으로 기부를 했다. 물론 전화번호를 전달하고 영수증 처리도 부탁했다. 그리고 그 사람에게는 이런 문자를 남겼다. "마음만 받겠습니다."

지방의원들의 비리는 다양한 형태지만 비율적으로 따지면 높지는 않다. 주민의 대표가 잿밥에 눈을 돌려서는 결코 안 될 일이지만 상대적으로 국회의원이나 단체장에 비하면 그렇단 얘기다.

행정안전부의 발표에 따르면 민선 4기 전국 기초단체장의 48%가 수사기관에 의해 기소된 적이 있었다. 선거법이나 뇌물, 정치자금법 등 다양한 사유로 기소되었다. 무소불위의 권력이라는 말처럼 단체장의 권한이 막강하기 때문일 것이고, 주민의 대표기관인 지방의회가 제대로 견제·감시하지 못했기 때문이기도 하다. 사실 단체장의 비리를 막기 위해서라도 지방의회가 제대로 역할을 할 수 있게 '강(强)집행부 약(弱)의회' 제도를 근본적으로 개선해야 한다.

내가 처음 당선된 1998년부터 2006년까지 8년 동안은 무보수 명예직으로 급여가 없었다. 그러다 보니 지역의 토호세력이나 유지들이 의회에 진출했고, 그들의 대부분은 집행부의 견제·감시에 별 관심이 없었다. 명예직이다 보니 의욕적으로 집행부를 견제하기보다는 적당한 타협을 앞세워 가며 서로의 이익을 챙기기에 급급했다

우리의 지방의회가 주민들로부터 불신당하는 이유 중 하나는 1991년 지방의회가 부활될 때 지방의원직을 명예직으로 시작했기 때문이다. 사명감도 없고, 자질도 없고, 주민을 대표할 생각도 없는 사람들이 지방의회

에 다수 진출하면서 많은 비리와 부정, 추문을 남겼다. 자질을 갖춘 제대로 된 사람들이 진출할 수 있도록 제대로 된 처우를 보장했더라면 젊고 유능한 생활정치인들이 대거 지방의회에 진출했을 것이다.

생활 자체가 안 됐던 그때. 되돌아보면 나도 많은 유혹에 흔들리곤 했다. 그때마다 김근태 의원과 아내가 있어서 버틸 수 있었다. '깨끗한 정치인' 김근태와 '뇌물 받으면 이혼'이라고 단호하게 말해 준 아내가 있었기에 무수한 유혹을 이겨 낼 수 있었다. 풋풋한 청년은 매일매일 기도했고, 매일매일 최면을 걸었다.

뇌물은 쥐약이다.

## 후원회보다 더 시급한 것

**가끔** 후원금을 주겠다거나 후원계좌번호를 알려 달라는 사람들이 있다. 고마운 일이긴 하지만 지방의원은 후원회를 둘 수 없고, 후원금을 받을 수도 없다. 몇몇 국회의원은 지방의원들에게도 정치후원회를 둘 수 있도록 정치자금법 개정안을 발의하기도 한다. 상당수의 지방의원늘도 후원회제도를 바라고 있고, 건의하기도 한다. 정치 문화가 많이 바뀌고 선거공영제가 확대되어 예전보다 돈이 덜 들어가는 것은 사실이지만 아직도 기초의원에 출마하려면 적어도 4천만 원 정도는 필요하다. 인구 수에 따라서 다르지만 광역의원은 6천만 원선, 단체장은 2억 원 정도를 준비해야 한다. 득표율이 15% 이상이면 전액을 돌려받고, 10~15%면 반액을 돌려받지만 10% 미만이면 한 푼도 돌려받지 못하기 때문에 정치 신인들은 큰 부담을 가질 수밖에 없다.

흔히들 선거에서 돈, 조직, 바람을 당선의 세 가지 조건이라고들 한다. 이런 의미에서 정치 신인들이 자유롭게 뜻을 펼칠 수 있도록 일상적인 후원회는 아닐지라도 지방선거 출마자에게는 정치후원금을 모금할 수 있도록 하자는 법 개정 취지에는 지방의원의 한 사람으로서 분명 고마운 면이 있다.

그러나 나는 생각이 다르다. 지방의원이나 출마자에게 후원회를 허락하는 것을 반대한다. 의정활동 현장에서 체득한 오랜 경험에서 하는 말이다. 전국이 크고 작은 정치인들의 정치후원금 모금으로 난리가 날 것이기 때문이다. 현행법으로는 대통령 후보나 국회의원, 단체장 후보자 등 일부에게만 허용되지만 지방의원이나 후보자에게 확대할 경우 전국은 후원금 모금 전쟁으로 몸살을 앓을 것이 분명하다. 이 과정에서 각종 이권이 오가고, 강압과 불법이 만연할 것이다. 정치가 후퇴하고 정치 불신은 걷잡을 수 없이 더 커질 것이다.

비록 지방의원들의 권한이 미미하긴 하지만 그래도 생활현장에서는 인허가 문제, 공사 계약과 용역, 취업 청탁 등 크고 작은 이권과 후원금이 적당하게 타협할 개연성은 충분하다. 개인 한도를 둬서 소액 후원을 유도하더라도 후원금 쪼개기, 타인 명의 도용 등 각 종 편법, 불법이 동원될 것이다. 잿밥에 관심이 많은 일부 지방의원들은 의정활동 본연의 역할보다 후원금 모금에 더 마음을 두게 될 것이다. 그래서 나는 지방의원 후원회 제도를 반대한다.

대신 지방의원들에게 충분한 세비를 지급해야 한다. 명예직으로 시작한 지방의원들의 처우는 그 자체가 난센스였다. 단체장과 집행부를 견제·감시하는 주민의 대표가 어떻게 아무런 급여도 없이 자원봉사로 의정활동 할 수 있단 말인가? 지방의원은 집행부의 모든 문서를 읽고 분석해야 하며, 문제점을 지적하고 대안을 제시해야 한다. 수천 페이지의 예산서와 사업설명서를 봐야 하고, 행정사무감사도 전문적인 식견으로 준비해야 한다. 지역 민원에 대해서 현장 확인은 물론 시정 질문서도 직접 작성해야 한다. 이러한 의정활동은 실로 방대하고 전문적이어서 도저히 명예직이 할 수 있는 일이 아니다. 손흥민 선수와 류현진 선수가 실력에 맞는 몸값을 받듯이 전문성과 실력을 겸비한 지방의원이 진출할 수 있도록 그 처우는 충분할 필요가 있다.

지방의원이 의정활동 중에 사망하거나 상해를 입었을 경우 그 보상금의 지급기준도 형편없다. 지방자치법 제34조와 시행령 제35조에 따라 지방의원이 의정활동 중에 사망하거나 상해를 입었을 때 보상금의 지급기준은 의정활동비를 기준으로 하고 있다. 심지어 상해를 당했을 경우에도 치료비의 한도가 있다.

> **지방자치법 시행령 제35조**
> **(지방의회 의원의 직무상 상해 등에 대한 보상금의 지급기준 및 절차)**
>
> ① 법 제34조 제2항에 따른 보상금의 지급기준은 다음 각 호에 정하는 범위에서 해당 지방자치단체의 재정능력을 고려하여 조례로 정한다. 이 경우 제2호나 제3호에 따른 보상금을 지급받은 의원이 제1호나 제2호에 해당하게 되면 제1호나 제2호에 따른 보상금을 지급하되, 그 금액은 제2호나 제3호에 따라 이미 지급한 금액을 공제한 금액으로 한다.
> 1. 직무로 인한 사망, 직무상 상해·질병으로 인한 사망의 경우 : 시·도의회의원 의정활동비의 2년분 상당액
> 2. 직무상 상해로 인한 장애의 경우 : 시·도의회의원 의정활동비의 1년분 상당액
> 3. 그 밖에 직무로 인한 상해의 경우 : 치료비 전액. 다만, 제2호에 따른 지급기준을 초과할 수 없다.

지방의원의 사망과 상해에 따른 보상금 지급기준은 의정활동비다. 지방의원의 의정활동비는 2003년부터 16년 넘게 동결되어 있는데 기초의원은 월 110만 원 이내, 광역의원은 월 150만 원 이내에서 지급할 수 있다. 지방의원이 의정활동 중에 사망할 경우 의정활동비의 2년분 상당액을

보상금으로 지급할 수 있으므로 기초의원의 경우에는 최대 2,640만 원을 받을 수 있다.

주민의 대표가 공식적인 의정활동을 수행하던 중에 사망했는데 그 보상금으로 적절한지에 대해서 솔직하게 고민해 봐야 한다. 더욱이 상해를 입었을 경우에는 아무리 심한 상해를 입었다 하더라도 단서 조항에 따라 의정활동비의 1년분인 1,320만 원을 초과해서 지급할 수 없다. 심각한 상해의 경우 치료비를 개인이 부담할 수도 있다는 것이다.

그러나 국회의원의 경우 의정활동 중에 사망하거나 상해를 입었을 때 보상금의 지급기준은 수당을 기준으로 하고 있으며, 상해를 입은 때에는 그 치료비의 전액을 한도액 없이 지급하고 있다.

> **국회의원수당 등에 관한 법률 제10조(상해·사망)**
> 제10조(상해·사망) 국회의원이 직무로 인하여 신체에 상해를 입은 때에는 그 치료비의 전액을 지급하고, 그 상해로 신체 장애인이 된 때에는 수당의 6개월분 상당액을, 그 상해 또는 직무로 인한 질병으로 사망한 때에는 수당의 1년분 상당액을 지급한다. [전문개정 2018. 6. 12.]

국회의원과 지방의원의 공무상 죽음에 차별이 있어서는 안 된다. 지방의원이 의정활동 중에 불행한 사고로 사망하거나 상해를 입었을 경우에 충분한 보상이 이루어져야 한다. 지방의원들의 처우는 아직도 명예직 시절에 머물러 있다는 것이 개탄스럽다.

## 차라리 배지를 달지 마라

**유혹을** 이겨 낼 자신이 없으면 차라리 배지를 달지 마라! 그것이 더 현명한 선택이다. 뇌물수수로 어떤 사람은 구속되고, 어떤 사람은 이혼당하고, 어떤 사람은 자살하기도 했다. 차라리 배지를 달지 않았다면 벌어지지도 않았을 일이었다.

지방의원도 정당공천제가 실시되고 있다. 일각에서는 기초의원과 기초단체장은 정당공천제를 폐지해야 한다는 주장과 요구들이 꾸준하다. 분명 장단점이 있다. 나는 여섯 번의 지방선거에서 두 번은 정당공천 없이, 네 번은 정당공천을 받아서 출마했고 모두 당선되었다. 한 번도 떨어진 적이 없으니 억세게 운이 좋은 편이다.

정당공천 없이 기초의원에 두 번 출마했을 때의 일이다. 당시 선거제도는 한 동(洞)에 한 명의 기초의원을 뽑는 소선거구제였는데 후보자 등록 마감 결과 만약 5명이 후보등록했다면 후보자 기호는 가, 나, 다, 라, 마로 배정된다. 기호는 후보자들의 추첨으로 배정되는데 추첨 방식이 지금 생각하면 우습기도 하다.

기호 추첨 순서를 정하기 위한 추첨이 먼저 벌어진 후 추첨 순번대로 기호를 추첨한다. 보통 후보자들은 눈가리개를 한 채 검은색 주머니에 손을 집어넣고 기호 하나를 집어 들고 끄집어내면 된다. 심장이 안 좋거나 담력이 약한 후보자는 대리인에게 기호 추첨을 떠넘기기도 했다.

기호가 가, 나 번호가 나오면 환호성이 터지지만 다, 라, 마를 뽑은 후보자는 선거를 치러 보기도 전에 낙선의 고배를 마신다. 기호 추첨과 동시에 당선이 결정되는 웃기지만 슬픈 제도로 실제 가, 나 기호를 배정 받으면 선거운동을 계속하고, 그 밖의 기호를 배정 받으면 중도 사퇴하는 웃지 못할 풍경도 벌어졌다.

실제로 가, 나 번호가 아닌 사람들이 당선되는 것은 거의 불가능한 일이었다. 광역·기초단체장과 광역의원은 정당공천이 이루어져 여당과 제1야당이 기호 1, 2번을 배정 받기 때문이다. 유독 기초의원만 기호가 가, 나 형태로 배정되다 보니 유권자들은 그 차별성을 구분할 수 없는 경우가 많았다.

문제는 그 뿐이 아니다. 공천제가 실시되면 정당에서 범죄경력 등을 조회하고 후보자 자질과 역량을 검증하는 절차가 그나마 있는데 공천제가 폐지되면 후보자 사전 검증절차는 부실할 수밖에 없다.

지방선거의 경우 7장의 투표용지를 배부 받는데 후보자만 적어도 30~40명에 달할 때가 많다. 바쁜 유권자들이 이렇게 많은 후보자들을 일일이 제대로 검증하기란 현실적으로 어렵다. 기초단체장과 기초의원에 대한 중앙당이나 정치권의 과도한 통제나 간섭은 줄어들고, 자율성을 보장하는 방법으로 개선이 필요하다고 해서 아예 공천제를 폐지하는 것은 더 큰 정치적 후퇴를 자초할 수 있다.

그래서 나는 공천제 폐지를 반대한다. 정치적 개혁의 방안으로 비리나 부정, 선거법 위반 등으로 중도하차하는 의원의 소속 정당은 보궐선거나 재선거에서 후보자를 공천하지 말아야 한다. 이를 시급히 법제화하는 것에 찬성한다.

또한 선거비용을 해당 정당이 부담하게 만드는 것도 하나의 방법이라고 생각한다. 이렇게 공천과 관련해서 정당의 책임성을 강화할 경우 정당은 공천 과정에서 엄격한 잣대로 검증하게 될 것이고 정치는 획기적으로 발전하게 될 것이다.

지방의원들 앞에서 경험을 나눌 때 나는 이렇게 말한다.

"유혹을 이겨 낼 자신이 없으면 차라리 배지를 달지 마라!"

유혹을 이겨 내지 못하면 나 자신도 망하고, 가족과 집안도 창피당하고, 공천한 정당과 당원들에게도 누를 끼치게 되고, 해당 의회와 지역주민들에게도 피해를 주게 된다.

큰일을 하기 전에 '수신제가(修身齊家)'가 먼저인 이유다.

# 지방의원의
# 5가지 길

**1. 지방의원의 길은 '유혹의 길'이다**

권한이 있는 만큼 유혹이 있다. 그러나 부정과 비리, 편법에 타협할 사람이 지방의회에 진출해서는 안 된다. 행정안전부의 '민선 4기 지방자치단체장 기소현황'에 따르면 전국적으로 기초단체장 246명 가운데 뇌물, 불법 정치자금, 선거법 위반 등으로 기소된 단체장만 118명(47.9%)에 달한다고 한다. 단체장을 비롯한 집행부를 제대로 견제·감시하기 위해서는 지방의원 스스로가 도덕적이고 청렴해야 한다.

**2. 지방의원의 길은 '소신의 길'이다**

지역주민들의 이해와 요구는 참으로 다양하다. 따라서 지방의원은 자기 소신과 철학이 있어야 한다. 일을 하다 보면 지역주민들의 의사와 권익에 반하는 외부 압력이나 로비들을 많이 접하게 된다. 지역주민들의 과도한 이기주의와 불합리한 요구에 직면할 때도 있다. 이때 결코 불법과 부당한 요구에 타협해서는 안 된다.

### 3. 지방의원의 길은 '연구의 길'이다

지방의원은 전문 보좌관이나 비서관이 없다. 따라서 지방의원 혼자서 모든 일을 직접 처리해야 한다. '만능 슈퍼맨'이 되어야 하는 것이다. 그러기 위해선 끊임없는 연구활동이 요구된다. 지방의원들이 상대할 공무원들은 자기 분야에서 최소한 20~30년 근무한 베테랑들이다. 공무원들을 제대로 견제·감시하기 위해서는 성실한 연구활동을 통해 정책적 우위에 서야 한다.

### 4. 지방의원의 길은 '민원 해결사의 길'이다

지방의원은 생활정치인이다. 따라서 매일 지역을 순회하면서 지역주민들을 만나 생활민원들을 상담·해결한다. 민원 해결의 중요한 포인트는 지방의원의 '마음 자세'에 있다. 민원이 있을 때 현장을 직접 방문해 확인하면 민원의 50%는 해결된다. 민원을 차분하게 들어만 주면 20%는 또 해결된다. 나머지 30%는 지방의원의 성실한 노력과 대안 마련에 달려 있다.

### 5. 지방의원의 길은 '통합의 길'이다

지방의원도 전면적인 정당공천제 실시로 보다 선명한 정치적 입장 표명과 더불어 왕성한 정당활동이 요구된다. 그러나 지방의원은 '공인'으로서 정치적 입장보다 '주민대표'로서의 역할을 더 우선해 일 처리를 해야 하고, 지역 내 주민들의 통합을 위해서 노력해야 한다. 지방자치의 구성원인 지역주민들이 신뢰와 사랑으로 통합되지 않으면 지방자치 발전은 궁극적으로 불가능하게 된다. 지방의원이 통합의 리더십을 가져야 하는 이유다.

**2장**

# 의정활동 A to Z

관료제의 폐해란 결국 제대로 된 감시와
견제가 없을 때 생기는 문제들이며, 지방의원은
바로 이러한 문제를 예방하기 위해 필요한 존재들이다.

# 1 자료요구가 반이다

# 자료로 읽는 세계

**철학자** 아우구스티누스는 독서를 가리켜 세계를 여행하는 것과 같다고 말한 적이 있다. 독서가 얼마나 좋은지를 이 자리에서 새삼 강조하고 싶은 마음은 없지만 지방의원으로 살기 위해 꼭 필요한 습관이라는 것은 부인할 수 없다. 무언가를 읽는 행위는 습관이 되지 않으면 제대로 집중력 있게 수행하기 어려운 법인데, 독서가 일종의 훈련법이 될 수 있기 때문이다.

그렇다면 무엇을 읽는가. 바로 지역 현안에 대한 온갖 자료들이다. 공무원은 반드시 문서로 일을 하기 때문에 단체장과 집행부를 견제·감시하는 지방의원은 항상 많은 문서를 읽어야만 한다. 자료요구, 즉 서류제출요구권은 지방자치법에서 보장하고 있는 지방의원의 가장 중요한 권한 중 하나다. 모든 의정활동의 심장이자 기본이 바로 자료요구다.

기초의원 시절, 단체장과 집행부가 다소 불편해할 수 있는 '업무추진비 중 현금 사용 상세 내역'을 자료요구한 적이 있다. 담당국장이 황급히 찾아와서는 노골적으로 봐 달라며 애걸했다. 당시만 해도 업무추진비를 현금화해서 정치활동자금으로 불법 사용하거나 선심성 격려금 명목으로 사실상 선거운동을 하는 경우가 많았다.

가장 심각한 경우는 업무추진비에서 경조사비를 남발하는 것이었다. 시민의 혈세로 개인의 경조사비를 충당하고선 다음에 자신의 경조사 때 되돌려 받는 경우가 다반사였다. 우리 사회에서 경조사비는 보험 성격이기 때문에 '시민의 혈세'가 '개인 호주머니'로 들어가는 일이 공무원 사회에서 버젓이 횡행했다.

현재 지방의회의 기능은 지방자치법으로 규정된다. 그 중에는 자료요구와 관련된 것도 있다. 바로 제40조 서류제출요구권이다.

> **지방자치법 제40조(서류제출요구권)**
> ① 본회의나 위원회는 그 의결로 안건의 심의와 직접 관련된 서류의 제출을 해당 지방자치단체의 장에게 요구할 수 있다.
> ② 위원회가 제1항의 요구를 할 때에는 의장에게 이를 보고하여야 한다. 〈개정 2011.7.14.〉
> ③ 제1항에도 불구하고 폐회 중에 외원으로부터 서류제출 요구가 있을 때에는 의장은 이를 요구할 수 있다. 〈신설 2011.7.14.〉
> ④ 제1항에 따른 서류제출은 서면, 전자문서 또는 컴퓨터의 자기테이프·자기디스크, 그 밖에 이와 유사한 매체에 기록된 상태나 전산망에 입력된 상태로 제출할 것을 요구할 수 있다. 〈신설 2011.7.14.〉

자료요구는 충실한 의정활동을 위한 전제조건이다. 각 의원들, 그리고 의회의 의정활동이 실질적인 효과를 거두려면 지역의 현안사업 및 집행부의 업무 진행상황을 파악해야 하는데 이를 위해 필요한 것이 바로 자료요구다. 시·군정질문, 상임위원회 활동, 공약 및 민원 해결, 행정사무감사, 예·결산 심의 등을 위해 모든 현장을 따라다닐 수도 없고, 설령 따라다닌다 한들 현황을 전부 파악할 수도 없다. 다양한 자료가 필요한 이유다. 그렇기 때문에 자료요구는 사실상 의정활동의 50%를 차지한다고 봐도 무방하다.

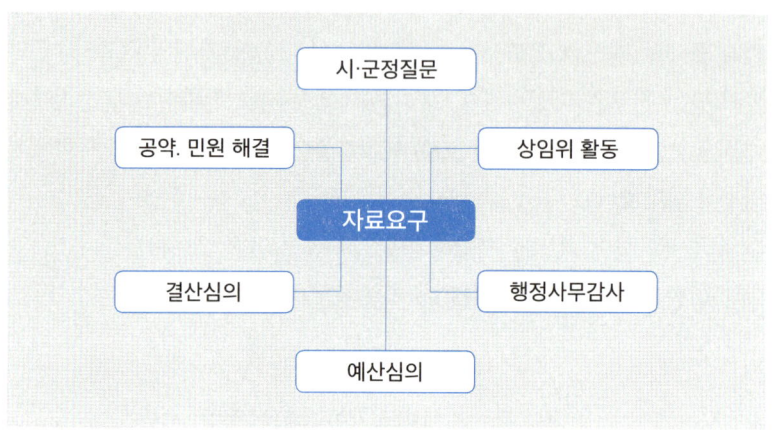

지방의원의 강력한 의정활동 무기가 되는 자료요구는 1년 365일, 24시간 언제든 가능하다. 하루에 몇 번이든 필요한 자료를 요구할 수 있으며, 건수 제한이 없어 한 번 요구할 때 몇 건을 요청하든 상관없다.

그러나 제한이 없다고 해서 무조건 많은 자료를 요청하는 것이 능사는 아니다. 많은 자료를 요구해 받았다 하더라도 해당 자료를 제대로 검토하지 못한다면 무용지물이다. 지방의원은 국회의원과 달리 개인 보좌관이나 정책지원인력이 없기 때문에 요청한 자료를 혼자서 분석하고 대안을 찾아야 한다. 때문에 무조건 많은 자료를 요구해 봤자 볼 시간도 없고, 분석할 사람도 없다. 많은 자료를 목표로 할 것이 아니라 필요한 자료를 목표로 해야 한다. 그러기 위해서는 목적과 문제의식이 분명해야 한다. 조례 발의를 위한 것인지, 감사를 위한 것인지에 따라 갖춰져야 할 자료가 달라질 수 있다. 꼼꼼한 요구가 충실한 자료를 만든다.

자료요구를 하면 공무원들은 습관적으로 방어적인 태세를 취한다. 자신들의 문제점과 치부를 숨기는 데 자연스럽고 집요하다. 따라서 많은 자료들은 진실이 가려진 채 가공을 거쳐 제출되는 경우가 많다. 부실하게 자료를 제출한다면 2차, 3차 자료요구를 통해서 실체적 진실을 반드시 밝혀내야 한다.

현안사업에 대해서 정확하게 파악하고자 한다면 단체장에게 보고한 문서를 자료요구하는 것이 현명하다. 공무원들은 많은 현안사업들을 문서화해서 단체장이나 부서장에게 보고하고 결재를 받는다. 따라서 가장 빠르고 쉽게 현안사업을 파악하는 지름길은 단체장이나 부서장의 결재를 맡은 문서를 요구하는 것이다.

집행부의 뻔한 거짓말은 공공기관의 정보공개에 관한 법률 때문에 "서류 제출이 어렵다"라고 말한다. 단체장이나 집행부가 지방의원들의 자료요구에 대해서 종종 써먹는 수법이다. 그러나 이는 자료 제출을 회피하기 위한 구차한 변명에 불과할 뿐 지방의원의 '서류제출요구권'에 대해서 집행부는 공공기관의 정보공개에 관한 법률을 이유로 거부할 수 없다.

공공기관의 정보공개에 관한 법률은 행정기관과 국민 간의 관계에서 적용되는 것으로서 '다른 법률에 특별한 규정이 있는 경우에는 법 석용을 제외한다'라고 명시하고 있다. 따라서 지방의원의 '서류제출요구권'은 지방자치법 제40조에 명백하게 보장하고 있는 지방의원의 기본적인 고유권한이기 때문에 공공기관의 정보공개에 관한 법률상 서류 제출이 어렵다는 집행부의 답변은 명백한 위법이다.

> **공공기관의 정보공개에 관한 법률 제4조(적용범위)**
> ①정보의 공개에 관하여는 다른 법률에 특별한 규정이 있는 경우를 제외하고는 이 법이 정하는 바에 의한다.

> **관련사례** 국회의원이나 지방의회 의원이 서류 제출을 요구하는 경우 정보공개법을 적용할 수 있는지?
>
> - 국회의원의 공공기관에 대한 서류제출요구는 국회법 제120조(보고·서류제출 요구), 국정감사 및 조사에 관한 법률 제10조(감사 또는 조사의 방법으로 서류제출 등 요구), 국회에서의 증언·감정 등에 관한 법률 제4조(공무상 비밀에 관한 증언, 서류의 제출) 등에 근거하므로, 정보공개법 제4조 제1항에 의한 다른 법률에 특별한 규정이 있는 경우에 해당되어 정보공개법 적용을 받지 않음.
> - 지방의회의원의 경우에도 지방자치단체의 사무에 대한 감사 또는 조사를 위해 지방자치법 제41조 제4항 및 동법시행령 제43조 제2항에 근거한 서류제출요구에 대하여 정보공개법 제9조 제1항의 비공개 대상정보에 해당된다는 이유로 집행기관에서는 서류 제출을 거부할 수 없음.
> 〈법제처 07-0376, 2007. 11. 21〉

# 모든 공무원이 내 보좌관

관료조직은 견제와 감시가 없으면 괴물이 되지만 적절한 견제와 감시만 동반된다면 인류 역사상 가장 효율적인 조직으로 기능할 수 있다. 관료제의 폐해란 결국 제대로 된 감시와 견제가 없을 때 생기는 문제들이며 지방의원은 바로 이러한 문제를 예방하기 위해 필요한 존재들이다. 실제로 어느 교도관이 3억 원이 넘는 영치금을 빼돌려 인터넷 도박으로 탕진했다는 언론 보도는 공무원에 대한 감시가 얼마나 중요한지를 잘 말해 준다.

이런 관점에서 생각할 때 관료조직의 구성원인 공무원을 제대로 견제·감시하는 것이 지방의원의 본질적 임무라고 한다면 또한 이들을 잘 활용하는 것은 기본적인 의정활동을 위한 일종의 선결과제다. 지방의원은 개인 보좌관이나 비서가 없기 때문에 모든 일을 혼자서 처리해야 한다. 많은 자료들을 요구해서 책상에 쌓여 있어도 그것을 분석하고 대안을 제시해 줄 사람이 없다. 예산심사와 결산심사, 행정사무감사 등 방대한 자료들을 혼자서 읽고 분석하면서 주민 민원과 지역행사, 정당활동 등도 소홀히 할 수 없기에 몸이 열 개라도 모자랄 판이다. 그래서 공무원들을 잘 활용해야 한다는 것이다.

앞서 언급했듯이 자료를 요구해서 받는 통로는 결국 공무원이다. 권위적이고 고압적인 자세로 자료를 요구해서는 안 된다. 더구나 보복성 또는 감정적인 상태에서 너무 방대한 자료를 요구하는 것도 절대 금물이다. 분명한 목적과 목표를 가지고 자료요구를 하되 내용과 대안을 중심으로 집행부를 평등한 파트너로 인정해야 한다.

조금 과장해서 말하자면 공식적으로 보좌관이나 비서를 둘 수 없는 지방의원에게 공무원들은 견제·감시의 대상이자 보좌관 역할을 해 주는 사람들인 셈이다. 공무원들을 잘 활용하는 것이 바로 지혜로운 의정활동 방법이라는 것이다.

가령, 전라남도 무안군의 귀농·귀촌 현황을 알고 싶다면 '최근 3년간 무안군 귀농·귀촌 현황'을 자료요구하되, 추가로 '전라남도 나머지 21개 시·군과 비교해서 제출'하도록 하면 훨씬 풍부한 자료를 바탕으로 비교분석이 가능할 것이다. 내가 "모든 공무원이 내 보좌관이다"라고 기회가 있을 때마다 강조하는 이유가 바로 여기에 있다.

공무원을 인격적으로 존중하는 것은 중요하다. 업무적으로야 주민의 입장에서 냉철하게 대해야 할 사람이지만 한편으로는 주민들을 위해 헌신·봉사하는 공무원은 조직의 부서장이자 한 가정의 소중한 가족이기 때문이다. 그러므로 절대로 감정의 선을 넘지 마라. 업무적 비판 외에 모욕적이거나 감정 섞인 발언은 절대로 해서는 안 된다.

# 자료요구는 이렇게

**모든** 일은 기초가 탄탄해야 한다. 자료요구가 의정활동을 위한 기초 다지기라고 한다면 탄탄한 기초를 만들기 위해서는 보다 꼼꼼해질 필요가 있다. 그렇다면 무엇에 어떻게 꼼꼼해질 것인가의 문제가 남는다.

예를 들어 '수백억 원 적자라면서 억대 연봉'이라는 세목으로 보도된 버스 준공영제의 명암에 대한 기사를 발견했다고 가정해 보자. 서울시 시내버스 준공영제는 시내버스의 연간 적자 일부를 주민세금으로 보전하고 있다. 환승할인으로 시민의 버스요금 부담을 줄이고 안정적인 대중교통 서비스를 제공하기 위해 적자 발생분에 대해서 서울시가 재정지원을 해 오고 있다. 그런데 매년 적자인 버스회사의 대표이사 연봉이 5억 5천만 원이라면 시민들은 어떻게 생각할까?

> 서울에서 가장 규모가 큰 시내버스 회사입니다. 지난 2014년 운송수지 적자는 115억 원, 3년 내내 100억 원 안팎의 손해를 봤습니다. 하지만 같은 기간 회사 대표 연봉은 해마다 늘어나 5억 5천만 원까지 올랐습니다.

> "A 버스회사 대표, 연봉 5억 5천만 원 : 이게 우스운 얘기가 될지도 모르겠는데 (1위 버스 회사라는) 상징적인 부분도 있었고, 자존심이라는 면도 있었고……."
>
> – YTN, 2016년 2월 1일자 보도

시민의 공분을 사고도 남을 소식이다. 그러나 이런 소식이 매년 반복되고 있다면 근본적인 재발 방지 대책을 세워야 한다. 해당 부서에 관련 자료를 요청해서 확인하고, 그간 서울시 지침은 어떻게 운영됐는지, 운송수입금 정산배분과 관련한 감사보고서 내용은 어땠는지, 시내버스 업체별 운송원가와 예산지원 내역은 어떤지 등을 확인하는 것이 먼저다. 자료요구가 필요한 순간이다.

**서울시 시내버스 준공영제 관련 자료요구 예시**

| 요구정보 | 79 | 요구일자 | 2017-01-17 |
|---|---|---|---|
| 요구번호 | 김용석 | 제출기한 | 2017-01-31 |
| 요구서명 | 2015년~현재 버스업체별 임원현황 및 임원연봉 내역 | | |
| 공개여부 | 공개 비공개 | | |
| 요구자료 | 1. 2015년~현재 버스업체별 임원현황 및 임원연봉 내역<br>2. 2015년~현재 버스업체별 적자현황 및 서울시 재정보전금 지원내역<br>3. 버스업체 대표 연봉 관련 서울시 지침(최근 3년간)<br>4. 2015년~현재 여객자동차 운수사업법 제24조 5항에 따라 운전경력 및 범죄경력자료 조회요청 현황 및 취소사유, 조회요청 방식과 여부<br>5. 2015년~현재 여객자동차 운수사업법 제87조에 따른 운수종사자 자격 취소현황 및 취소사유, 조회요청 방식과 여부<br>6. 2015~2016년 운송수입금 정산배분 및 사용 등에 관한 외부 회계법인 감사보고서(서울시에 보고한 감사보고서)<br>7. 2015~현재 시내버스 업체별 외부회계감사 서울시 보고내역서(사본 1부) | | |

| 요구자료 | 8. 2015~현재 시내버스 업체별 버스기사 채용현황(채용공고문, 채용방법, 가산점, 자격기준, 업체별 채용관련 민원, 채용 부조리 업체 페널티 내역, 업체별 인사위원회 구성현황 및 외부인사 상세이력 등)<br>9. 2015년~현재 버스업체별 버스기사 채용비리 관련 민원내역 및 사법기관 고발, 수사의뢰, 판결내용(서울시 행정조치 내역)<br>10. 2015년 이후 버스기사 채용비리 핫라인 개설현황 및 신고·조치내역<br>11. 2015~현재 시내버스 업체별 사고현황 및 민원내역, 만족도조사 결과, 기사별 사고 상위 10명 현황<br>12. 2014년~현재 시내버스 업체별 운송원가 상세 내역 및 예산 지원 내역<br>13. 2014년~현재 시내버스 업체별 사고내역 및 보험처리현황 |
|---|---|

자료요구를 통해 관련 자료를 건네받은 뒤 꼼꼼하게 검토해야 한다. 버스업체별 임원현황 및 임원연봉 내역, 버스업체별 적자현황 및 서울시 재정보전금 지원내역, 버스업체 대표 연봉 관련 최근 3년간 서울시 지침 등 요청한 자료의 목록을 만들어 두고 해당 자료가 도착하면 번호를 매겨 분류하고 검토한다.

검토를 마쳤다면 이제 재발 방지 대책을 준비할 차례다. 이러한 문제에 대해 지방의회가 마련할 수 있는 대응책은 여러 가지다. 검토한 자료를 바탕으로 단체장에게 시정질문을 할 수도 있고, 5분발언을 활용해 문제의 심각성을 환기시킬 수도 있다. 또 상임위원회 질의를 통해 해당 내용에 대해 어떤 조치를 준비하고 있는지 질의·응답을 통해 확인할 수도 있다.

의회만이 할 수 있는 일도 있다. 바로 조례 제정과 개정이다. 고액 연봉 논란을 방지할 수 있도록 서울시가 서울시내 버스업체 임원 연봉한도액을 권고할 수 있게 하는 것이다.

실제로 지난 2016년 내가 대표발의한 「시내버스 재정지원 및 안전 운행 기준에 관한 조례 일부개정조례안」은 시장이 사업자별 경영 상태에 따라 임원 인건비의 연간 한도액을 권고할 수 있다는 내용을 담았다. 또이에 따른 사업자의 준수 여부를 경영 및 서비스 평가 등에 반영할 수 있도록 하고, 연 1회 이상 민·관 합동으로 지도·점검을 실시하도록 규정해 해당 내용이 준수될 수 있는 장치를 마련했다.

사실 처음에는 더 강력한 조례를 준비했다. 시민의 세금이 연간 2천 5백억 원 이상 재정지원되고 있기 때문에 대표이사의 연봉을 엄격하게 제한하고, 시장이 지정한 회계법인이 매년 회계감사를 하도록 준비했다. 그러나 '조례가 법령을 위반할 수 없다'라는 현실적인 이유로 '권고와 협의'로 완화됐다. 주식회사인 버스회사는 상법상 대표이사의 연봉을 주주총회에서 결정하게 된다. 그러나 대부분의 버스회사가 가족들 몇 명이 주주로 되어 있어 사실상 가족회의에서 연봉을 결정하고 있다. 이런 상황에서도 포기하지 않고 끈질기게 차선책을 고민한 끝에 소중한 시민 혈세의 낭비를 막을 수 있었다.

자료요구와 분석은 의정활동의 출발점이다. 첫 단추를 잘 꿰어야 옷을 바로 입을 수 있듯이 정확하고 꼼꼼한 자료요구와 분석이 선행돼야 시민생활의 구체적인 개선과 제도적 장치를 마련할 수 있다. 즉, 좋은 지방의원이 되는 첫걸음인 셈이다.

# 자료요구는 평가의 척도

**자료요구는** 의정활동 평가의 척도가 되기도 한다. 의원별로 얼마나 자료요구를 했는지는 의회사무처를 통해 집계된다.

4년간의 임기 동안 얼마나 왕성하게 의정활동을 했느지 알 수 있는 기초지표가 되는 것이다. 이 같은 지표를 통해 시민과 각 정당은 해당 의원의 의정활동을 평가하기도 한다.

지방의원은 선거를 통해 정해지는 선출직이지만 임기가 정해진 시한부 직책이라는 점에서 4년짜리 계약직 노동자라 할 수 있다. 모든 일터가 그렇듯이 개인의 노동은 성과에 따라 평가되고, 이 평가는 추후 계약 연장 또는 승진 등의 사안에서 판단의 기준 혹은 근거로 활용된다. 지방의원도 마찬가지다. 온전히 근무평가만으로 연장계약 여부가 정해지는 것은 아니지만, 해당 평가가 다른 이들에 비해 월등히 좋다면 총체적 평가에서 우위를 점할 가능성은 높아진다.

지방의원의 경우 본회의와 상임위원회 출석률, 조례 발의 건수, 시정질문 및 5분발언 횟수 등이 모두 평가의 대상이 된다. 자료요구 횟수와 건수 역시 중요한 계량적 평가지표다.

### 서울시의회 제9대 의원 자료요구 현황(가나다 순)   (기간 : 2014. 7. 1~2017. 8. 31)

| 연번 | 의원명 | (현)소속위원회 | 의원명 횟수 | 의원명 건수 | 비고 |
|---|---|---|---|---|---|
| 1 | 강감창 | 기획경제 | 60 | 203 | |
| 2 | 강구덕 | 교육 | 41 | 889 | |
| 3 | 강성언 | 교육 | 9 | 25 | |
| 4 | 권미경 | 보건복지 | 98 | 385 | |
| 5 | 김경자(양천) | 교육 | 50 | 502 | |
| 6 | 김경자(강서) | 문화체육관광 | 6 | 16 | |
| 7 | 김광수(도봉) | 환경수자원 | 30 | 417 | |
| 8 | 김광수(노원) | 환경수자원 | 27 | 98 | |
| 9 | 김구현 | 문화체육관광 | 50 | 161 | |
| 10 | 김기대 | 도시계획관리 | 92 | 353 | |
| 11 | 김기만 | 문화체육관광 | 27 | 191 | |
| 12 | 김동승 | 환경수자원 | 32 | 46 | |
| 13 | 김동욱 | 교육 | 103 | 648 | |
| 14 | 김동율 | 도시안전건설 | 35 | 220 | |
| 15 | 김문수 | 문화체육관광 | 178 | 1022 | |
| 16 | 김미경 | 문화체육관광 | 87 | 474 | |
| 17 | 김상훈 | 교통 | 81 | 686 | |
| 18 | 김생환 | 교육 | 142 | 906 | |
| 19 | 김선갑 | 보건복지 | 73 | 424 | |
| 20 | 김영한 | 기획경제 | 38 | 303 | |
| 21 | 김용석(도봉) | 행정자치 | 201 | 1191 | |

⋮

위 표에서 보는 바와 같이 각 대수별로 의원들의 자료요구 활동은 숫자로 남는다. 나는 지난 제9대 서울시의원으로 활동하면서 행정자치위원회 소속으로 201회에 걸쳐 1,191건의 자료를 요청했다.

가끔 사람들이 묻는다. 이렇게 많은 자료를 시시때때로 요구하는 일이 반복되면 공무원들이 싫어하지는 않느냐고. 물론 공무원들 입장에서야 자료요구가 없는 것이 당연히 편할 수는 있다. 그러나 주민의 대표인 지방의원들이 합리적이고 발전적 대안을 중심으로 자료요구하는 것에 대해서는 공무원들도 큰 박수를 보낸다.

공무원들은 문서로 일을 한다. 모든 사업과 정책은 문서화되어 있다. 사업추진 현황을 파악하고 행정서비스가 원래 목표대로 잘 이행되고 있는지를 확인하기 위해선 반드시 문서를 제출 받아서 분석하고 체크해야 한다. 이런 확인은 되도록 정례화시키는 것이 좋고, 경험상 분기별로 하는 것이 바람직하다.

가령, 예비비 지출내역은 지방의회 사후승인 사항이기 때문에 회계연도가 끝난 후에 확인하는 경향이 있다. 그러나 예측할 수 없는 일에 사용할 수 있는 예비비 지출이 목적을 벗어나서 집행되고 있다면 중간 중간 확인하는 것이 더 바람직할 것이다. 예비비 지출 보고 조례를 만들어 분기별로 예비비 지출사항을 해당 상임위원회에 보고하도록 만든다면 예비비 지출이 조금 더 신중해질 것이고, 불법적이고 편법적인 예비비 지출을 막을 수 있을 것이다.

# 자료요구 '꿀 팁'

**경험이** 많지 않은 초선의원이라면 어떤 서류를 어떻게 봐야 제대로 사안을 파악하고 이해하고 분석할 수 있을지 막막할 수도 있다. 나 또한 그랬다. 한 가지 사업이나 현안을 제대로 파악하기 위해 살펴야 할 목록이 무엇인지를 가르쳐 주는 사람이 없다 보니 처음 일을 할 때는 체계적인 요구나 요청을 할 수가 없었다.

특정 사업의 현황을 알고 싶은데 애초에 이 사업이 주민의 필요와 민원에 의해 시작되었는지, 아니면 집행부 차원에서 필요를 진단하고 의견 수렴 과정을 거친 것인지, 그도 아니면 어떤 특혜로 인해 갑자기 뚝 떨어진 것인지, 추진 과정에 문제는 없는지, 결과를 살필 때 반드시 확인해야 할 것은 무엇인지, 그리고 그 모든 것들을 알아보려면 무엇과 무엇을 살펴야 하는지 알지 못했으므로 일하는 과정이 뒤죽박죽이었다.

시행착오를 거치면서 하나씩 깨달은 것은 그럼에도 해야만 하는 일은 해야 한다는 점이다. 공무원과의 관계가 껄끄러워질까 봐 걱정돼서, 또는 지난번에 빠뜨린 것이 민망해서 등등의 이유로 챙겨야 할 것들을 소홀히 하게 되면 직무 수행, 즉 의정활동에 문제가 생긴다. 불성실한 의정활동을 하느니 무엇이든 묻고 확인하고, 일이 더디다는 말을 듣더라도 정리해 가며 하는 것이 낫다. "돌다리도 두드려 보고 건너라"라는 말을 태도로 익혀 두어 나쁠 것은 없다.

지금도 답답해하고 있을 초선의원들을 위해 관심을 갖고 있는 사업이나 담당하는 현안에 대한 자료요구를 할 때 꼭 챙겨야 할 것들을 정리해 보았다.

① 부서 계획서
② 단체장 방침서(지시사항)
③ 계약서
④ 용역보고서(요약보고서)
⑤ 회의록
⑥ 감사결과 보고서(자체 감사 및 감사원 등 외부 감사)
⑦ 지출결의서(영수증)
⑧ 설계변경 사유 및 내역
⑨ 법적 근거
⑩ 예산집행 현황 및 변경내역

"구슬이 서 말이라도 꿰어야 보배"라는 말이 있듯이 자료를 아무리 많이 확보하고 있어도 주제별·사안별로 잘 정리되어 있지 않으면 무용지물이다. 경험상 책상 가득 자료가 쌓여 있는데 조금만 시간이 지나면 찾을 수 없어 난감해했던 적이 부지기수다. 자료요구의 꿀 팁, 이제 자료를

※주제별, 사안별로 정리된 자료들

주제별로, 사안별로 파일에 잘 정리해 보자. 문서 외에 반드시 메일로 자료를 받아서 보관하는 것도 잊지 말자. 자료를 메일로 받아 두면 의회가 아닌 다른 곳에서도 언제든지 필요한 내용을 확인할 수 있는 장점이 생긴다.

비록 초선의원이라 하더라도 1년만 이렇게 자료정리를 한다면 30년 공직생활을 한 담당과장보다 더 많은 내용을 파악할 수 있다. 체계화된 자료는 논리가 되고, 그 논리는 공무원을 압도하게 될 것이다. 탁상행정은 사라지게 될 것이고, 주민들의 행복은 두 배로 커질 것이다.

# 2 지방의회 수준이 한눈에

## 조례가 왜 필요해?

**지방의원으로** 일하고 있다고 말하면 종종 받는 질문이 있다.
"조례가 왜 필요해요? 법이 있는데."
"어차피 조례는 아무 영향도 없는 거 아니에요?"
처음 이런 질문을 받았을 때는 눈앞이 까마득해지는 기분이었다. 어디서부터 설명을 시작해야 하나, 그만한 시간은 있나, 정말 몰라서 묻는 걸까, 일부러 떠 보는 질문일까⋯⋯. 정말 짧은 시간 안에 별의별 단상이 머릿속을 스쳐 지나가곤 했다.
그러나 우리 지방자치의 현실을 공부하다 보니 과연 물을 만도 하다는 생각에 동의할 수밖에 없다. 우리나라는 대통령 중심으로 중앙집권 정치의 역사를 오래도록 이어 온 터라 1991년 지방의회가 부활했지만 이후 30년도 안 되는 짧은 지방자치 역사 속에서 제대로 발전하지 못했다. 지방자치 선진국에 비하면 사실 짧디짧은 역사지만 사람으로 치면 그래도 서른 살에 가까운 청년인데도 제도 개선은 마냥 더디기만 하다. 게다가 민주주의의 뿌리로서 지방자치가 선거 때나 겨우 주목 받는 상황은 사회문화적으로도 건강하지 못한 일이다. 사람들은 때마다 관습적으로 투표할 뿐 내 지역, 내 지방에서 어떤 것을 결정하고 진행하는가에 대해 잘 모르고 그게 문제라는 생각을 하지 못한다. 중앙집권체제와 미디어의 보도 패턴이 큰 영향을 끼치고 있지만 그 또한 제대로 지적된 것은 최근의 일이다.

국가적 질서의 근간이 되는 헌법과 법률, 그 외 법령들은 대체로 포괄적인 내용을 다룬다. 각 지역의 특성을 반영하기가 쉽지 않다. 기본적으로 지방자치를 실시하는 이유는 각 지역의 특성을 반영하고 시민들의 참여를 더욱 손쉽게 하기 위해서다. 즉, 더 나은 민주주의 사회를 만들자는 목적이다.

지방자치의 원리는 기본적으로 '보충성의 원리'에 기반한다. 주민들에게 가장 가까운 곳의 지방자치단체가 사무를 우선적으로 수행하면서 주민 요구에 신속하게 부응하고 체감할 수 있어야 비로소 효과적이다. 그러한 목적을 실현하기 위해 조례는 각 지역의 시민이 갖고 있는 바람과 기대, 목표와 지향을 실현하고자 만들어진다. 그래서 좋은 조례가 만들어지면 직접적으로 시민의 생활이 달라진다.

예를 들어 보육과 관련한 좋은 조례는 지역의 보육환경을 바꾸는 근간이 된다. 급증하는 노인 인구를 국가 차원에서 일일이 돌보는 것이 현실적으로 불가능해진 고령화 시대에 각 지역의 노인 인구 관련 조례들은 노인 복지를 위한 바탕으로 기능한다.

조례안 제·개정의 과정이 법률안 제·개정보다 덜 복잡하므로 훨씬 빠른 시간 내에 사회문제에 대응할 수 있다는 장점도 있다. 즉, 지난해 사회적으로 큰 문제가 된 공공화장실 불법 촬영 문제 등은 국가 차원에서 처벌을 고민해야 할 일이기는 하지만 지역사회 내의 관리와 감시는 조례 단위에서도 얼마든지 제정하고 구현할 수 있는 일이다. 딸을 키우는 아빠의 심정으로 나 역시 이러한 문제에 큰 심각성을 느꼈고, 공공화장실을 안심하고 쓸 수 있도록 서울시가 관리하는 것을 규정하는 조례를 발의했다.

좋은 조례는 국가 차원의 법률로 확장되기도 한다. 지역 단위의 조례가 더 넓은 범주의 법률적 '테스트 베드' 역할을 하는 셈이다. 청주시의회가 1991년 7월 24일 가결한 「청주시 행정정보공개 조례」가 그 대표적인 사례다. 이 조례는 사회적 필요성과 우수성을 인정받아 국가 차원의 법률이 되었다. 1996년 국회를 통과한 『공공기관의 정보공개에 관한 법률』이다. 정보공개법이 법률로 만들어지면서 한국은 세계에서 13번째, 아시아에서 첫 번째로 정보공개법을 가진 나라가 됐다.

서울시의회가 2014년 12월 19일 전국 최초로 가결한 「서울시 청년기본조례」 또한 심각한 사회문제인 청년 문제를 종합적이고 체계적으로 해결하기 위해 제정됐다. 2014년 서울시 청년예산은 고작 300억 원 정도였으나 2020년 5천여 억 원으로 17배 가까이 늘었다. 청년주거 문제 해결, 청년일자리 창출, 청년수당 지급, 청년신용 문제 해결, 청년공간 마련, 청년창업 지원, 청년진로 문제 해결 등 다양한 분야에 예산이 확대되고 있다. 이 조례는 전국으로 빠르게 확산 중이고, 국회에서도 곧 『청년기본법』의 제정을 눈앞에 두고 있다. 좋은 조례가 시민사회의 변화를 이끈 셈이다.

여전히 '조례가 왜 필요한지'를 묻는 사람들은 있다. 하지만 주민참여를 보장하는 다양한 창구가 늘어날수록 민주주의가 심화·확장된다는 사실에 동의하는 사람들도 늘고 있다. 그곳에 희망이 있다.

# 붕어빵 조례

**나라마다** 다양한 지방자치제도를 채택하고 있지만 우리는 기관대립형 권력구조로 의결기관과 집행기관을 견제와 균형의 원리에 따라 운영하고 있다. 의회는 의결기관으로서 집행부는 집행기관으로서 각자의 역할을 맡는다. 의회가 담당하는 예·결산 심사와 행정사무감사 등은 더 나은 민주주의와 정책 수행, 지역 발전을 위한 필수과정이다.

더불어 지방의원은 국회의원과 마찬가지로 한 사람 한 사람이 각각 입법기관이다. 지방의회 구성원의 총수에 비추어 각 개인이 n분의 1의 의결권을 가지고 있는 것이다.

우리나라의 지방자치는 의결권의 범위를 법령이나 조례로 규정한 사항에 한해 행사할 수 있는 제한적 '열거주의(列擧主義, positive system)'를 택하고 있다. 열거주의란 원칙적으로 모든 것을 금지하나 예외적으로 규제나 금지가 되지 않는 사항을 나열하는 것을 의미한다. 우리나라 지방자치법은 제39조(지방의회의 의결사항)를 통해 이 같은 내용을 규정해 두었다.

> **지방자치법 제39조(지방의회의 의결사항)**
> ① 지방의회는 다음 사항을 의결한다.
>   1. 조례의 제·개정 및 폐지
>   2. 예산의 심의·확정
>   3. 결산의 승인
>   4. 법령에 규정된 것을 제외한 사용료·수수료·분담금·지방세 부과와 징수
>   5. 기금의 설치·운용
>   6. 대통령령으로 정하는 중요 재산의 취득·처분
>   7. 대통령령으로 정하는 공공시설의 설치·처분
>   8. 법령과 조례에 규정된 것을 제외한 예산 외의 의무부담이나 권리의 포기
>   9. 청원의 수리와 처리
>   10. 외국 지방자치단체와의 교류협력에 관한 사항
>   11. 그 밖에 법령에 따라 그 권한에 속하는 사항
> ② 지방자치단체는 제1항의 사항 외에 조례로 정하는 바에 따라 지방의회에서 의결되어야 할 사항을 따로 정할 수 있다.

위에 제시한 내용 중 11호 '그 밖에 법령에 따라 그 권한에 속하는 사항' 또한 의결사항이 된다는 규정인데, 여기에는 지방자치단체의 폐지·설치·분할·통합 및 명칭·구역 변경에 대한 의견제출(동법 제4조 2항), 지방의원의 징계(동법 제86조), 지방채 발행과 채무부담행위(동법 제124조), 예비비 지출승인(동법 제129조) 등이 속한다. 즉, 지방의회는 지역의 행정을 운영하기 위해 필요한 모든 사안에 관여한다.

따지고 보면 조례는 지방의회의 열한 가지 의결사항 중 하나에 불과할 수 있다. 큰 비중이 아니라고도 할 수 있다. 그럼에도 조례가 여전히 중요한 이유는 그것이 해당 지역을 운영하는 근본원칙, 즉 지역의 법이기

때문이다. 그런 의미에서 지방의원들은 지역의 법을 만드는 사람들이고, 걸어 다니는 입법기관으로서 중요한 역할을 수행하고 있는 것이다. 그러나 오늘날 우리의 지방자치는 '자치입법권'이라는 말이 부끄러울 정도다. 헌법 제117조와 지방자치법 제22조와 제24조를 확인하면 '자치입법'이 도대체 어떻게 가능한지 되묻지 않을 수 없다.

> **헌법 제117조**
> ① 지방자치단체는 주민의 복리에 관한 사무를 처리하고 재산을 관리하며, 법령의 범위 안에서 자치에 관한 규정을 제정할 수 있다.
>
> **지방자치법 제22조(조례)**
> 지방자치단체는 법령의 범위 안에서 그 사무에 관하여 조례를 제정할 수 있다. 다만, 주민의 권리 제한 또는 의무 부과에 관한 사항이나 벌칙을 정할 때에는 법률의 위임이 있어야 한다.
>
> **지방자치법 세24조(조례와 규칙의 입법한계)**
> 시·군 및 자치구의 조례나 규칙은 시·도의 조례나 규칙을 위반하여서는 아니 된다.

30년 넘게 개헌이 이루어지지 않으면서 지방의회에서 조례를 하나 제정하려면 '산 넘고 물 건너' 여섯 관문을 통과해야만 한다. 가령, 서울시 도봉구의회에서 조례를 제정하려면 헌법과 법률, 시행령, 행정규칙, 광역자치단체인 서울시 조례와 규칙을 위배하면 안 된다. 그런데 1,500개에 달하는 법률과 시행령을 포함한 법령은 5,200개에 달한다. 1만 6,000개가 넘는 행정규칙, 620건이 넘는 서울시 조례와 230건의 규칙을 위반하지 않는 조례가 얼마나 있겠는가?

243개 지방의회에서 '붕어빵 조례'가 만들어질 수밖에 없는 태생적인 이유다. 인구가 70만 명에 가까운 서울의 송파구나 인구가 채 1만 명도 안 되는 경상북도 울릉군은 지역적 특성이나 인구 규모, 주민들의 행정에 대한 요구사항도 다 다르지만 특색 있는 조례를 제정할 수 없다. 물론 판례에 따라서 '법령의 범위 안에서'란 '법령에 위반되지 않는 범위 내에서'라고 해석되지만 자치입법권은 바늘귀처럼 작기만 하다.

국회에서도 이구동성으로 자치입법권 확대와 자치분권에 대해서는 공감대를 형성하고 있지만 정작 권력구조를 어떻게 가져갈지에 대한 합의가 이루어지지 않아 30년이 넘는 세월을 허비했다.

2018년 3월 26일 문재인 대통령이 '법률에 위반하지 않는 범위에서 조례를 제정'할 수 있도록 자치입법권이 대폭 확대된 개헌안을 제출했으나 그해 5월 24일 국회에서 정족수 미달로 자동폐기되고 말았다.

### 제3~10대 서울시의회 의원발의 조례안 현황

(2019.9월 말 기준)

| 구분 | 의원정수[1] | | | 조례안 발의 건수(비율) | | | |
|---|---|---|---|---|---|---|---|
| | 계 | 지역구 | 비례 | 총계 | 의회소계 (%) | 의원 발의(%) / 위원회 제안(%) | 집행부 제출(%) |
| 합계 | | | | 5,917 | 3,054 (51.6%) | 2,636(44.5%) / 418(7%) | 2,863 (48.3%) |
| 제3대 (1991~1995) | 132 | 132 | - | 473 | 51 (10.7%) | 10(2.1%) / 41(8.7%) | 422 (89.2%) |
| 제4대 (1995~1998) | 147 | 133 | 14 | 371 | 47 (12.6%) | 24(6.5%) / 23(6.2%) | 324 (87.3%) |
| 제5대 (1998~2002) | 104 | 94 | 10 | 626 | 89 (14.2%) | 22(3.5%) / 67(10.7%) | 537 (85.7%) |
| 제6대 (2002~2006) | 102 | 92 | 10 | 433 | 72 (16.6%) | 23(5.3%) / 49(11.3%) | 361 (83.3%) |
| 제7대 (2006~2010) | 106 | 96 | 10 | 725 | 324 (44.6%) | 276(38.1%) / 48(6.0%) | 401 (55.3%) |
| 제8대 (2010~2014) | 114 | 104 | 10 | 1,025 | 663 (64.6%) | 609(59.4%) / 54(5.3%) | 362 (35.3%) |
| 제9대 (2014~2018) | 106 | 96 | 10 | 1,579 | 1,251 (79.2%) | 1,161(73.5%) / 90(5.7%) | 328 (20.7%) |
| 제10대 (2018~2022) | 110 | 100 | 10 | 685 | 557 (81.3%) | 511(74.6%) / 46(6.7%) | 128 (18.6%) |

※ 해당 통계자료는 조례안에 대한 통계임.(건의안, 결의안 등은 제외)

1) 교육의원 8명 포함

# 초선의원이 무능한 이유

**지방의원은** 조례를 만드는 사람이고, 조례는 지역의 법과도 같다. 각 의원들은 한 사람 한 사람이 걸어 다니는 입법기관이라 할 수 있다. 그러나 이런 개념이 확고하지 못했던 초선의원 시절, 나는 4년간 형편없는 조례 발의 건수를 기록했다.

물론 지방의원은 조례만 만드는 사람이 아니다. 조례 외에도 해야 할 일은 많다. 행정에 대한 감시와 견제 업무 역시 무시할 수 없이 중요한 일이다. 그럼에도 조례 발의 실적은 종종 의원의 역량 평가와 직결된다. 그런 의미에서 초선 시절의 나는 무능한 의원이었다.

제·개정을 포함해 내가 했던 조례 발의 건수는 4년치를 모두 모아도 한 자리 숫자였다. 지방의원만이 조례를 제·개정할 수 있는 데도 나는 그 중요성을 몰랐고, 조례 발의를 위해 얼마나 많은 전문지식과 의견 수렴, 그 외에 절차들이 필요한지를 알고 나서는 지레 겁을 내기도 했다. 행정 시스템과 법률, 그리고 의회와 조례의 상관관계 및 중요성을 파악하는 데만도 오랜 시간이 필요했다.

'대체 언제 저 많은 것들을 다 챙길 수 있는 거지?'
초선의원 시절 내 머릿속은 물음표로 가득했고, 그 물음표를 해결하기 위해 늘 동분서주했지만 쉬운 길이라고는 없었다.

조례란 지방자치단체의 의회에서 제정되는 자치법규다. 흔히 '지방자치단체가 법령의 범위 안에서 그 권한에 속하는 사무에 관하여 지방의회에서 정하는 하나의 규범'이라고 설명되곤 한다.

자치법규에는 조례와 규칙이 있지만 조례는 규칙과 달리 의회에서만 제·개정이 가능하다. 조례 발의에는 풍부한 법적 지식과 함께 남다른 노하우가 필요하다. 동료의원들을 설득하는 능력도 갖추어야 한다. 조례안 발의 과정에 동료의원이 반드시 필요하기 때문이다.

지방자치법 제66조에 따르면 조례안 발의는 지방자치단체의 장이 할 수 있고, 개폐청구권을 행사해 주민발의(시민발의)를 할 수도 있다. 지방의회가 조례 발의의 주체가 되는 경우 재적의원 5분의 1 이상 또는 10인 이상의 연서로 의장에게 제출해야 한다. 즉 동료의원들의 지지가 필수적이라는 이야기다.

조선의원이 이 모든 것을 별다른 가이드노 없이 할 수 있을까? 대단히 능력 있는 사람이라면 문제없이 할 수도 있겠지만 대다수 초선의원들은 그렇지 못한 것이 현실이다. 정파적 기반, 즉 정당 소속인 경우에는 같은 정당이라는 이유로 '믿을 구석'이 있지 않겠느냐는 의견도 있지만 지방의회의 조례는 해당 지역 모두를 포괄하고 갈등과 이해를 반영·조정할 수 있어야 하므로 단순히 소속 정당이 같다고 해서 각 의원들의 이해가 같다고는 할 수 없다. 심지어 소속 정당이 다르다면, 소수정당의 구성원이거나 무소속 의원이라면 상황은 더욱 쉽지 않다.

초선의원이 무능한 이유는 개인의 잘못이 아니다. 대구의 한 자치구의회 의원이 20명인데 사무국 직원은 22명이다. 서울 종로구의회 의원이 11명인데 직원이 25명인 것에 비하면 턱 없이 모자라는 숫자다. 그런데 더 심각한 사실은 22명 안에는 운전·방호·속기 등의 직렬이 다 포함되어 있어서 행정적으로, 정책적으로 의원들을 보좌하는 직원들은 사실상 몇 명 안 된다. 개인 보좌관이나 비서는 차치하더라도 사무국 직원이라도 어느 정도 있어야 예·결산심의나 행정사무감사 및 조례 발의 등 기본적인 의정활동을 뒷받침할 수 있는데 현실은 정말로 열악하다. 이런 현실이 근 30년 가까이 방치되고 있으니 안타까울 뿐이다.

국회에는 입법조사처가 있어서 국회의원들의 법률 제정과 개정안을 전문적으로 지원하고 있다. 속된 말로 국회의원들이 법률 제정안이나 개정안과 관련해서 '요지'만 보내면 법률안이 자동으로 만들어져서 보고된다. 지방의회에도 사무기구에 조례를 전문적으로 지원하는 전담부서가 반드시 필요하다. 서울특별시의회 사무처의 입법담당관이 좋은 모델이 될 것이다. 경상남도 하동군의회는 의원이 11명인데 사무과 직원은 13명에 불과하고, 부서도 의정담당 하나뿐이다. 의원들의 조례 제·개정을 지원할 수 있는 직원도, 부서도 없다.

초선의원이 무능한 이유는 바로 의회 사무직원의 인사권 독립과 충분한 인력의 확보, 전담부서 신설 등이 전혀 이루어지지 않고 있기 때문이다.

## 하동군의회 사무과

사무과장
의사담당


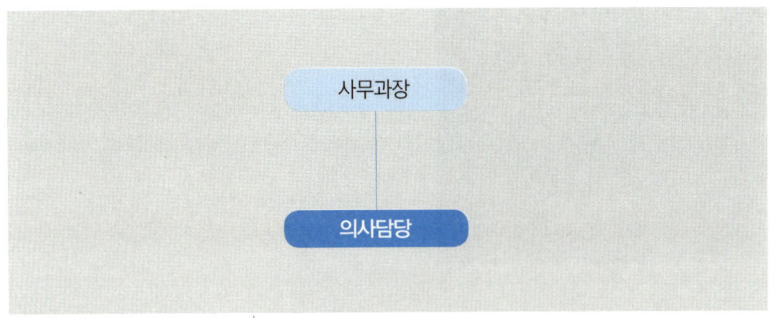

## 서울시의회 사무처

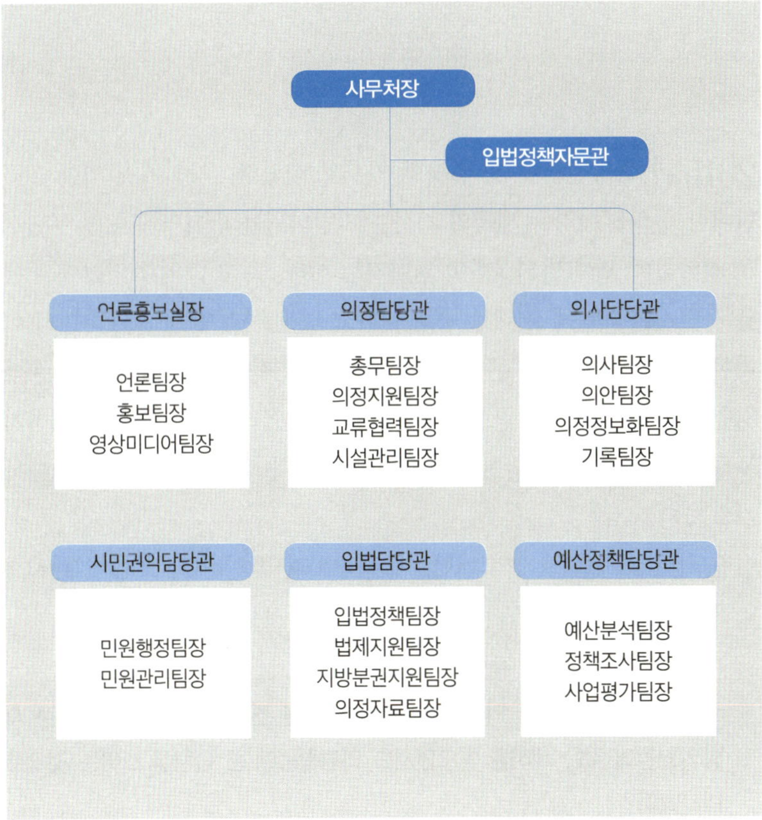

사무처장
입법정책자문관
언론홍보실장
언론팀장
홍보팀장
영상미디어팀장
의정담당관
총무팀장
의정지원팀장
교류협력팀장
시설관리팀장
의사담당관
의사팀장
의안팀장
의정정보화팀장
기록팀장
시민권익담당관
민원행정팀장
민원관리팀장
입법담당관
입법정책팀장
법제지원팀장
지방분권지원팀장
의정자료팀장
예산정책담당관
예산분석팀장
정책조사팀장
사업평가팀장

# 조례 발의와 의회 무용론

2015년 중앙일보에 웃지 못할 기사가 실렸다. '자신이 발의한 조례 반대한 구의원'이라는 제목의 기사는 지방의원들의 지역에 대한 무관심을 질타하며 조례 발의실적이 떨어지는 사례, 조례 발의자 명단에 이름을 올렸지만 내용을 제대로 숙지 못하고 있는 사례 등을 소개하면서 이러한 문제가 '기초의회 무용론'을 부추긴다고 전했다. 기사 말미에는 타 의원이 발의한 조례에 공동발의자로 이름을 올려놓고도 이를 기억하지 못해 해당 조례 의결을 반대한 사람이 있었다며 '해프닝'이라고 소개하기도 했다.

이런 식의 기사들은 거의 매년, 매 분기마다 발견된다. 2017년 뉴시스와 2018년 세계일보에도 비슷한 종류의 비판기사가 실렸다.

> 주민의 대표기관이자 의결기관으로 집행부를 견제하고 감시해야 하는 지방의원들이 같은 세비를 받으면서도 의정활동에 큰 편차를 보이는 것으로 나타났다.

27일 충북참여자치시민연대가 공개한 '민선 6기 충북도의회·청주시의회·충주시의회·제천시의회 의원 의정활동 현황 분석'에 따르면 의원으로 당선되고 만 3년이 되는 현시점까지 단 한 건의 조례도 발의하지 않은 의원이 있는 것으로 조사됐다.

— 뉴시스, 2017년 7월 27일

지난해 226개 시·군·구 기초의회에서 발의한 조례는 3,923개. 기초의회 의원 1인당 1년에 1.4개의 조례를 발의한 셈이다. 기초의회에서 발의된 조례 중 의원 조례 발의율은 2007년 16.2%, 2012년 18.3%, 지난해 20.7%로 10년째 답보상태다. 광역·기초의회 중 기초의회 의원의 전문성과 역량이 제자리걸음을 면하지 못하는 상황에서 지방의회 의원의 월정수당을 지방자치단체에서 스스로 결정하도록 허용하는 법안이 국무회의를 통과했다.

— 세계일보, 2018년 10월 23일

전국의 언론들이 지방의회의 문제점을 지적할 때 가장 먼저 하는 이야기가 조례 발의실적이다. 세계일보는 조례 발의실적에 대한 기사에서 한 구의원의 말을 빌려 "의원들이 공부를 하시 않으니 기초의회의 역량이 나아지지 않는다"고 비판했다. 월정수당 문제를 언급하면서 이대로 두면 수당만 챙기고 일은 하지 않는 기초의원들이 늘 수도 있다는 논조를 펼치기도 했다.

사실 지적 자체는 틀리지 않다. 기초의회의 역량은 지방자치의 내실을 위해 반드시 필요하고도 중요한 부분이다. 그리고 그 역량이 단적으로 조례 발의에서 드러난다는 것 또한 부인할 수 없는 사실이다. 그러나 기초의원들이 중요한 업무인 조례 발의를 제대로 못하고 있으니 의회의 존재에 무슨 의미가 있느냐고 공격적으로 써 내려간 글들을 읽을 때마다 나는 분노를 넘어 슬픔을 느낀다.

매년 비슷한 패턴의 기사가 공개되고 있지만 국회 자료를 통해 조례 관련 추이를 살펴보면 기사의 내용에는 담기지 않았던 사실을 확인할 수 있다. 우선 지난 20년간(1995~2014) 지방자치단체의 자치법규는 계속 증가세를 보였다. 그중 조례는 1995년에 비해 약 2배에 달하는 양적 증가가 확인된다.

**연도별 광역의회 의원 1인당 조례 제·개정 건수** (2007.~2014.)

단위: 건

| 2007년 | 2008년 | 2009년 | 2010년 | 2011년 | 2012년 | 2013년 | 2014년 |
|---|---|---|---|---|---|---|---|
| 0.67 | 0.58 | 1.08 | 0.52 | 0.96 | 1.14 | 1.16 | 0.93 |

**지역별 광역의회 의원 1인당 조례 제·개정 건수** (2007.~2014.)

단위: 건

| 광주 | 인천 | 대구 | 충북 | 대전 | 제주 | 전남 | 울산 | 충남 | 서울 | 경기 | 부산 | 전북 | 경남 | 경북 | 강원 |
|---|---|---|---|---|---|---|---|---|---|---|---|---|---|---|---|
| 1.62 | 1.57 | 1.31 | 1.27 | 1.23 | 0.88 | 0.81 | 0.75 | 0.75 | 0.68 | 0.61 | 0.59 | 0.57 | 0.54 | 0.48 | 0.43 |

※ 자료 : 행정안전부 '내고장 알리미(https://www.laiis.go.kr)'

지방의회 의원의 자치입법 역량을 살펴보면 2007년부터 2014년까지 8년간 광역의회의 경우 의원발의 실적이 계속 증가한 것으로 나타났다. 2007년에 29.8%에 불과하던 의원발의 비율은 2011년부터 40%대를 유지하고 있다. 물론 광역의원 1인당 1년 평균 조례 발의 건수는 0.88건, 임기 4년 동안 1인당 3.5건으로 아주 적은 실적이다. 그러나 최근 지방의원의 입법활동은 가히 폭발적으로 활발해지고 있다.

2018년 1월 20일자로 공개된 행정안전부 현황 자료에 다르면 광역의회

의원들의 조례 발의 건수는 2017년 한 해 동안 1인당 2.6건으로 늘었고, 4년간의 통계를 보면 1인당 10.4건으로 증가했음을 알 수 있다.

**2017년 지방자치단체 조례·규칙 현황**

| 구분 | 총계 | 단체장 발의(%) | 의원 발의① (%) | 제정 | | 개정 | | 폐지 | | 의원수 ② | 의원1인당 발의수①/② |
|---|---|---|---|---|---|---|---|---|---|---|---|
| | | | | 단체장 발의(%) | 의원 발의(%) | 단체장 발의(%) | 의원 발의(%) | 단체장 발의(%) | 의원 발의(%) | | |
| 총계 | 22,304 | 16,353 (73.3) | 5,951 (26.7) | 2,607 (49.3) | 2,677 (50.7) | 13,103 (80.6) | 3,158 (19.4) | 643 (84.7) | 116 (15.3) | 3,692 | 1.6 |
| 시·도 | 3,394 | 1,366 (40.2) | 2,028 (59.8) | 139 (16.9) | 685 (83.1) | 1,178 (47.9) | 1,279 (52.1) | 49 (43.4) | 64 (56.6) | 794 | 2.6 |
| 시·군·구 | 18,910 | 14,987 (79.3) | 3,923 (20.7) | 2,468 (55.3) | 1,992 (44.7) | 11,925 (86.4) | 1,879 (13.6) | 594 (92.0) | 52 (8.0) | 2,898 | 1.4 |

※ 출처 : 행정안전부 자치법규과, 2018. 1. 30.

20년 넘게 확인한 사실은 지방의원들의 이러한 활발한 자치입법활동은 언론이 전혀 부두하지 않는다는 것이다. 전국 3,756명의 지방의원과 243개 의회가 있지만 항상 몇몇 의원들의 부정과 비리, 일부 의회의 일탈이 대서특필된다. 지방의원들의 잘못이 없다는 것은 아니지만 지방의회에 대한 언론의 보도행태는 항상 자극적이고 부정적이라는 데 문제의식을 느낀다.

이는 국민들에게 정치 불신과 지방자치 불신을 과도하게 확산시키고, 궁극적으로는 풀뿌리 민주주의를 후퇴시키게 된다. 쉽게 말해서 민주주의가 후퇴하게 되는 것이다.

"칭찬은 고래도 춤추게 한다"고 했다. 짧은 지방자치 역사 속에서 다소 시행착오들이 있다 하더라도 모범적인 사례들을 더 자주 보도하고 전파하는 것은 정말로 어려운 일일까?

서울시의회만 하더라도 제9대 의회(2014~2018) 4년 동안 의원발의 조례안은 1,251건으로 전체 조례안 1,579건의 무려 79.2%를 차지하고 있다. 임기 4년 동안 의원 1인당 평균 11건의 조례를 발의한 것이다. 의회사무처의 인사권 독립도 안 된 상황에서, 개인 보좌관과 비서도 없는 상황에서, 사무처 직원과 조직도 충분하지 않은 상황에서 이렇게 왕성한 입법활동을 했다는 것은 대단한 일이 아닐 수 없다.

그렇다면 지난 제19대 국회의원들의 입법활동은 어떠했을까?

| 구분 | 접수 | 처리 | 계 | 가결 원안 | 가결 수정 | 대안반영 | 수정안반영 | 계 | 부결 | 폐기 | 철회 | 반려 | 기타 | 미처리(계류) | 비고 |
|---|---|---|---|---|---|---|---|---|---|---|---|---|---|---|---|
| 의원 | 15,444 | 15,444 | 5,356 | 371 | 763 | 4,212 | 10 | 10,098 | 1 | 9,899 | 172 |  | 26 |  |  |
| 위원장 | 1,285 | 1,284 | 1,280 | 1,275 | 5 |  |  | 4 | 1 | 3 |  |  |  | 1 |  |
| 정부 | 1,093 | 1,093 | 804 | 129 | 250 | 424 | 1 | 290 | 1 | 288 |  |  | 1 |  |  |
| 총계 | 17,822 | 17,821 | 7,440 | 1,775 | 1,018 | 4,636 | 11 | 10,392 | 3 | 10,190 | 172 |  | 27 | 1 |  |

※ 출처 : 대한민국 국회

제19대(2012~2016) 4년 동안 의원발의 법률안은 총 1만 5,444건인데 이 중 가결된 법률안은 5,346건이다. 국회의원 1인당 4년 동안 18건씩 법률안을 발의한 것이다. 그러나 5,346건의 의원발의도 상세하게 들여다보면 원안가결은 6.9%인 371건에 불과하고, 수정가결은 14.3% 763건인 반면에 무려 78.8%인 4,212건은 대안반영으로 처리됐다. 대안반영은 위원회의 법률안 심사 결과 그 법률안의 내용을 일부 또는 전부 반영하는 것으로서 대부분은 일부 조문이 반영되는 경우가 많다.

조례는 조문이 아무리 길어도 10개를 넘지 않는 경우가 대부분인데 반해 법률은 200개 조문, 300개 조문, 상법은 무려 935개 조문을 가지고 있어서 국회의원들의 의원발의 기회는 사실상 무궁무진하다. 법률만 1,500개에 달하는데 한 법률 당 조문이 몇 백 개씩 되니까 의원발의가 수월하다는 얘기다. 반면, 서울시의회의 경우 의원은 110명인데 조례가 620개에 불과하고, 한 조례당 조문이 기껏해야 10여 개 안팎이라 조례 발의가 원천적으로 쉽지 않다.

국회의원의 경우에는 보좌관 등 9명의 개인 보좌인력이 있고, 국회사무처와 예산정책처, 국회도서관, 국회방송, 국회의정연수원 등 방대한 조직이 있다. 또 국회의장이 모든 직원을 임명하면서 정부의 방해와 눈치를 신경 쓰지 않는 상태에서 입법 및 정책과 관련된 사항을 조사·연구하고 관련 정보 및 자료를 제공하는 등 입법정보 서비스와 관련된 의정활동을 지원하는 전문조직인 입법조사처도 갖추었다. 그럼에도 1인당 4년 동안 18건을 의원발의했다. 열악한 조건에서도 서울시의원들이 4년 임기 동안 1인당 11건씩 조례 발의를 했다는 것은 높이 평가받아야 할 것이다.

# 조례 발의 ABC

**조례는** 주민들의 삶을 담는 그릇이다. 조례는 시대정신과 가치, 빠르게 변화하는 시대상황을 담고 있어야 한다. 지역이 처해 있는 상황과 조건이 다 다르고, 미래비전과 발전방향이 다르다. 주민들의 요구와 바람들이 다양하고 생활방식도 천차만별이다. 그래서 조례는 그 지역주민들의 삶을 담는 그릇인 것이다. 지방자치가 왜 필요한지 가장 쉽게 설명할 수 있는 이유이기도 하다.

조례는 기초자치단체가 200~400개 정도, 광역자치단체가 500~800개 정도 된다. 도시와 농촌지역 간 차이가 있고, 자치단체 규모에 따라서도 그 개수와 내용의 차이가 있다. 지방의원이거나 지역 활동가라면 적어도 우리 사치단체의 조례가 몇 개인지 알아둘 필요가 있고, 적이도 조례 제목 정도는 한번씩 읽어 봐야 한다.

몇 년 전, 전라북도 완주군의회에 강의를 간 적이 있다. 강의를 준비하다가 조례와 관련해서 깜짝 놀란 적이 있다. '완주군 주택사업 특별회계 설치 및 운영 조례'가 운영되고 있었는데 1970년대 초가집 시절에나 필요했던 '지붕개량사업비 지원'이 무이자로 융자가 가능하다는 내용이 들어 있었다. 또 지금은 사용하지 않는 용어인 '변소개량융자금'과 2001년 다른 은행에 병합되면서 사라진 '한국주택은행'도 버젓이 조례에 남아 있었다.

조례는 지방의회의 얼굴이다. 조례만 보면 그 지방의회 의원들의 수준을 알 수 있다. 그래서 조례가 담고 있는 가치와 철학, 내용과 조문의 용어 하나하나도 중요하다. 각 의회마다 '조례 개정 특별위원회'를 설치해서 우리 지역의 조례를 4년마다 일괄 점검해 보는 것도 좋다.

먼저 조례 발의를 하려면 분명한 자기 목표가 있어야 한다. 목표 설정은 구체적일수록 더 좋다. 가령 '4년 임기 동안 10건 발의하겠다'라고 목표를 잡는 것보다 '분기별로 1~2건 발의' 또는 '매 회기마다 1건 발의'라고 구체적인 목표를 잡는 것이 더 좋다.

경험상으로 매 회기 때마다 한 건의 조례를 발의하려면 평상시에 적어도 4~5건의 조례가 머릿속에 항상 연구되고 있어야 한다. 준비하는 과정에서 법령에 위반되거나 단체장의 반대, 예산상 어려움 등 다양한 이유로 조례 발의가 어려울 수 있기 때문에 몇 개의 조례가 동시에 연구되어야 그중 하나가 비로소 발의될 수 있다.

다음은 자신의 공약과 관심사항, 전공 분야에 대해서 먼저 고민해 보자. 조례란 자치법규이기 때문에 조례가 제정되어 있느냐 없느냐는 큰 차이가 있다. 가령 아무리 좋은 정책과 사업이라도 조례가 없는 상황에서는 지속적으로 유지될 의무는 없다. 단체장이 바뀐다든가 집행부 입맛에 따라 취소나 변경도 가능하다는 얘기다.

그러나 만약 조례가 제정되어 있다면 단체장이나 집행부 입맛대로 정책과 사업을 취소하거나 변경할 수는 없다. 또한 조례에 근거해서 사업계획을 수립하고 예산도 반영해야 하기 때문에 특별한 사정이 없는 한 사업은 지속적이고 체계적으로 실시된다.

조례 제·개정을 고민한다면 행정안전부에서 운영하는 '자치법규정보시스템(www.elis.go.kr)'을 활용하는 것도 좋은 방법이다. 전국 243개 지방자치단체 조례를 쉽게 검색해서 비교분석할 수 있다. 가령,「출산장려 관련 조례 개정안」을 연구하고 있다면 시스템에서 서울 강남구의「출산·양육 지원에 관한 조례」와 부산 해운대구의「출산장려 지원 조례」등을 비교해서 우리 실정에 맞는 개정안을 준비하면 된다. 조례 상단 오른편에 조례 제·개정 연혁들이 나오는데 최근에 제·개정된 조례들을 우선적으로 참고하는 것이 바람직하다.

다른 지방의회의 홈페이지를 자주 방문해서 벤치마킹하는 것도 큰 도움이 된다. 가령, 서울시의회 홈페이지에서 최근 제·개정된 조례들을 쉽게 확인할 수 있다. 몇 개의 지방의회 홈페이지만 잘 활용한다면 전국에서 고민되고 있는 조례들을 빠르고 쉽게 참고할 수 있는 것이다. '우물 안의 개구리'가 되지 말고 밖으로 나와서 더 크고 더 멀리 보는 습관을 가져 보자.

국회의 법률 제·개정사항이나 언론을 통한 모범사례 등을 참고하는 것도 좋다. 입법기관으로서 지방의원들의 조례 발의는 24시간 365일 고민되어야 한다.

# 조례 발의도 실적 관리를

**초선의원의** 경우 조례안의 의원발의 과정에 대해 잘 모르는 사람도 많다. 국회의원과 달리 지방의원 중 법률가나 법을 전공한 사람은 극히 드물고, 생활정치인이다보니 대부분 지역사회 현장에서 평가를 받아 진출하는 경우가 많다.

그래서 지방의원들은 다양한 사회활동 경험들을 가지고 있다. 크게 세 부류로 나눠 보면 오랫동안 지역에서 정당활동 및 지역활동 경험을 가진 사람과 국회 보좌관·비서 또는 정부 산하기관 등 중앙에서 경험이 있는 사람, 그리고 세무사·노무사·약사·교사 등 전문직 경험이 있는 사람들이 선거 직전에 영입이라는 형태로 진출하곤 한다.

지방의원들의 전문성과 자질에 대해 자주 문제가 제기될 때마다 항상 아쉽다. 현상에 대한 비판과 지적만 무성했지 그 배경과 근본적인 개선책에 대해서는 속시원한 해법을 제시하지 않기 때문이다. 분명한 사실은 지방의원도 주민을 대표하는 생활정치인이기 때문에 전문적인 훈련과 양성 과정이 필요하다.

각 정당에서는 전문성과 자질, 도덕성을 가진 후보를 검증해서 공천하되 사전에 꾸준한 교육과 훈련을 통해 인재를 양성해야만 한다. 지방자치의 역사와 운영원리, 주민들과 소통하는 방법과 문제 해결 능력, 지방의원의 역할과 전문지식 등을 오랫동안 학습하고 배운 사람들이 지방의회에 진출해야 비로소 우리는 미래로 나아갈 수 있다.

"모든 민주주의에서 국민은 그들의 수준에 맞는 정부를 가진다"는 프랑스 정치학자 알렉시스 드 토크빌의 말처럼 지방의원들의 수준은 바로 우리 국민들의 수준이다. 우수한 지방의원은 현명한 국민들에 의해 선택된 결과다.

의원이 의안을 발의할 경우 발의의원과 찬성의원으로 구분한다. 이때 발의의원이 1인일 경우 '1인발의'가 된다. 다만 발의의원이 2명 이상일 경우에는 대표발의의원 1명을 명시해야 한다. 나머지 발의자는 공동발의의원이 된다. 그러나 의원들의 입법활동을 평가할 때 '1인발의'와 '대표발의'만 평가에서 의미가 있다. 조례 발의를 직접적으로 주도한 의원에 대해서만 평가를 하고 단순히 서명만 한 '찬성의원'과 '공동발의'는 실적에 포함되지 않는 것이다.

---

### 지방자치법 제66조(의안의 발의)

① 지방의회에서 의결할 의안은 지방자치단체의 장이나 재적의원 5분의 1 이상 또는 의원 10명 이상의 연서로 발의한다.
② 위원회는 그 직무에 속하는 사항에 관하여 의안을 제출할 수 있다.
③ 제1항 및 제2항의 의안은 그 안을 갖추어 의장에게 제출하여야 한다.
④ 제1항에 따라 의원이 조례안을 발의하는 때에는 발의의원과 찬성의원을 구분하되 해당 조례안의 제명의 부제로 발의의원의 성명을 기재하여야 한다.

> 다만, 발의의원이 2명 이상인 경우에는 대표발의의원 1명을 명시하여야 한다. 〈신설 2011.7.14.〉

지방자치법의 규정에 따라 의안의 발의는 10인 이상의 찬성 및 연서를 거쳐 의장에게 제출하는 것으로 시작된다. 의안이 발의 또는 제출되면 의장은 이를 의원들에게 배포하고 본회의에 보고한 후 소관 상임위원회에 회부한다. 상임위원회의 심사가 끝나면 이를 다시 본회의에 부의하는데 폐회나 휴회 중인 경우 본회의 보고를 생략하고 바로 상임위원회에 회부할 수 있다.

또 상임위원회 소관이 명확하지 않은 경우 의장이 운영위원회와 협의해 상임위원회를 배정하고, 협의가 되지 않으면 의장이 직접 소관 상임위원회를 결정하기도 한다. 이러한 과정을 모두 거쳐야 비로소 하나의 조례안이 탄생하게 된다.

조례안 발의에는 제정안과 개정안, 폐지안이 있다. 제정안은 다시 전국 최초 제정안과 우리 자치단체 제정안으로 구분된다. 전국에 없는 최초 조례안을 만들거나 지역적 특성을 고려한 조례를 만들 때 전국 최초 조례안을 제정할 수 있다. 가령 부산시의회가 2019년 5월 8일 공포한 일명 「살찐 고양이 조례」는 부산시 산하 공사·공단·출자·출연기관 기관장·임원의 임금을 제한하는 조례다. 2016년에 발의된 '살찐 고양이법'이 정작 국회 문턱을 넘지 못하고 있는 가운데 부산시의회가 먼저 전국 최초로 조례를 제정한 것이다. 만약 이 조례가 다른 16개 광역시·도의회보 전파된다면 해당 자치단체에 없는 조례안을 제정하게 되는 것이다.

개정안이란 기존에 있던 조례안의 조문이나 자구를 개정하는 것으로 법 개정 또는 주민 요청, 시대 상황의 변화를 반영하게 된다. 폐지안은 목적을 다했거나 사정 변경으로 더 이상 조례가 실효성이 없을 경우에 발의된다.

# 산고의 고통, 제정 조례안

**제정** 조례안을 만든다는 것은 참으로 힘든 일이다. 특히, 전국 최초로 제정할 경우에는 더더욱 힘들다. 개정안과 다른 자치단체 조례를 벤치마킹해서 제정안을 만드는 것은 그래도 쉬운 편이다. 전국 최초로 조례를 제정하려면 많은 연구와 오랜 준비 과성이 필요하다. 실태 파악과 관련자 면담, 자료 검토, 구체적인 지원방안 모색, 법령 검토, 집행부와의 협의 등 검토해야 할 사항들이 한두 가지가 아니다.

2013년 12월 20일, 서울시의회에서는 일명 '폐지 수집 어르신'을 지원하는 조례인 「서울특별시 재활용가능자원 개인수집인 지원 조례안」이 전국 최초로 제정되었다. 내가 이 조례안 하나를 만드는 데는 3년 반이라는 긴 준비 기간이 필요했다. 단 하나를 위해 그렇게 긴 시간이 필요했기에 감히 '산고의 고통'이라 말할 수 있을 것이다.

이 조례는 순식간에 전국으로 확산되었다. 이때 가장 큰 보람을 느낀다. 내가 제정 발의한 조례안에는 「서울특별시 청년 기본조례안」, 「서울특별시 학교보안관 운영 및 지원 등에 관한 조례 일부개정조례안」, 「서울특별시 4·16세월호참사 희생자 추모에 관한 조례안」,「서울특별시 공공화장실 등의 불법촬영 예방 조례안」,「서울특별시 공사중단 장기방치 건축물 정비 등에 관한 조례안」등 전국 최초 제정 조례가 많다.

2017년, 나는 서울시 공무원이 뽑은 '베스트 시의원'에 선정되었다. 제9대 서울시의회 의사일정 100% 출석, 조례제정안 최다 대표발의(14건) 등의 성과를 높이 평가해 준 덕분이었다.

제9대 서울시의회 의원발의 조례건수 상위 5명(대표발의, 1인발의)

| 건수 | | | 의원명 | 소속정당 |
|---|---|---|---|---|
| 계 | 대표발의 | 1인발의 | | |
| 40 | 1 | 39 | 김태수 | 더불어민주당 |
| 34 | 32 | 2 | 김용석(도봉) | 더불어민주당 |
| 33 | 6 | 27 | 남재경 | 자유한국당 |
|  | 32 | 1 | 김용석(서초) | 바른미래당 |
| 27 | 1 | 26 | 성백진 | 더불어민주당 |

제9대 서울시의회 제정조례 발의건수 상위 5명(대표발의, 1인발의)

| 건수 | | | 의원명 | 소속정당 |
|---|---|---|---|---|
| 계 | 대표발의 | 1인발의 | | |
| 14 | 14 | 0 | 김용석(도봉) | 더불어민주당 |
| 11 | 0 | 11 | 남재경 | 자유한국당 |
|  | 11 | 0 | 서윤기 | 더불어민주당 |
| 10 | 5 | 5 | 권미경 | 더불어민주당 |
|  | 9 | 1 | 박양숙 | 더불어민주당 |

※제9대 서울시의회(2014.7.1~2018.6.30) 기준

기초의원 첫 4년, 조례 발의 건수 한 자릿수를 기록해 '무능한 의원'이라는 딱지를 피할 수 없었던 과거를 생각하면 '상전벽해'에 가까운 변화다. 이 같은 변화가 가능했던 비결을 묻는다면 대답은 하나다. 노력. 자기계발서의 한 토막 같은 이야기지만 실제로 그렇다.

스물일곱, 지방의회와 지방자치에 대해 공부하면서 지방의원으로서의 이력을 시작한 이후 나는 늘 실무자급 공무원들을 찾아다니며 의견을 구했다. 모르는 것은 직접 물어봤고, 요청할 일이 있으면 정중하게 부탁했다. 주변에서는 국장급을 상대해야 한다고 조언했지만 개인적으로 아버지뻘인 그들을 대하는 것이 내심 불편하기도 했고 실질적으로 사업의 내용, 현안 문제의 구체적인 진행 상황은 주무관 등 실무자들이 더 잘 알고 있기 때문이다. 어차피 국장급 간부 공무원들에게 물어도 실질적 대답을 해 주는 것은 실무자들이었으므로 경로를 줄이고 시간을 단축할 수 있다는 측면에서도 내게는 합리적인 선택이었다.

그렇게 노력을 거듭한 결과 업무 파트너인 공무원들에게서 성실하게 노력하는 시의원이라는 평가를 받게 된 것이다.

보상을 바라고 한 일이 아니더라도 칭찬은 힘이 되게 마련이다. 직무이고 업무라서 열심히 한 것이지만, 그로 인해 좋은 성과를 거두었다고 대외적으로 인정을 받고 보니 뿌듯한 마음이 든 것 또한 사실이다.

지역 특성에 맞는 조례안을 만들어 보는 것도 좋다. 강원도 춘천시의 「닭갈비 지원 조례」나 경상남도 진주시의 「남강 유등축제 지원 조례」, 충청남도 천안시의 「호두과자 육성 조례」 등 지역 특성을 반영한 조례를 제정해서 보다 체계적인 지원과 육성을 제도화해 보자.

조례안 하나를 만드는 것은 분명 힘든 일이지만 그만큼 보람도 크다.

# 3 숫자로 말한다

# 예산이 곧 로마다

**모든** 길은 로마로 통한다는 말이 있다. 고대 서구 문명의 중심이 로마였다는 의미의 말로 이후 '로마'는 어떤 사안이나 사건 또는 사회의 중심이 되는 일이나 문제를 비유하는 상징이 되었다.

지방자치단체의 로마는 예산이다. 즉, 한 자치단체의 모든 정책과 사업을 알 수 있는 길이 곧 예산이라는 얘기다. 국가의 예산이 어디에 얼마나 투입되는가를 보면 정부의 핵심 정책과제가 무엇인지를 파악할 수 있는 것처럼 예산서만 보면 해당 자치단체의 핵심 정책과 사업이 무엇인지 잘 알 수 있다. 말 그대로 돈의 흐름만 봐도 한 자치단체의 중요 정책과 사업을 한눈에 파악할 수 있다. 그래서 예산심의 과정은 가장 정책적이고 정치적인 판단을 요구하게 된다.

예산과 결산을 심의하는 과정에는 까다로운 절차와 복잡한 과정이 따른다. 그 과정은 도표와 같다.

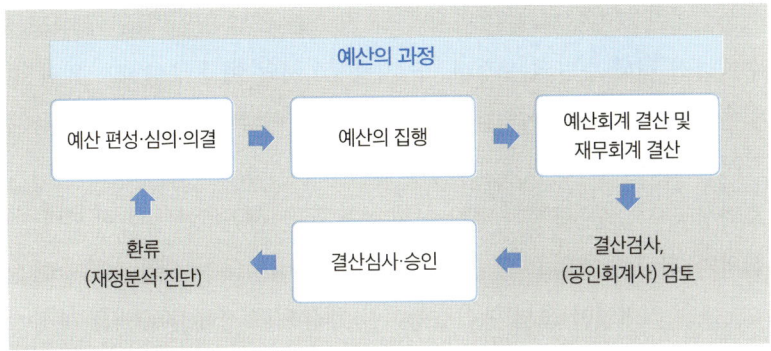

일반적으로 지방의회의 예산심사 주기는 3년이다. 3년 동안의 예산을 연관성을 가지고 확인해야 한다. 전년도 결산안 승인과 올해 예산의 집행 확인, 다음연도의 예산안 심의가 한 해 동안 동시에 진행된다.

예를 들어 2019년도의 경우 지방의회는 제1차 정례회에서 2018회계연도 결산승인을 처리하게 된다. 2019년도 예산은 한창 진행 중에 있고, 2020회계연도 예산안이 11월에 의회에 제출된다.

또한 한 해 예산의 생애주기도 3년이다. 예산이 태어나서 집행되고, 결산승인을 받아 소멸하는 기간이 3년이라는 것이다. 가령 2019년도 예산안은 2018년 1년 동안 준비되다가 11월에 의회에 제출된다. 이 예산안이 12월 중에 의회를 통과하면 2019년 1월1일부터 12월 31일까지 1년 동안 집행된다. 2019회계연도 결산승인은 그 다음해인 2020년 6~7월경 제1차 정례회 때 처리된다.

예산심의란 자치단체의 한 회계연도(1월 1일~12월 31일) 동안에 행정을 수행하기 위해 수반되는 경비, 즉 지출계획서와 이를 충당하기 위한 수입을 예정한 계획서 심의를 말한다. 의회는 집행기관이 제출한 지출계획서와 성과보고서, 중기지방재정계획, 각종 부속서류 등을 심의하면서 효과성과 시급성, 규정과 절차 이행 여부 등을 꼼꼼하게 살피게 된다.

심의와 의결을 거치고 나면 다음연도 1월 1일부터 예산집행에 들어간다. 좁은 의미에서 보면 예산집행이란 예산으로 정해진 금액을 목적에 맞게 지출하는 것을 말한다. 넓게 보면 지방자치단체의 수입과 지출을 실행하고 관리하는 일체의 행위를 예산집행이라고 하며, 예산과 결부된 목표와 사업계획을 성취하는 개념까지 포함한다.

예산집행에는 '효과성'이라는 원칙이 적용되는데 이는 성과주의 사업예산제도를 통해 실현된다. 예산이 투입된 만큼 결과물이 나오는지를 확인하는 제도다. 즉, 예산서와 함께 성과계획서를, 결산서와 함께 성과보고서를 의회에 제출하도록 법제화해 집행 과정의 정합성을 확인하는 것이다. 이는 지방재정법과 지방자치단체 예산편성 운용에 관한 규칙에도 규정되어 있다.

---

**지방재정법 제5조(성과 중심의 지방재정 운용)**

① 지방자치단체의 장은 재정활동의 성과관리체계를 구축하여야 한다.
② 지방자치단체의 장은 행정안전부령으로 정하는 바에 따라 예산의 성과계획서 및 성과보고서를 작성하여야 한다. 〈개정 2014. 11. 19., 2017. 7. 26.〉

> **지방자치단체 예산편성 운용에 관한 규칙 제2조의2**
> **(성과 중심의 재정운용)**
>
> ① 지방자치단체의 장이 「지방재정법」(이하 "법"이라 한다) 제5조 제2항에 따라 작성하여야 하는 성과계획서와 성과보고서에는 다음 각 호의 사항이 포함되어야 한다.
> 1. 성과 목표
> 2. 성과 목표의 관리 체계
> 3. 성과 평가와 그 지표
> 4. 성과 평가결과의 반영
> 5. 그 밖에 성과 관리를 위하여 필요한 사항
>
> ③ 지방자치단체의 장은 지방의회에 예산안과 결산서를 제출하는 경우에는 제1항에 따라 작성한 다음 연도 예산의 성과계획서와 성과보고서를 함께 제출하여야 한다.

예산의 편성권은 단체장에게 있다. 지방자치법 제127조에 따라 예산의 계획을 짜는 것은 집행기관의 장에게 주어진 권한이다. 그러나 지방재정법 제39조에 따라 '단체장은 예산 편성 등 예산 과정에 주민이 참여할 수 있는 제도를 마련하여 시행하여야 한다'라고 명시함으로써 주민참여예산 제도를 의무화하고 있다.

즉, 주민이 주인이고, 유권자이고, 세금을 납부하는 주체이기 때문에 주민들의 요구와 바람을 예산에 반영하라는 의미다. 이런 의미에서 보면 주민참여예산은 그동안 단체장에게 주어졌던 예산편성권을 주민들에게 일부 강제 배분한 것이나 다름없다. 주민참여예산이 활성화되고 제대로 운영되는 것은 그래서 큰 의미가 있다.

예산의 심의 과정은 용광로가 되어야 한다. 단체장의 정책과 주민들의 요구, 의원들의 공약 등이 예산심의 과정에서 모두 반영되어야 한다.

## 고무줄, 숫자놀음, 혹은 조작

**예산을** 부르는 다른 이름들이 또 있다. 고무줄, 숫자놀음, 조작. 예산을 바라보는 부정적인 시선이 드러나는 별칭이다. 놀랍게도 공무원들은 예산편성과 집행 과정에서 많은 불법과 편법들을 자행하고 있다. 세입을 부풀리거나, 세입을 고의로 누락시키거나, 다음연도 예산에서 순세계잉여금을 기준 없이 마음대로 미리 빼먹기도 한다. 절차를 이행하지 않은 사업들을 버젓이 예산에 편성하거나, 잦은 설계변경으로 예산낭비를 하거나, 과도한 예산편성으로 불용액이 과다하게 발생하는 경우 등 제대로 감시하지 않으면 수없이 많은 곳에서 셀 수 없이 많은 문제들이 발생한다.

공무원들은 왜 이런 일을 감행할까? 그 누구보다도 법을 엄격하게 해석하고 집행해야 하는 공무원들이 잘못된 행정행위라는 것을 알면서도 불법과 편법을 감행하는 이유는 무엇일까? 바로 '승진' 때문이다. 우스갯소리로 의원의 지상목표는 '재선'이고, 공무원의 지상목표는 '승진'이라는 말이 있다. 공무원은 승진하기 위해서 모든 역량을 집중하고, 심지어 목숨을 걸기도 한다. 자연스레 단체장의 눈 밖에 나지 않기 위해서는 단체장의 입맛에 맞게 충성을 다하게 된다. 그 과정에서 예산은 고무줄처럼 늘었다 줄었다 한다. 심지어 기업으로 따지면 분식회계에 해당하는 조작까지 벌이게 된다. 주민의 대표인 의원들이 존재하는 이유가 바로 여기에 있다. 재정이 파탄나지 않도록 두 눈 부릅뜨고 꼼꼼하게 살펴야 한다.

그러나 예산은 최고의 정치적·정책적 산물이며 단체장과 의원, 주민에 대한 공약과 의지의 표현이다. 또한 모든 정책과 사업을 재정적으로 뒷받침한다.

재정의 기능이란 자원을 배분하고(효율성), 소득을 재분배하며(형평성), 경제 발전과 안정을 도모(경기 조절)한다. 이러한 기능적 수행을 위해 세출예산은 목적과 금액, 기한을 엄수해야 하며, 세입예산은 추계이므로 강제성이 없다. 즉, 세출예산은 그 집행에 있어서 반드시 목적대로, 주어진 예산만큼, 1년이라는 기한 안에 사용해야 한다. 그러나 세입예산은 추정해서 계산한 미래의 예측치이기 때문에 정확하지 않을 수 있다. 당연히 그 예측은 차이가 크지 않고 정확할수록 좋다.

정부 예산안의 국회 제출 시한은 헌법 제54조에 따라 회계연도 개시 90일 전까지이나 국가재정법 제33조에서는 120일 전까지로 강화되어 있다. 광역자치단체는 지방자치법 제127조에 따라 회계연도 개시 50일 전인 11월 11일까지, 기초자치단체는 40일 전인 11월 21일까지 의회에 제출해야 한다.

그러나 서울시의회에서는 「서울시의회 기본 조례」에서 60일 전인 11월 1일까지 제출하도록 명시함으로서 충분한 예산심사 기간을 확보하고 있다. 당연히 집행기관에서는 불편해하고 반대할 수 있지만, 나날이 재정 규모가 커지고 있는 상황에서 지방의회에서도 국회처럼 충분한 예산심사 기간을 확보하는 문제는 중요하다.

| | 관련 법 | | 제출시한 | |
|---|---|---|---|---|
| 국회 | 헌법 | 제54조 ②정부는 회계연도마다 예산안을 편성하여 회계연도 개시 90일 전까지 국회에 제출하고, 국회는 회계연도 개시 30일 전까지 이를 의결하여야 한다. | 9월 3일 | |
| | 국가재정법 | 제33조(예산안의 국회제출) 정부는 제32조의 규정에 따라 대통령의 승인을 얻은 예산안을 회계연도 개시 120일 전까지 국회에 제출하여야 한다. 〈개정 2013.5.28.〉 | | |
| 지방의회 | 지방자치법 | 제127조 (예산의 편성 및 의결) ①지방자치단체의 장은 회계연도마다 예산안을 편성하여 시·도는 회계연도 시작 50일 전까지, 시·군 및 자치구는 회계연도 시작 40일 전까지 지방의회에 제출하여야 한다.<br>②제1항의 예산안을 시·도의회에서는 회계연도 시작 15일 전까지, 시·군 및 자치구의회에서는 회계연도 시작 10일 전까지 의결하여야 한다. | 광역 | 11월 11일 |
| | | | 기초 | 11월 21일 |
| | 서울시의회 기본조례 | 제55조의2의(예산안 및 예산집행상황의 제출 등) ① 시장 및 교육감은 회계연도마다 예산안을 편성하여 회계연도 시작 60일 전까지 의회에 제출하여야 한다. | 11월 1일 | |

감사원 감사결과에 의하면 부산시 강서구청(2019년 2월)은 280억 원의 건설기계 취득에 따른 취득세 4억 2천만 원을 누락한 사실이 감사결과 지적되었고, 강원도(2018년 4월)의 경우 국가균형발전특별법에 따라 지역산업 지원 사업비를 2013~2016년 동안 82개 과제 94억 8천만 원을 지원했으나 정산 결과 반납받아야 할 2억 9천만 원을 회수하지 않고 있어서 지적을 받았다. 청주시(2011년 12월)의 경우 2010회계연도 예산을 편성하면서 세정과로부터 2009년 순세계잉여금을 560억 원으로 통보 받고서도 예산부서에서 210억 원을 임의로 증액, 770억 원으로 과다편성함으로써 결론적으로 분식회계를 저질렀다.

예산을 알면 어떨 땐 고무줄이 되고, 숫자놀음이 되기도 하며, 버젓이 분식회계가 자행되고 있음을 쉽게 확인할 수도 있다. 이를 막는 것이 지방의원의 가장 중요한 임무이다.

# 예산의 8대 원칙

**예산에는** 8가지 원칙이 있다. 공개, 회계연도 독립, 건전재정 운영, 목적 외 사용 금지, 예산총계주의, 사전의결, 한정성, 사전절차 이행 등의 8가지 원칙은 예산을 계획하고 집행하고 심의하는 데 중요한 기준이 된다. 8가지 원칙을 자세히 알아보자.

**1. 공개의 원칙**

모든 예산은 투명하게 공개되어야 한다. 주민 누구나가 쉽게 찾을 수 있는 곳에 공개되어야 하고, 쉬운 용어로 주민 누구나가 쉽게 이해할 수 있어야 한다. 그 이유는 단순하고 분명하다. 주민이 주인이고, 주민이 납세자이기 때문이다. 내가 낸 세금이 어디에, 얼마만큼 사용되는지 알 수 있어야 하고, 그 성과는 무엇인지 확인할 수 있어야 한다.

지방자치단체장은 지역주민의 알권리 보호와 집행부의 독주 방지, 주민의 조세저항 최소화를 위해 예산안을 고시(告示)하여야 한다.(지방자치법 제133조) 또한 예·결산 내용을 매 회계연도마다 1회(8월 31일까지)

이상 주민에게 공시하여야 한다(지방재정법 제60조).
그 중요 공시내용은 ①세입·세출예산의 집행상황 ②발생주의와 복식부기에 의한 재무보고서 ③지방채 및 일시차입금 등 채무액 현재액 ④채권관리 현황 ⑤기금운용 현황 ⑥공유재산의 증감 및 현재액 ⑦통합재정정보 ⑧기타 재정운용에 관한 중요사항 등이다.

## 2. 회계연도 독립의 원칙

예산은 '단년도 원칙'에 따라 1년 단위로 계획이 수립되고, 1년 안에 예산집행을 마치게 된다. 매년 1월 1일에 예산집행을 시작해서 12월 31일에 출납폐쇄하여야 한다. 이를 '회계연도 독립의 원칙'이라고 한다. 각 회계연도(1월 1일~12월 31일)의 경비는 당해 연도의 세입으로 충당해야 하며, 매 회계연도의 세출예산은 다음연도에 사용할 수 없다(지방재정법 제7조). 따라서 한 해의 예산은 당해 연도에 모두 다 집행되는 것이 가장 이상적이다. 집행률이 100%에 가까울수록 좋다는 것이다.

행정기관은 이익을 남기는 기업이 아니기 때문에 매년 편성된 예산은 1년 안에 주민들에게 모두 집행되는 것이 바람직하다. 예외적으로 계속비, 예산의 이월, 세계잉여금의 세입 이입, 지난연도 수입 등이 있다.

특히, 예산의 이월은 예산 운영의 신축성을 확보하기 위한 불가피한 경우에 해당된다. 가령 한 지역에 공영주차장이 부족하여 공영주차장 건립비 30억 원을 편성했다고 가정하자. 막상 예산집행 과정에서 마땅한 부지를 찾지 못해서 1년이라는 시간이 지났는데 예산을 바로 불용시키지 않고 다음연도에 이월시켜 다시 한 번 집행을 시도할 수 있다. 예산의 이월은 그것이 명시이월이든 사고이월이든 많으면 많을수록 안 좋다.

## 3. 건전재정 운영의 원칙

지방자치단체의 재정 운영은 건전해야 한다. 쉽게 말해서 적자재정을 인정하지 않는다. 즉 빚을 내는 행위인 채무 발행을 엄격하게 통제하고 있다. 정부가 매년 각 자치단체별로 '지방채 발행 한도액'이라는 기준을 제시하고, 그 한도액 내에서 다시 의회의 승인을 받아야 빚을 낼 수 있다. 지방자치단체의 재정은 수지균형의 원칙에 따라 건전하게 운영해야 한다(지방자치법 제122조). 지방자치단체는 주민의 복리 증진을 위해 그 재정을 건전하고 효율적으로 운용해야 한다(지방재정법 제3조). 수지균형의 원칙이란 '수입과 지출의 균형'이 맞아야 한다는 것이며, 여기서 기준은 철저하게 수입이 된다. 세입이 들어온 만큼 세출계획을 짤 수 있다는 것이다.

**서울시 및 산하기관 채무 및 감축 현황**
2010~2016 말 현재 서울시 및 산하기관 채무, 부채 현황 및 채무로 인한 이자 지급내역

(단위 : 억 원)

| 구분 | | 2010 | 2011 | 2012 | 2013 | 2014 | 2015 | 2016 |
|---|---|---|---|---|---|---|---|---|
| 계(부채) | | 255,364 | 265,202 | 274,086 | 277,294 | 274,436 | 281,881 | 286,176 |
| 계(채무) | | 196,106 | 186,662 | 187,212 | 167,367 | 127,348 | 122,788 | 122,297 |
| 연간 이자지급액 | | 7,742 | 7,336 | 8,245 | 5,893 | 5,187 | 3,373 | 2,976 |
| 서울시 | 부채 | 49,795 | 45,093 | 45,745 | 46,957 | 58,442 | 66,242 | 77,005 |
| | 채무 | 38,177 | 31,761 | 29,662 | 29,327 | 32,409 | 34,230 | 34,770 |
| | 이자지급액 | 686 | 632 | 560 | 802 | 993 | 1,198 | 743 |
| 투자기관 | 부채 | 205,569 | 220,109 | 228,341 | 230,337 | 215,994 | 215,639 | 209,171 |
| | 채무 | 157,929 | 154,901 | 157,550 | 138,040 | 94,939 | 88,558 | 87,527 |
| | 이자지급액 | 7,056 | 6,704 | 7,685 | 5,091 | 4,194 | 2,175 | 2,233 |

※ 2012년 이자 8,245억 원 지급 → 2016년 이자 2,976억 원 지급 (-5,269억 원) / 채무 감축에 따른 이자 지급 줄어듦.

다만, 지방채 발행과 차입금 등은 예외적으로 인정할 뿐이다. 물론 그 또한 정부의 통제와 주민의 대표기관인 지방의회의 의결을 거쳐야 한다. 한편, 채무가 무조건 나쁜 것은 아니다. 당장 빚을 내서라도 행정시

설을 건립하거나 행정서비스를 제공해야 할 때 채무 발행에 대한 정책적 판단을 할 수 있다. 다만 채무의 규모가 감당할 수 있는지와 채무 증가 속도가 너무 가파르진 않은지, 정말 채무 발행까지 할 정도로 시급한 사업인지 등을 꼼꼼히 살펴야 한다.

## 4. 예산의 목적 외 사용금지 원칙

예산의 편성권은 단체장에게 있지만, 예산의 심의의결권은 의회에 있다. 따라서 예산안이 의회에서 확정되면 단체장은 '그대로' 집행해야 한다. 단체장 마음대로 예산을 변경해서 사용할 수 없다. 지방자치단체장은 세출예산에서 정한 목적 이외의 경비를 사용할 수 없고, 세출예산이 정한 각 기관이나 분야·부문·정책사업 간에 융통하여 사용할 수 없다(지방재정법 제47조). 따라서 세출예산은 목적과 금액, 기한이 엄격하다. 예산편성 목적대로, 그 예산만큼, 1년이라는 기간 동안 예산이 집행된다. 이에 대한 예외로는 예산의 이용·전용·변경·이체 등이 있다.

예산은 미래에 대한 예측이기 때문에 실제 집행 과정에서 변경이 될 수도 있다. 예산의 집행 과정에서 남는 곳의 예산을 줄이고 부족한 곳의 예산을 늘릴 필요가 있을 때와 아예 새로운 사업을 추진해야 할 때 '추가경정예산'을 통해서 의회의 심의·의결을 거쳐 예산의 변화를 줄 수 있다. 추가경정예산은 줄여서 '추경예산'이라고 하는데 말 그대로 본예산상의 내용에 새롭게 '추가'하거나 예산의 변경 및 상호조정이 필요할 경우 고친다는 뜻의 '경정'이 합쳐진 말이다.

그러나 추경예산을 수립할 재원과 계획이 없을 경우에 당장 사업 간의 예산 변경이 필요하다면 예외적으로 예산을 융통할 수 있다. 당연히 이러한 예산 융통은 최소화되어야 하고, 그 사유와 시기가 타당해야 한다. 만약 이러한 부분이 남발되면 의회의 예산심의 권한이 무력화되는 결과를 초래하게 된다. 의회에서 결산심의와 행정사무감사 등을 통해서 핵심적으로 확인해야 할 사항 중 하나가 바로 예산의 목적 외 사용인 이유가 바로 여기에 있다. 결론적으로 예산의 이용·전용·변경·이체는 적으면 적을수록 좋다.

**이용·전용·이체의 예**

| 입법과목 | 행정과목 | | |
|---|---|---|---|
| 이용 | 전용 | 변경 | 이체 |
| 분야·부문·<br>정책사업 간 | 단위사업 간 | 세부사업 간 | 실·과·<br>사업소 간 |
| 지방의회 동의 | 단체장 승인 | 실·국, 사업소장 승인 | 단체장 승인 |

### 5. 예산총계주의 원칙

한 회계연도(1월 1일~12월 31일)의 모든 수입은 세입으로 하고 모든 지출은 세출로 하며, 세입과 세출은 모두 예산에 편입되어야 한다(지방재정법 제34조). 지방자치단체의 모든 수입과 지출은 세입과 세출로 예산에 편성되어야 한다는 것이다.

가령, 음식물쓰레기 수거와 관련하여 자치단체에서 수거업체와 아파트(세대주)가 직접 계약하게 하고, 부족한 재원은 행정기관에서 지원해 주는 경우가 있다. 이는 예산총계주의 원칙의 위배다. 주민들이 부담하는 모든 수수료는 자치단체가 세입으로 처리해야 하고, 수거비용은 원가분석해서 자치단체가 세출예산에 공식적으로 편성하여 지원해야 한다.

### 6. 예산 사전의결의 원칙

예산은 지방의회의 의결 없이는 사용할 수 없다. 예산의 심의·의결 권한은 의회에 있기 때문에 예산안의 의회 제출시기와 의결시한도 법에서 명시하고 있다. 예산안은 단체장이 제출한 예정된 계획이기 때문에 반드시 의회의 심의·의결을 거쳐야만 집행할 수 있다.

드문 경우이기는 하지만 일선 현장에서는 '사전 의결의 원칙'이 무시되는 사례가 발생하고 있다. 가령, 국비 매칭 예산이 교부되었을 경우 단체장은 자체 추경예산의 통과를 전제로 사전에 집행하는 사례가 발생하고 있다. 이는 엄연히 불법 예산집행이며 의회에서 강력하게 통제해야 한다. 아무리 국비 매칭사업이라 하더라도 자체분담금 예산이 의회에서 의결되지 않으면 그 예산은 집행할 수 없기 때문이다. 따라서 예산의 사전 의결의 원칙은 현장에서 체감할 수 있는 지방의회의 가장 강력한 권한인 예산안 심의·의결권과 밀접한 연관성을 가지고 있다.

> **지방자치법 제127조(예산의 편성 및 의결)**
> ① 지방자치단체의 장은 회계연도마다 예산안을 편성하여 시·도는 회계연도 시작 50일 전까지, 시·군 및 자치구는 회계연도 시작 40일 전까지 지방의회에 제출하여야 한다.
> ② 제1항의 예산안을 시·도의회에서는 회계연도 시작 15일 전까지, 시·군 및 자치구의회에서는 회계연도 시작 10일 전까지 의결하여야 한다.

예산안이 법정시한을 넘기고 새로운 회계연도 개시일까지 의결되지 못하면 부득이 준예산으로 법정의무 경비 및 기관·시설 운영 등에 대해서 예산을 집행할 수 있다. 가장 최근의 경우 2016년도 경기도 예산안에 대해서 경기도의회가 누리과정 예산의 국가 부담을 요구하면서 한 달여간의 준예산 사태를 겪은 바 있다. 2004년도 부안군 예산안의 경우에도 방사성폐기물처리장 유치 반대로 장기간 의회가 열리지 않아 불가피하게 준예산을 집행했다.

> **지방자치법 제131조(예산이 성립하지 아니할 때의 예산집행)**
> 지방의회에서 새로운 회계연도가 시작될 때까지 예산안이 의결되지 못하면 지방자치단체의 장은 지방의회에서 예산안이 의결될 때까지 다음의 목적을 위한 경비는 전년도 예산에 준하여 집행할 수 있다.
> 1. 법령이나 조례에 따라 설치된 기관이나 시설의 유지·운영
> 2. 법령상 또는 조례상 지출의무의 이행
> 3. 이미 예산으로 승인된 사업의 계속

### 7. 예산 한정성의 원칙

예산은 연도 간, 분야·부문·정책사업 간에 각기 명백한 한계가 있어야 한다는 원칙이다. 예산의 목적 외 사용 금지, 분야·부문·정책사업 간의 상호융통·이용의 금지, 예산의 초과지출 및 예산외 지출의 금지, 회계연도의 독립 등을 포함한다. 예산 한정성의 원칙이 보장되지 않으면 예산의 실질적인 의미가 상실되며, 집행부의 재량권이 지나치게 확대되어 지방의회의 예산심의권이 침해받게 된다.

### 8. 예산 사전절차 이행의 원칙

예산은 법령, 조례와 밀접한 관련을 갖고 있으므로 예산과 관련된 법령과 조례는 반드시 사전에 제정된 후 예산을 의결해야 하며, 중앙정부 또는 상급 자치단체의 승인을 받아야 하는 사항(지방채)은 승인절차를 이행하고 예산을 편성, 의회에 제출해야 한다.

예산 사전절차 이행의 원칙이 지켜지지 않았을 경우에는 그 예산은 집행이 불가하다. 이 경우 예산을 사장시키는 결과로 인해 재원배분의 왜곡을 초래하게 된다. 중기지방재정계획, 투자심사, 공유재산관리계획, 출자출연 동의안 등이 반드시 사전절차로 지방의회의 의결을 거쳐야 하는 중요한 사안들이다.

> **지방재정법 제33조(중기지방재정계획의 수립 등)**
>
> ① 지방자치단체의 장은 지방재정을 계획성 있게 운용하기 위하여 매년 다음 회계연도부터 5회계연도 이상의 기간에 대한 중기지방재정계획을 수립하여 예산안과 함께 지방의회에 제출하고, 회계연도 개시 30일 전까지 행정자치부장관에게 제출하여야 한다. 〈개정 2014. 5. 28., 2014. 11. 19.〉
>
> ⑪ 지방자치단체의 장은 중기지방재정계획에 반영되지 아니한 사업에 대해서는 제37조에 따른 투자심사나 지방채 발행의 대상으로 해서는 아니 된다. 다만, 중기지방재정계획을 수립할 때에 반영하지 못할 불가피한 사유가 있는 경우는 예외로 한다. 〈신설 2014. 5. 28.〉

단체장은 예산안 편성 전에 중기지방재정계획을 먼저 수립해야 한다. 예산의 선행조건이 중기지방재정계획이다. 예산은 '단년도 원칙'이기 때문에 1년 단위로 예산을 짜다 보면 우리 지방자치단체의 미래비전이 방향성을 잃을 수 있다. "나무를 보지 말고 숲을 보라"라는 말처럼 5년 동안의 발전방향 속에서 매년 예산계획을 수립하라는 얘기다.

그래서 중기지방재정계획 수립은 예산안 편성의 사전절차이며 예산을 편성하기 위해서는 반드시 거쳐야 하는 과정이다. 가령, 2020년 예산안을 짜기 위해서는 사전에 2020년 중기지방재정계획을 수립해야 하고, 여기에는 2020년부터 2024년까지 5년간의 미래 비전을 담고 있어야 한다. 2021년 중기지방재정계획은 2021년부터 2025년까지의 계획이다. 이렇게 중요한 계획서는 당연히 의회에 제출하도록 하고 있다.

그러나 그 제출 방식은 대부분 '책자'로 예산안과 함께 제출되고 있으며, 방대하고 복잡한 미래비전에 대해서는 아무런 설명이 없다. 사실상 책한 권 던져 주고 의원 혼자서 5년 계획들을 매년 비교·분석하라는 얘기다. 예산안보다 더 중요한 중기지방재정계획서의 제출방식을 보다 구체화할 필요가 있다. 당장 법 개정이 어렵다면 의원 간담회에서 상세한 설명과 함께 보고하게 하는 방식과 본회의에서 정식 안건으로 상정해서 보고하는 방식 등이 있을 수 있다.

다음은 단체장이 출자·출연을 할 경우 반드시 지방의회 사전동의를 얻어야 한다. 쉽게 얘기해서 출자는 자본금 성격으로, 출연은 기부금 성격으로 주민의 혈세가 외부의 기관과 단체 등으로 지원되는 것이다. 출자·출연은 신중해야 하며, 주민의 대표기관인 의회가 미리 예산안 편성 전에 그 타당성과 효과성에 대해서 따져 보고 결정하게 된다. 만약 출자·출연 동의안이 부결되거나 보류될 경우에는 예산안에 편성 자체가 될 수 없고, 당연히 예산 지원도 안 된다. 출자·출연 동의안도 예산안 편성의 사전철차이기 때문에 예산안 제출 전 임시회에서 미리 의회 승인을 얻은 후에 그 결과에 따라서 예산에 편성할 수 있다.

가령, 서울시의회 행정자치위원회가 지난 2017년도 「한국지방세연구원 출연동의안」을 보류하기로 결정하면서 그 해 예산이 지원되지 않은 사례가 있나. 의회에서 출자·출연동의안이 부결되거나 보류되면 예산 편성 자체가 안 된다.

**지방재정법 제18조(출자 또는 출연의 제한)**
① 지방자치단체는 법령에 근거가 있는 경우에만 출자를 할 수 있다. 〈개정 2014. 5. 28.〉
② 지방자치단체는 법령에 근거가 있는 경우와 제17조제2항의 공공기관에 대하여 조례에 근거가 있는 경우에만 출연을 할 수 있다. 〈신설 2014. 5. 28.〉
③ 지방자치단체가 출자 또는 출연을 하려면 미리 해당 지방의회의 의결을 얻어야 한다. 〈개정 2014. 5. 28.〉

(제198회-제5차) 1

제198회 논산시의회(제2차정례회)                    제5호

# 본 회 의 회 의 록

의회사무국

일  시  2018년 12월 21일(금) 오전 10시 00분

의사일정(제5차본회의)
1. 논산시의회 회기와 그 운영 등에 관한 조례 일부개정조례안
2. 논산시의회의원 의정 활동비 등의 지급에 관한 조례 일부개정조례안
3. 논산시 고문변호사 운영 조례 일부개정조례안
4. 논산지방행정동우회지원조례 전부개정조례안
5. 논산시기 등에 관한 조례 일부개정조례안
6. 논산시 지방공무원 복무 조례 일부개정조례안
7. 논산시 지방공무원 여비 조례 일부개정조례안
8. 참좋은지방정부협의회 운영규약 동의안
9. 논산시 행정기구 및 정원 운영에 관한 조례 일부개정조례안
10. 논산시 보훈명예수당 지급 조례 일부개정조례안
11. 논산시 입양가정 지원에 관한 조례안
12. 재단법인 논산시청소년행복재단 출연 동의안
13. 2019년도 논산시장학회 출연 동의안
14. 2019년도 재단법인 충청남도인재육성재단 출연 동의안
15. 논산시 회계관계공무원 재정보증 조례 일부개정조례안
16. 2018년도 수시분 3차 논산시 공유재산 관리계획안
17. 2019년도 논산시 공유재산 관리계획안
18. 논산시 공설운동장 운영·관리 조례 일부개정조례안
19. 논산시 농업기계 임대사업 운영 조례 일부개정조례안
20. 논산시 폐기물관리 조례 일부개정조례안
21. 논산시 재난현장 통합지휘소 설치·운영 조례 전부개정조례안
22. 논산시 지역건설산업 활성화 지원 조례 일부개정조례안
23. 논산시현수막지정게시대설치및관리조례 일부개정조례안
24. 논산시 옥외광고물 등 관리 조례 일부개정조례안
25. 논산시 장기미집행 도시계획시설대지 보상임시특별회계 설치 및 운영 조례 일부개정조례안
26. 논산시 도시계획 조례 일부개정조례안
27. 논산시 상수도 급수 조례 일부개정조례안
28. 2018년도 논산시 행정사무감사 결과보고서 승인의 건
29. 2019년도 예산안
30. 2019년도 기금운용 계획안
31. 2018년도 제3회 추가경정예산안
32. 2018년도 기금운용계획 변경안

※ 논산시는 출연동의안(안건12~14)을 예산안과 동시에 제출하고 있다. 이는 적절하지 않으며 개선되어야 한다. [논산시의회 회의록]

# 국가재정도 알아야 한다

**지방의원이** 예산심의를 제대로 하려면 자치단체 예산과 더불어 국가재정도 알아야 한다. 뜬금없이 500조 원이 넘는 국가재정을 왜 알아야 하는지 궁금할 수 있다. 그러나 우리의 지방자치는 중앙정부에 대한 재성의존성이 너무 높아서 지방의원이 예산심의를 제대로 하기 위해서는 국가재정 현황과 교부제도 등도 알아야 한다.

2019년 당초예산 기준으로 충청북도 보은군의 경우 재정자립도는 7.74%, 전라남도 신안군은 8.55%, 경상북도 봉화군은 8.97%인 상태에서 의존재원인 지방교부세, 보조금 등 국가재정 교부실태를 정확히 파악하고 있어야 실질적인 예산심의가 가능하다. 개인 보좌인력도 없고, 지방의회 사무국 직원도 변변치 않은 상태에서 국가재정의 현황까지 파악하는 것은 결코 쉬운 일은 아니다.

우리나라의 재정체계와 더불어 조세현황을 이해해야만 지방재정의 난맥상도 쉽게 이해할 수 있다. 단적으로 우리나라의 재정은 국가재정과 지방재정으로 나뉜다. 중앙재정은 크게 예산과 기금으로 나뉘고 예산은 일반회계와 특별회계로 또 다시 나뉜다. 지방재정은 일반재정과 교육재정으로 구분되는데 일반재정은 중앙재정과 같은 체계를 가지며 교육재정은 교육비특별회계라는 독립항목으로 구성된다.

**우리나라 재정의 분류**

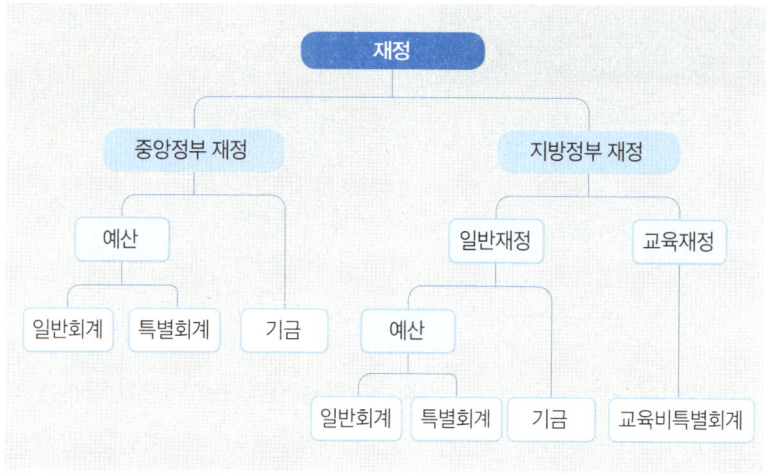

※ 국회예산정책처 - 2019 대한민국 재정

이러한 국가재정은 조세체계를 따라 이루어진다. 조세체계는 아래와 같이 표기할 수 있다. 총 25개 조세 항목은 크게 국세와 지방세로 나뉘고 각각 내국세와 관세, 도세와 시·군세(특별·광역시세와 자치구세)로 구성돼 있다. 국세의 경우 소득세법, 법인세법, 관세법 등 다양한 세법조항의 규정을 따르지만 지방세는 오직 지방세법의 규정에만 의거한다는 것 또한 다른 점이라 하겠다.

총 11개의 세목으로 구성되는 지방세는 도세가 6개, 시·군세가 5개로 이루어진다. 서울특별시의 경우 시세 9개, 자치구 2개로 구성되지만 지방세기본법 제10조에 따라 강남북 균형발전 차원에서 2008년부터 재산세 공동과세가 이루어지고 있어서 재산세의 경우 서울시와 자치구가 5

대 5로 징수한다. 다만, 서울시가 징수한 재산세 50%는 다시 25개 자치구로 균등 배분된다. 광역시의 경우 시세가 9개, 자치구세가 2개이지만

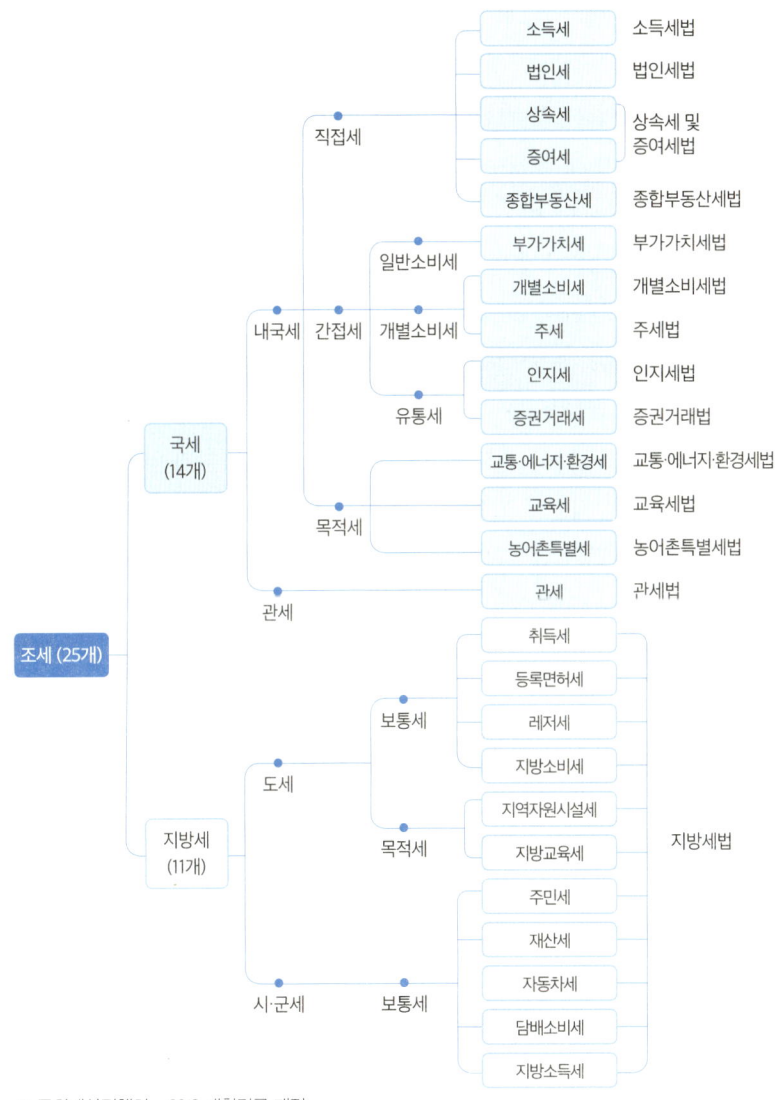

※ 국회예산정책처 - 2019 대한민국 재정

주민세의 경우 지방세기본법 제11조 주민세의 특례에 따라 재산분과 종업원분은 자치구세로 징수한다.

이렇듯 지방교부세, 지방교육재정교부금, 보조금 등이 지방자치단체로 교부되고 있기 때문에 국가재정 운영방향과 국세의 징수실적에 따라서 우리 자치단체의 재정상황이 크게 영향을 받는다. 지방의원이 국세에 대해서도 알아야 하고, 관심을 가져야 하는 이유다.

그렇다면 지방세와 국세는 얼마나 차이가 날까? 세목의 개수가 큰 차이가 없으니 규모는 비슷할까? 당연히 그렇지 않다. 행정안전부 발표에 따르면 2018년 국세와 지방세의 총 세수는 377.9조 원으로 국세가 293.6조 원, 지방세가 84.3조 원을 차지했다. 비율상 국세와 지방세가 77.7% 대 22.3% 수준으로 차이가 여전했다. 국세와 지방세 비중을 8 대 2에서 6 대 4로 바꾸는 것이 국정과제 중 하나이지만 재정분권은 크게 개선되지 않고 여러 가지 평계로 진행 속도는 더디기만 하다.

지방자치가 지속적으로 발전하기 위해서는 안정적인 재원 확보를 바탕으로 한 재정분권이 필수적이다.

# 예산심의 포인트

**지방자치단체의** 재정운용은 '양입제출(量入制出)의 원리'에 따른다. 즉, 들어오는 수입을 고려하여 지출을 결정한다는 얘기다. 반대로 중앙정부의 재정 운영은 오랫동안 '양출제입(量出制入)의 원칙'을 고수하고 있다. 지출을 고려하여 수입을 결정한다. 즉, 경제성장 3% 달성과 일자리 30만 개 창출 등 국가적 목표를 먼저 설정하고 재정이 부족하면 과감하게 국채 발행을 실시한다. 그러나 지방자치단체의 경우 매년 행정안전부의 '지방채 발행 한도액' 제시로 채무 발행이 엄격하게 통제되고 있다.

이 같은 원칙의 차이는 적자재정 운영 유무에서 비롯된다. 앞서 얘기했듯이 지방자치단체는 적자재정이 극히 제한되어 있기 때문에 양입제출의 원리를 따를 수밖에 없다. 이러한 원칙을 숙지하고 나면 예산심의 시 기준으로 삼아야 할 지점이 보인다. 바로 세입예산이다.

### 2013~2017 진주시 지방채 발행 한도액 및 발행액

(단위 : 백만 원, %)

| 구분 | 연도별 | | | | |
|---|---|---|---|---|---|
| | 2013 | 2014 | 2015 | 2016 | 2017 |
| 지방채 발행 한도액(A) | 106,400 | 19,400 | 17,600 | 18,000 | 22,500 |
| 발행액(B) | 56,000 | 30,000 | 0 | 0 | 0 |
| 발행비율(B/A*100) | 52.63 | 154.64 | 0 | 0 | 0 |

※ 경남 진주시 지방채 발행 한도액 및 발행액(2013~2017)

세입예산은 7개 과목으로 구성되어 있다. 지방세수입(100), 세외수입(200), 지방교부세(300), 조정교부금 등(400), 보조금(500), 지방채(600), 보전수입 등 및 내부거래(700)가 바로 그것이다. 세입추계가 정확하게 이루어지지 않으면 재정건전성이 위기에 처할 수 있고, 결국 심각한 재정파탄으로 이어질 수 있다.

> **지방자치법 제122조(건전재정의 운영)**
> ① 지방자치단체는 그 재정을 수지균형의 원칙에 따라 건전하게 운영하여야 한다.
> ② 국가는 지방재정의 자주성과 건전한 운영을 조장하여야 하며, 국가의 부담을 지방자치단체에 넘겨서는 아니 된다.
> ③ 국가는 다음 각 호의 어느 하나에 해당하는 기관의 신설·확장·이전·운영과 관련된 비용을 지방자치단체에 부담시켜서는 아니 된다. 〈신설 2014. 1. 21.〉
>
> **지방재정법 제3조(지방재정 운용의 기본원칙)**
> ① 지방자치단체는 주민의 복리 증진을 위하여 그 재정을 건전하고 효율적으로 운용하여야 하며, 국가의 정책에 반하거나 국가 또는 다른 지방자치단체의 재정에 부당한 영향을 미치게 하여서는 아니 된다.

## 1. 지방세 수입

지방세는 11개이다. 이 중 보통세가 9개, 목적세 2개이다. 특별시세와 광역시세, 도세가 각각 다르며, 따라서 자치구세와 시세, 군세가 각각 다르다.

※ 한국지방세연구원 – 지방재정과 지방세제 가이드(지방세의 종류와 편제)

지방세 수입 관련 예산심의 체크 포인트는 단연 '정확한 추계'에 있다. '추계'란 추정한 계산인데 이는 예산이 다가올 미래 시점의 세입을 추정해서 계산하기 때문이다. 이런 이유로 흔히들 '세입은 강제성이 없다'라고 말한다. 예측이기 때문에 정확하게 일치할 수 없다는 말이다.

그러나 추계라 하더라도 건전하고 효율적인 재정 운영을 위해서는 세입을 과다하게 부풀리거나 고의로 누락해서는 안 된다. 각 세목별로 적어도 최근 3년간의 예산 대비 세입징수율을 확인하고, 그 추이도 꼼꼼히 살펴봐야 한다. 예산액보다 결산액이 적은 세입결손이 발생하는 것은 가장 심각한 문제이며, 세입을 보수적으로 편성해서 결산액이 너무 과다하게 발생하는 것도 예산의 효율성을 저해하는 것이므로 바람직하지 않다.

서울시의 경우 2009년과 2010년 각각 3,900억 원과 6,400억 원의 세입결손이 발생하면서 예산의 이용과 전용을 빈번하게 운용함으로써 '의회의 예산심의권을 무력화'시켰다. 또한 일시적인 자금의 부족을 보전하기 위해 '급전'에 해당하는 일시차입금을 금융기관으로부터 융자해서 사용하면서 한 해 이자지급만 64억 원에 달했다.

이렇듯 지방세수입 등 세입추계가 부실할 경우 재정건전성에 심각한 문제가 발생한다. 결론적으로 예산액 대비 결산액의 오차율은 적을수록 좋다.

**서울시 지방세 예산액 대비 결산액 오차 현황**  (단위: 백만 원, %)

| 연도별 | 예산액 | 결산액 | 차액 | 오차율 |
| --- | --- | --- | --- | --- |
| 계 | 68,500,793 | 70,774,347 | 3,306,154 | 3.32% |
| 2010년 | 11,595,724 | 10,953,331 | △ 642,393 | △ 5.54% |
| 2009년 | 11,216,511 | 10,826,304 | △ 390,207 | △ 3.48% |
| 2008년 | 10,797,539 | 11,295,077 | 497,538 | 4.6% |
| 2007년 | 8,944,322 | 10,310,205 | 1,365,883 | 15.3% |
| 2006년 | 8,766,303 | 10,005,543 | 1,239,240 | 14.1% |
| 2005년 | 8,681,783 | 8,878,924 | 197,141 | 2.3% |
| 2004년 | 8,498,611 | 8,504,963 | 6,352 | 0.7% |

※ 2010회계연도 서울시 결산검사의견서 - 서울시 지방세 예산액 대비 결산액 오차 현황

한편, 지방세 수입과 세외수입 2개를 자체수입이라 하고, 자체수입이 전체 세입예산에서 차지하는 비율이 '재정자립도'가 된다.

## 2. 세외수입

다음으로 살펴야 할 부분은 세외수입이다. 세외수입이란 자치단체의 과세권에 의하여 강제적으로 부과되는 지방세 수입을 제외한 모든 수입을 말한다.

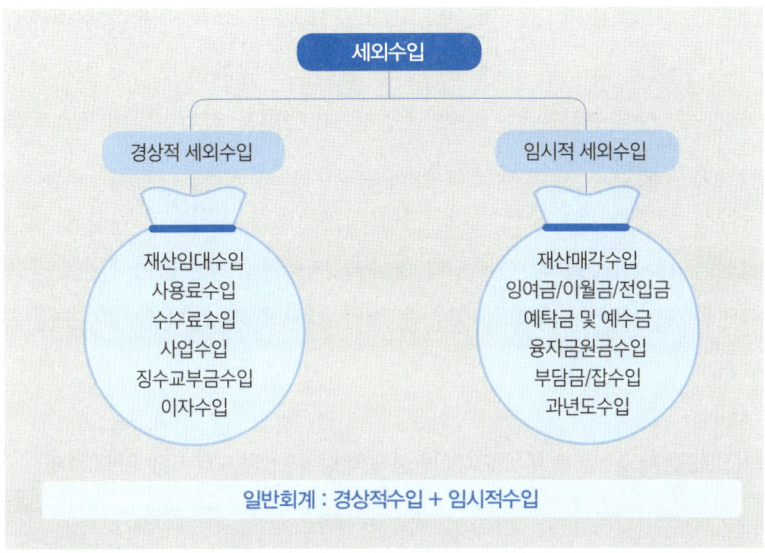

※ 한국지방세연구원 - 지방재정과 지방세제 가이드(세외수입의 구조)

세외수입은 ① 사용료, 수수료, 재산수입 ② 지방정부가 특정한 사업을 운영하거나 특정한 서비스를 제공하는 데 따른 반대급부로서 징수하는 수입 ③ 전년도 이월금, 전입금, 이자수입 등 세입의 운영 ④ 회계처리 과정에서 발생하는 부수적이고 명목적인 수입 및 융자금, 차관 등 외부 차입 수입 등 모든 수입을 포함한다.

지방세는 주민에게 기본적인 행정서비스를 제공하기 위해 관할 구역 내의 주민과 재산, 수익 등에 대하여 아무런 대가 없이 징수한다. 반면, 세외수입은 체육시설 사용료, 공원 입장료, 쓰레기봉투 판매수수료 등 공공서비스나 공공재산 등을 사용한 특정인을 대상으로 그 대가를 부담하게 하거나 교통위반 과태료, 불법건축물 강제이행금 등 법령을 위반한 특정인에게 부담을 지운다. 수입이 매년 지속적으로 발생하는지에 따라서 '경상적 세외수입'과 '임시적 세외수입'으로 구분된다.

그러나 예산심의 과정에서 세외수입을 꼼꼼히 확인하기란 결코 쉽지 않다. 이유는 세외수입 항목이 부서별로 너무 많아 수백 개에 달하기 때문이다. 금액도 몇 십만 원에서부터 수백억 원에 달하는 것까지 천차만별이다. 즉, 세외수입은 가짓수가 너무 많고, 금액도 천차만별이어서 예산심의를 일일이 하기가 쉽지 않다.

따라서 통계를 활용하면 좋다. 가령 최근 3년간 세외수입 예산액 대비 결산액이 50% 이하인 세외수입 항목을 부서별로 제출받아 징수현황을 확인할 수 있다. 서울시의 경우 2016년 결산 결과 부서별 세외수입 수납률이 '0'인 항목도 수두룩하다.

**최근 3년간 세외수입 중 부서별, 예산편성 내역별 실수납율 50% 미만 현황(2016)**

(단위 : 천 원, %)

| 2016년 일반회계 결산부서명 | 예산과목명 | 본예산 (A) | 추가 경정 예산 (B) | 최종 예산액 (C=A+B) | 수납액 (D) | 예산 대비 수납율 (D/C) |
|---|---|---|---|---|---|---|
| 감사위원회 안전감사담당관 | 224 기타수입 | 6,331 | | 6,331 | 0 | 0.00 |
| 경제진흥본부 경제정책과 | 214 기타수입 | 318,932,069 | | 318,932,069 | 0 | 0.00 |
| 경제진흥본부 문화융합경제과 | 211 재산임대수입 | 789,262 | | 789,262 | 0 | 0.00 |
| 경제진흥본부 민생경제과 | 214 사업수입 | 1,144,000 | | 1,144,000 | 0 | 0.00 |
| 경제진흥본부 민생경제과 | 225 지난연도수입 | 5,147 | | 5,147 | 0 | 0.00 |
| 관광체육국 관광정책과 | 224 기타수입 | 58,320 | | 58,320 | -40,968 | -70.25 |
| 기후환경본부 녹색에너지과 | 211 재산임대수입 | 693,813 | | 693,813 | 10,310 | 1.49 |

| 2016년 일반회계 결산부서명 | 예산과목명 | 본예산 (A) | 추가 경정 예산 (B) | 최종 예산액 (C=A+B) | 수납액 (D) | 예산 대비 수납율 (D/C) |
|---|---|---|---|---|---|---|
| 기후환경본부 대기관리과 | 211 재산 임대수입 | 15,619 | | 15,619 | 0 | 0.00 |
| 기후환경본부 자원순환과 | 225 지난 연도수입 | 300,000 | | 300,000 | 2,886 | 0.96 |
| 기후환경본부 환경정책과 | 224 기타 수입 | 1,050,445 | | 1,050,445 | 308,897 | 29.41 |

※ 2016년도 서울시 세외수입 결산 - 예산 대비 수납율 현황

세종시의 경우 2014년과 2016년 일반회계 세외수입 결산 현황을 보면 예산현액 대비 실제수납액이 각각 243%와 216%인 것은 예산편성 과정에서 추계가 부실했거나 의도적인 누락으로 인해 발생된 것일 수 있으므로 심각한 문제라 하겠다.

### 세종시(2014~2017) 일반회계 세외수입 결산 현황

(단위 : 백만 원, %)

| 예산현액 대비 실수납액 비율 | 구분 | 예산현액 | 징수결정액 (A) | 실제수납액 (B) | 징수 비율 (B/A) | 미수납액(A-B) | | |
|---|---|---|---|---|---|---|---|---|
| | | | | | | 계 | 결손 처분 | 다음연도 이월액 |
| 118% | 2017 | 34,634 | 48,432 | 40,947 | 84.70 | 7,395 | 121 | 7,274 |
| 216% | 2016 | 16,736 | 42,781 | 36,244 | 84.72 | 6,537 | 28 | 6,509 |
| 169% | 2015 | 15,080 | 31,463 | 25,523 | 81.12 | 5,940 | 40 | 5,900 |
| 243% | 2014 | 31,506 | 31,506 | 26,385 | 83.75 | 5,121 | 171 | 4,949 |

세외수입의 편성과 징수가 부실한 또 다른 이유는 해당부서가 직접 관리하고 있어서 전문성과 책임성이 약하기 때문이다. 세외수입은 예산부서가 아닌 해당부서가 직접 관리하는데 통상 담당공무원의 잦은 교체

로 예산편성 자체가 허술하고, 징수업무도 다른 업무에 밀려서 소홀하게 처리된다. 이런 이유 등으로 세외수입이 체계적으로 징수되기란 쉽지 않다. 따라서 세외수입에 대한 예산편성과 징수 확인을 꼼꼼하게 확인해야 한다.

## 3. 지방교부세

지방교부세는 지방교부세법에 따라 '지방자치단체의 행정 운영에 필요한 재원(財源)을 교부하여 그 재정을 조정함으로써 지방행정을 건전하게 발전시키도록 함을 목적'으로 보통, 특별, 부동산, 소방안전교부세 등 4가지가 있다. 행정안전부의 '2018년도 지방교부세 운영 사항'에 따르면 2018년 재원 규모는 49조 446억 원으로 이는 2018년 당초예산 45조 9,805억 원과 2017년 정산분 3조 641억 원을 합친 것이다.

지방교부세(보통·특별)의 재원은 내국세 총액의 19.24%이며, 부동산교부세는 종합부동산세 전액, 소방안전교부세는 담배에 부과되는 개별소비세 594원의 20%를 재원으로 2015년 신설되었다. 내국세란 국세 14개 중 관세를 제외한 13개의 세목 중 목적세 및 종합부동산세, 담배에 부과하는 개별소비세 총액의 100분의 20 및 다른 법률에 따라 특별회계의 재원으로 사용되는 세목의 해당 금액은 제외한 것으로 2018년 총규모는 227조 5,629억 원이다.

| 보통교부세 45조 2,118억 원 | 특별교부세 1조 3,983억 원 | | | 부동산교부세 2조 172억 원 | 소방안전교부세 4,173억 원 |
|---|---|---|---|---|---|
| 재정부족 보전 재정격차 완화 | 지역현안 수요 5,593억 원 | 재난안전 수요 6,992억 원 | 시책 수요 1,398억 원 | 지역균형 발전 | 소방·안전 시설 확충 |

※ 행정안전부 - 2018년도 지방교부세 운영사항 '지방교부세 산정기준 및 방식'

먼저 보통교부세는 내국세 총액의 19.24% 중 97%를 재원으로 하며, '자치단체의 기본적인 행정서비스 제공에 소요되는 재원을 보장'하게 된다. 자치단체의 매년 기준재정수입액이 기준재정수요액에 미달하는 경우 재정 부족액을 기준으로 교부한다. 보통교부세는 매년 10월 중으로 다음연도 가내시액이 자치단체별로 통보되며, 이를 본예산에 반영하게 된다. 본예산에 반영되는 보통교부세 외의 전년도 내국세의 정산분에 대해서는 자치단체의 추경 등을 통해서 반영된다.

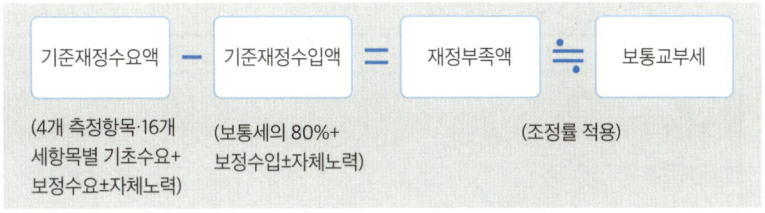

※ 행정안전부 – 2018년도 지방교부세 운영 사항 '지방교부세 산정기준 및 방식'

전국 243개 자치단체 중 불교부단체는 7곳이며 서울, 경기, 수원, 성남, 용인, 화성, 하남이다. 이 중 서울은 25개 자치구 전체가 불교부단체에 속하며, 6대 광역시의 자치구는 광역시 본청에 합산 산정해서 교부되기 때문에 2018년 기준 실질적인 교부단체는 168개 자치단체이다.
국가적 차원에서 세수가 늘어나면서 지방교부세 총재원규모가 늘고는 있지만 근본적으로 2006년 이후 교부세율이 19.24%로 13년 넘게 동결되어 있다는 것은 심각한 문제다. 1991년 지방자치 부활 이후 자치재정권은 전혀 확대되고 있지 않은 현실과 무관치 않다.
자치조직권과 자치행정권 등은 조금씩 나아지고 있지만 유독 자치재정권은 답보상태인 현실은 '돈줄을 쥐고서 자치단체를 강력하게 통제'하고자 하는 중앙정부와 관료들의 비뚤어진 자화상을 보는 듯하다. 지방자치가 발전하기 위해서는 자치재정권 확보가 필수적이며 이를 위해서는 국세와 지방세의 비율을 8 대 2에서 6 대 4로 획기적으로 개선해야 한다. 다음은 내국세 총액의 19.24% 중 3%를 재원으로 하는 특별교부세가 있다. 흔히들 줄여서 '특교'라고 말한다. 2018년 기준 1조 3,983억 원을 재원으로 하며, '보통교부세의 획일적인 산정방법으로 포착할 수 없는 재정수요를 지원'하기 위해서 세부적으로 지역현안수요, 재난안전수요, 시책추진으로 구분된다. 그러나 현실에서는 '실세예산'으로 통하며, 힘있는 정치인에게 교부되는 경우가 많다.

**대구 수성구 2018년 지방교부세 현황** (단위 : 천 원)

| 311 지방교부세 | | 13,317,000 |
|---|---|---|
| 311-02 특별교부세 | | 5,483,000 |
| [ 일반회계 ] | | 5,483,000 |
| < 도시디자인과 > | | 1,500,000 |
| ○범어2동 주민커뮤니티센터 건립 | 1,500,000,000원 | 1,500,000 |
| < 건설과 > | | 1,500,000 |
| ○동대구로 횡단 노후 하수관거 보수·보강(추경성립전 사용) | 300,000,000원 | 300,000 |
| ○지범로 복개구조물 준설(추경성립전 사용) | 300,000,000원 | 300,000 |
| < 공원녹지과 > | | 1,400,000 |
| ○삼주어린이공원 노후시설 보수·보강 | 400,000,000원 | 400,000 |

※ 대구광역시 수성구 2018년 3회 추경예산 - 특별교부세(성립 전 사용)

그러나 특교는 지방자치 운영 원리에 위배된다. 특교 예산은 지방의회의 예산심의·의결 절차를 거치지 않고 단체장이 바로 집행해 버리기 때문이다. 지방자치법 제39조에는 지방의회의 의결사항 11가지를 규정하고 있다. 당연히 지방의회가 해당 자치단체 예산안을 심의·의결한다. 그런데 지방재정법 제45조에서는 추경 외에 '성립 전 사용'을 허락하고 있어서 시·도의 경우 국가로부터, 시·군 및 자치구의 경우 국가 또는 시·도로부터 그 용도가 지정되고, 소요 전액이 교부된 경비와 재난구호·복구 등 예산은 추경예산의 성립 전에 사용이 가능하고 다음 추경예산에 계상하면 된다. 쉽게 말해서 특교의 상당 부분은 지방의회의 사전 예산심의를 거치지 않고 미리 집행할 수 있는 것이다.

이러한 성격의 특교는 하나 더 있다. 바로 특별조정교부금이다. 시·도로부터 시·군 및 자치구에 교부되는 조정교부금은 보통조정교부금과 특별조정교부금으로 구분되고, 조정교부금 재원의 10%를 특별조정교부금으로 운영한다.

> **지방재정법 제45조(추가경정예산의 편성 등)**
> 지방자치단체의 장은 이미 성립된 예산을 변경할 필요가 있을 때에는 추가경정예산(追加更正豫算)을 편성할 수 있다. 다만, 다음 각 호의 경비는 추가경정예산의 성립 전에 사용할 수 있으며, 이는 같은 회계연도의 차기 추가경정예산에 계상하여야 한다.
> 1. 시·도의 경우 국가로부터, 시·군 및 자치구의 경우 국가 또는 시·도로부터 그 용도가 지정되고 소요 전액이 교부된 경비
> 2. 시·도의 경우 국가로부터, 시·군 및 자치구의 경우 국가 또는 시·도로부터 재난구호 및 복구와 관련하여 복구계획이 확정·통보된 경우 그 소요 경비 〈전문개정 2011. 8. 4.〉

2가지 특교의 문제점은 지방자치 운영 원리에 맞지 않은 것과 더불어 재정 운영의 심각한 왜곡을 가져올 수 있다. '통제 받지 않는 권력은 부패할 수밖에 없다'라는 말처럼 단체장의 권한이 해당 지역에서 무소불위로 통하고 있음에도 불구하고 또다시 특교 예산의 '성립 전 사용'을 광범위하게 허락하고 있다는 것은 심각한 문제다.

실제로 2018년 서울시 도봉구의 경우 도봉구의회에서 삭감된 예산을

다시 특별조정교부금으로 서울시에 신청하는 사례가 있었다. 이는 주민의 대표기관이자 예산심의·의결기관인 의회에서 사업의 효과성이나 시급성, 민원 등을 고려하여 '하지 말라'고 삭감한 사업에 대해서 단체장이 특교를 신청한 대표적인 경우다.

지방자치가 발전하기 위해서는 더 이상 국가의 개입과 통제는 사라져야 한다. 시·도의 시·군·자치구에 대한 간섭과 통제도 사라져야 한다. 상식적인 관점에서 보더라도 특별교부세와 특별조정교부금은 대폭 개선되어야 하고 최소화되어야 한다.

### 4. 조정교부금 등

지방재정 조정제도에는 대표적으로 중앙정부가 지방자치단체의 부족한 재원을 보충해 주는 지방교부세와 시·도가 시·군·자치구 간 행정서비스의 수준 차이가 나지 않도록 재정수입과 재정수요의 차인 재정부족액을 기준으로 배분하는 조정교부금이 있다. 조정교부금은 일반적 재정수요에 충당하기 위한 일반조정교부금과 특정한 재정수요에 충당하기 위한 특별조정교부금으로 구분하여 운영하되, 특별조정교부금은 민간에 지원하는 보조사업의 재원으로 사용할 수 없다.

자치구 조정교부금은 지방재정법 제29조의2에 근거하여 특별시·광역시의 경우 조례에서 보통세의 일정액을 확보하여야 한다. 가령, 서울시의 경우 조정교부금 재원은 「서울특별시 자치구의 재원조정에 관한 조례」 제4조에 따라 보통세의 22.6%와 정산액으로 하고 있다. 서울시만 해도 2017년 결산 기준으로 조정교부금 재원은 3조 원이 넘는다.

|  | 서울 | 부산 | 대구 | 인천 | 광주 | 대전 | 울산 |
|---|---|---|---|---|---|---|---|
| 2019년 (현재) | 보통세 ||||||||
|  | 22.6% | 22% | 22.29% | 20% | 23.9% | 23% | 20% |

※ 특별시·광역시와 자치구 간 조정교부금 배분 비율

시·군 조정교부금이란 시·군에서 징수한 도세(취득세·주민세·레저세·등록면허세 등)의 일정비율(27%, 인구 50만 명 이상 시는 47%)을 시·군에 배분하는 재원이다. 시·군 재정보전금이 2014년 이후 시·군 조정교부금으로 변천하는 과정에서 시·군 간 수평적 재정조정기능이 강화되었다.

> **서울특별시 자치구의 재원조정에 관한 조례 제4조(조정교부금의 재원)**
> ① 서울특별시장(이하 "시장"이라 한다)은 서울특별시(이하 "시"라 한다)와 자치구 간의 재원을 합리적으로 조정하기 위하여 자치구의 조정재원을 확보하여야 한다.
> ② 제1항에 따른 조정교부금의 재원은 「지방세기본법」 제8조제1항제1호 각 목에 따른 보통세의 100분의 22.6에 해당하는 금액과 제5조제2항에 따른 정산액으로 한다. 〈개정 2015. 12. 31.〉
> ③ 일반조정교부금의 재원은 제2항에 따른 조정교부금 총액의 100분의 90에 해당하는 금액으로 하고, 특별조정교부금의 재원은 제2항에 따른 조정교부금 총액의 100분의 10에 해당하는 금액으로 한다. 〈개정 2015. 12. 31.〉

> **지방재정법 제29조(시·군 조정교부금)**
> ① 시·도지사(특별시장은 제외한다. 이하 이 조에서 같다)는 다음 각 호의 금액의 27퍼센트(인구 50만 이상의 시와 자치구가 아닌 구가 설치되어 있는 시의 경우에는 47퍼센트)에 해당하는 금액을 관할 시·군 간의 재정력 격차를 조정하기 위한 조정교부금의 재원으로 확보하여야 한다. 〈개정 2014. 5. 28.〉
> 1. 시·군에서 징수하는 광역시세·도세(화력발전 · 원자력발전에 대한 지역자원시설세, 특정부동산에 대한 지역자원시설세 및 지방교육세는 제외한다)의 총액
> 2. 해당 시·도(특별시는 제외한다. 이하 이 조에서 같다)의 지방소비세액을 전년도 말의 해당 시·도의 인구로 나눈 금액에 전년도 말의 시·군의 인구를 곱한 금액

특별조정교부금 재원은 조정교부금 총액의 10% 금액을 배분한다. 특교의 교부 방식은 크게 2가지다. 재해 등 특별한 행정수요가 발생해 시·도지사가 교부하는 것과 시·군·자치구의 장이 청사 및 공공시설의 신설·복구·보수 등 특별한 재정수요가 있을 경우 시·도지사에게 신청해서 교부받는 방식이다. 후자의 방식으로 확보하는 특교가 대부분이기 때문에 감히 '단체장의 비자금'이라고 말할 수 있는 것이다.

단체장은 예산의 심의·의결 기관인 의회의 승인도 없이 매년 일정한 금액의 예산을 '특별조정교부금'이라는 이름으로 교부 받아 일단 먼저 집행한다. 자연스럽게 단체장은 의회의 예산심의 과정에서 반대나 논란이 예상되는 민감한 사업을 예산안에 담지 않고 특교를 통해서 해결하게 된다.

**경기도 조정교부금 배분 조례 제6조(교부금의 산정·배분방법)**

④ 특별교부금은 다음 각 호의 어느 하나에 해당하는 경우에 배분한다.
  1. 시·군이 추진하는 지역개발사업이나 둘 이상의 시·군이 연관되어 광역행정차원에서 추진하는 사업의 경우
  2. 재해로 인한 특별한 재정수요가 있어 예비비를 포함한 해당 시·군의 재원만으로는 충당하기 어려운 사업의 경우
  3. 취득세, 레저세 등 도세징수실적이 우수한 시·군에서 필요로 하는 사업의 경우
  4. 일반교부금이 재원형성금액에 미치지 못하여 시·군 간 재정형평화의 기능을 하지 못하는 경우
  5. 그 밖에 특별한 재정수입의 감소가 있거나 특별한 재정수요가 있는 경우

## 서울시 최근 5년간 자치구별 특별조정교부금 교부현황

2013년 ~ 2017년 11월 9일 현재 (단위 : 백만 원)

| 구분 | 2013년 | 2014년 | 2015년 | 2016년 | 2017년 (11월 9일 현재) |
|---|---|---|---|---|---|
| 합계 | 183,305 | 197,635 | 222,129 | 268,686 | 236,583 |
| 종로구 | 9,895 | 8,193 | 7,097 | 8,084 | 6,396 |
| 중구 | 1,418 | 3,852 | 7,011 | 3,949 | 7,779 |
| 용산구 | 7,258 | 6,395 | 5,396 | 6,299 | 5,340 |
| 성동구 | 6,870 | 6,355 | 9,952 | 10,658 | 7,774 |
| 광진구 | 7,061 | 7,072 | 8,704 | 9,642 | 9,164 |
| 동대문구 | 7,815 | 8,410 | 9,688 | 12,856 | 10,206 |
| 중랑구 | 8,584 | 9,653 | 9,993 | 12,239 | 12,164 |
| 성북구 | 8,160 | 9,465 | 11,421 | 13,252 | 9,388 |
| 강북구 | 11,084 | 14,302 | 16,199 | 19,483 | 10,946 |
| 도봉구 | 9,362 | 11,192 | 11,322 | 13,773 | 9,040 |
| 노원구 | 9,376 | 9,618 | 10,613 | 13,786 | 12,334 |
| 은평구 | 8,873 | 9,406 | 9,756 | 11,471 | 14,317 |
| 서대문구 | 7,824 | 8,656 | 0,513 | 18,736 | 16,426 |
| 마포구 | 6,592 | 7,105 | 7,389 | 9,231 | 9,376 |
| 양천구 | 8,425 | 8,262 | 8,699 | 11,721 | 10,535 |

⋮

※ 2016년 서울시 강북구의 경우 서울시로부터 교부받은 특별조정교부금이 무려 194억 원에 달한다. 이 예산의 문제점은 대부분의 예산이 강북구청장의 요청에 의해 교부되고 있으며, 강북구의회의 예산심의 절차를 거치지 않는다는 점이다. 기초단체장은 특별조정교부금을 교부받아 미리 예산집행 후 지방의회에는 성립 전 사용이나 간주처리로 사후보고 절차만 거친다.

의회에서는 단체장의 특별조정교부금 신청내역을 꼼꼼히 확인해야 한다. '최근 5년간 특별조정교부금 신청내역 및 실제 교부내역'을 자료요구해서 매년 어떤 사업에 얼마의 예산을 교부받았는지 확인할 필요가 있다.

기본적으로 모든 예산은 의회의 통제를 받아야 한다. 우리의 지방자치가 기관대립형을 채택하고 있음에도 단체장의 권한은 너무도 막대하다. 반면, 의회의 권한은 초라할 정도로 미미하다. 지방자치 발전과 자치분권 확대를 위해서는 시·도지사의 '쌈짓돈'과 시·군·자치구 장의 '비자금'으로 전락한 특별조정교부금의 제도적 개선이 시급하다.

## 예산서의 마술사 순세계잉여금

**예산의** 편성권은 단체장에게 있다. 그렇기 때문에 의회에서 예산안을 심의할 때 단체장과 집행기관의 예산편성 방향과 정확한 의도까지 꿰뚫어 보기란 쉽지 않다. 예산의 규모도 엄청나지만 수없이 많은 사업들을 의원 혼자서 일일이 따지고 확인한다는 것은 사실상 불가능에 가깝다. 마치 영화의 한 장면처럼 '숨기려는 자와 찾으려는 자'의 치열한 두뇌싸움이 바로 예산심의다.

자치단체의 예산은 양입제출의 원리에 따라서 들어온 만큼 쓸 수 있다. 단체장이 다음 선거를 의식하거나 새로 선출된 경우에는 공격적인 재정운영으로 인해 많은 예산이 필요하다. 이럴 때 세입이 부족하면 원칙상 채무 발행을 통해서 세입을 보충하게 된다.

그러나 이것이 불편하다고 생각할 경우 슬그머니 세입을 부풀리거나 전년도 결산으로 발생한 순세계잉여금을 선반영하는 방법이 있다. 순세계잉여금의 선반영이 불법은 아니지만 의회에서 잘 따지고 확인하지 않으면 심각한 재정파탄으로 이어질 수 있기 때문에 항상 체크해야 한다. 많은 자치단체에서 기업회계로 따지면 장부조작 범죄에 해당하는 '분식회계(粉飾會計)'까지 빈번해지고 있기 때문이다.

예산서에도 분식회계의 검은 유혹은 있다. 바로 순세계잉여금이다. 세입 예산은 7개의 장으로 구성되고 그 마지막은 '보전수입 등 및 내부거래'인데 보전수입 안에 핵심적으로 순세계잉여금이 들어 있다.

- 세계잉여금 = 수납된 세입액－지출된 세출액(결산상 잉여금을 의미)
- 순세계잉여금 = 세계잉여금－(명시이월+사고이월+계속비이월+보조금 집행잔액)
- 순세계잉여금은 우선적으로 채무상환에 사용하는 것이 원칙

순세계잉여금이란 말 그대로 '순수하게 한 해 동안 계산해서 남는 돈'을 의미한다. 회계는 '단년도 원칙'에 따라 1년이 끝나면 반드시 결산을 해야 한다. 1년 동안 들어온 세입에서 1년 동안 지출한 세출을 빼면 세계잉여금이 되고, 여기서 이월비 3가지(명시·사고·계속비)와 보조금 집행잔액을 제외시키면 순세계잉여금이 된다. 이월비란 1년 동안 예산집행을 못했지만 다음연도에 한 번 더 이월시켜서 집행하겠다는 예산이며, 보조금 집행잔액은 국비나 시·도비 보조금은 집행을 하고 잔액이 남으면 매칭비율대로 반드시 반납해야 한다.

순세계잉여금의 발생 원인은 초과세입과 집행잔액 2가지이다. 초과세입은 예산액보다 실제수납액이 더 많이 들어왔다는 것이며, 집행잔액은 1년 동안 예산을 집행하고서 이런저런 이유로 잔액이 발생했다는 의미다. 이런 의미에서 보면 순세계잉여금은 적게 발생할수록 좋다고 볼 수 있다. 세입추계를 과학적이고 꼼꼼히 해서 초과세입이 적게 발생한다거나 예산편성을 계획적으로 해서 집행잔액이 적게 발생하면 자연스럽게 순세계잉여금은 적게 발생하게 된다. 이는 재정 운영이 계획적이고 체계적으

로 이루어져 예산집행의 효율성을 높여서 주민들에게 행정서비스를 적극적으로 제공한 것으로 평가할 수 있다.

결론적으로 순세계잉여금이 매년 너무 과다하게 발생하는 것은 어떤 이유에서라도 안 좋은 것이다.

> **지방회계법 제19조(결산상 잉여금의 처리)**
>
> 지방자치단체는 회계연도마다 세입·세출 결산상 잉여금(剩餘金)이 있을 때에는 다음 각 호의 어느 하나에 해당하는 금액을 뺀 잉여금을 그 잉여금이 생긴 회계연도의 다음 회계연도까지 세출예산에 관계없이 지방채의 원리금 상환에 사용할 수 있다.
> 1. 다른 법률에 따라 용도가 정하여진 금액
> 2. 『지방재정법』 제50조에 따른 이월금

| 세입 | 세출 | |
|---|---|---|
| 8,000억 원 | 1,500억 원 (세계잉여금) | 6,500억 원(집행액) |
| | | 200억 원(명시이월) |
| | | 450억 원(사고이월) |
| | | 100억 원(계속비이월) |
| | | 50억 원(보조금집행잔액) |
| | | 700억 원(순세계잉여금) |

※ 순세계잉여금 발생 예시

순세계잉여금이 발생하면 지방회계법에 따라 채무 상환이 최우선이다. 상식적으로 생각해도 여윳돈이 생기면 빚을 먼저 갚는 것이 이치다. 그러나 만약 채무가 없을 경우에는 몇 가지 방법으로 활용할 수 있다.

첫째, 재정안정화기금을 만들어서 적립을 하는 것이다. 이는 순세계잉여금이 매년 과도하게 발생할 경우 갑자기 어려울 때나 만약을 대비해서 적립의 성격으로 돈을 저축하는 것이다.

둘째, 특별회계나 기금에 전출하는 것이다. 특별회계와 기금은 특정한 행정목적을 달성하기 위해서 설치·운용하지만 많은 자치단체에서 그 재원이 부족해서 고유사업들을 제대로 실시하지 못하는 사례가 많기 때문이다.

셋째, 추경재원으로 편성하는 것이다. 추경예산이란 '추가경정예산'의 줄임말인데 예산이 성립되고 회계연도가 개시된 후에 미처 생각하지 못했거나 새롭게 발생한 예산사업을 추가하거나 고칠 때 반드시 의회 의결을 거쳐야 하기 때문에 추경예산을 편성하게 된다.

그러나 정작 순세계잉여금에서 중요하게 확인할 것은 따로 있다. 바로 선반영 비율이다. 선반영 비율이란 '올해의 예산집행이 끝나지도 않았는데 순세계잉여금의 일부를 미리 다음연도 예산에 반영'하는 것을 말한다. 올해 예산집행이 끝나서 결산이 마무리되지도 않았는데 11월에는 다음연도 예산안이 의회에 제출되고, 그 예산안 안에 올해 결산결과 순수하게 남는 예산의 일부를 미리 다음연도 예산안에 편성해서 집행한다는 것이다. 즉, 미리 남는 예산의 일부를 빼먹는 것이다. 이는 예산편성 기법상 가능하지만 그 비율이 적정해야 한다는 것이다.

| 연도 | 2015~2016 | 2016~2017 | 2017~2018 | 2018~2019 |
|---|---|---|---|---|
| 결산<br>(순세계잉여금 발생액) | 436억 원 | 665억 원 | 1,265억 원 | 1,966억 원 |
| 예산<br>(다음연도 선반영) | 499억 원 | 341억 원 | 1,089억 원 | 1,344억 원 |
| 추경재원 | -63억 원 | +324억 원 | +176억 원 | 622억 원 |
| 선반영 비율 | 114% | 51.3% | 86.1% | 68.4% |

※ 강원도 춘천시 순세계잉여금 발생내역 및 선반영 비율(2015~2019)

가령, 강원도 춘천시의 경우 2015년 결산결과 순세계잉여금이 436억 원 발생했으나 2016년 예산에서 미리 499억 원을 선반영하면서 결과적으로 재정건전성을 심각하게 위배했다. 선반영 비율이 114%라는 것은 집행부가 알면서도 의도적으로 선반영을 과다하게 한 것이며, 사실상 분식회계라는 범죄를 저지른 것이나 다름없다.

이렇게 되면 추경예산에서 신규사업을 추가로 편성하지 못하고 오히려 기존의 사업을 중단하거나 감액조정해야 하는 '감추경'을 실시해야 한다. 이런 사례들은 2016년 전라북도 완주군, 2015년 충청북도 영동군, 2012년 서울 강동구 등 수없이 벌어져 왔다.

예산심의 과정에서 집행부는 거짓말도 많이 한다. "밑지고 장사한다"라는 우스갯소리 같은 장사꾼의 말이 유명한 거짓말이듯, 집행부가 말하는 뻔한 거짓말도 많다. 예컨대 "예산이 없다", "재정 여건이 어려워서 의원님 민원사업은 예산을 반영할 수 없다" 등이다. 그러나 앞에서 확인한 바와 같이 춘천시의 경우 2018년에는 1,089억 원을, 2019년에는 1,344억 원을 선반영했다.

전국 대부분의 자치단체에서 순세계잉여금을 아무런 기준 없이 단체장 마음대로 빼먹는다. 정작 주민들과 의원들의 작은 민원사업은 예산이 없어서 어렵다고 둘러댄다.

예산서의 마술사 순세계잉여금은 철저하게 통제되어야 하고, 선반영에는 '30% 선반영' 등 적절한 기준이 있어야 한다. 순세계잉여금이라는 마술사로 인해 예산은 고무줄이 되기도 하고, 숫자놀음도 가능하며, 회계조작도 벌어지게 된다.

단체장은 임기가 끝나고 떠나면 그만이다. 결국 재정파탄의 고통은 주민이 감당해야 한다. 주민의 대표자들이 눈에 불을 켜고 재정을 제대로 감시해야 하는 이유가 바로 여기에 있다.

# 지방의회는 허수아비

**중앙재정과** 지방재정의 차이만 문제인 것은 아니다. 지방의회의 예산심의권과 관련된 내용을 자세히 살펴보다 보면 답답해지는 순간은 또 온다. 지방자치법을 통해 우리나라 지방의회의 권한이 크게 제약을 받고 있기 때문이다.

다시 말해 우리의 지방자치법이 지방자치단체장 위주로 내용을 규정해 둔 덕분에 지방의회는 지방자치단체장의 동의가 없이는 지출예산 각 항의 금액을 증액하거나 새로운 비용항목을 신설할 수 없다. 오직 삭감 권한만 제한적으로 있을 뿐이다.

일껏 예산심의권을 행사하고도 결과를 부정당하고 재의를 요구받는 경우도 있다. 이쯤 되면 협의나 협력이 아니라 허락을 받아야 하는 상황에 가깝다고 하겠다.

지방자치법을 살펴보자. 지방자치법 127조는 예산의 편성과 의결을 다룬다. 문제는 제3항이다. 예산심의 과정에서 문제를 지적하고 예산을 증액하려면 단체장의 동의가 필요하다. 지역의 오랜 숙원사업이나 장기

민원을 해결하기 위해서 예산을 반영하고자 한다면 이 또한 단체장의 동의가 있어야 한다.

> **지방자치법 제127조(예산의 편성 및 의결)**
> ③ 지방의회는 지방자치단체의 장의 동의 없이 지출예산 각 항의 금액을 증가하거나 새로운 비용항목을 설치할 수 없다.

물론 국회에도 이러한 권한은 없다. 헌법 제57조에는 '국회는 정부의 동의 없이 정부가 제출한 지출예산 각 항의 금액을 증가하거나 새 비목을 설치할 수 없다'라고 명시되어 있다. 그러나 중앙정부와 지방자치단체와의 가장 큰 차이는 재의요구 여부다.

우리나라 헌법에는 국회가 의결한 예산안에 대한 정부의 재의요구 권한이 없지만 지방자치법 제108조에는 지방의회가 의결한 예산안에 대해서 단체장이 재의요구할 수 있다. 인사권과 조직권, 예산의 편성권한 등 막강한 권한이 이미 단체장에게 주어져 있는데도 예산안에 대해서까지 재의요구할 수 있도록 한 것은 지방자치의 수치다.

지방자치법 제39조에는 지방의회가 예산의 심의·의결 권한을 가진다고 해 놓고선 같은 법 제108조에 다시 이를 번복할 수 있는 조항이 있다는 것 자체가 모순이다.

> **지방자치법 제39조(지방의회의 의결사항)**
> ① 지방의회는 다음 사항을 의결한다.
>   1. 조례의 제정·개정 및 폐지
>   2. 예산의 심의·확정
>   3. 결산의 승인

> **지방자치법 제108조(예산상 집행 불가능한 의결의 재의요구)**
> ① 지방자치단체의 장은 지방의회의 의결이 예산상 집행할 수 없는 경비를 포함하고 있다고 인정되면 그 의결사항을 이송 받은 날부터 20일 이내에 이유를 붙여 재의를 요구할 수 있다.

더 심각한 문제는 '재의요구 사유'다. 법 제108조에는 단체장은 지방의회의 의결이 예산상 집행할 수 없는 경비를 포함하고 있다고 인정되면 재의요구할 수 있도록 함으로써 단체장의 재의요구 권한을 너무 자의적이고 포괄적으로 인정하고 있다. 심하게 말하면 지방의회의 예산안 의결에 대해서 단체장이 마음에 들지 않으면 재의요구할 수 있는 것이다. 실제 사례로 '2011년도 서울특별시 예산안'에 대한 서울시의회의 의결에 대해 서울시장의 재의요구가 있었다.

**2011년도 서울특별시 예산안 재의요구안**

| 의안 번호 | |
|---|---|

제출 연월일 : 2011년 1월 13일
제출자 : 서울특별시장

2010년 12월 30일자로 서울특별시의회로부터 이송되어 온 '2011년도 서울특별시 예산안'에 대하여 다음과 같은 이유로 지방자치법 제107조 제1항 및 제108조 제2항의 규정에 따라 재의를 요구합니다.

1. 서울특별시의회가 서울특별시장이 동의를 하지 않았음에도 불구하고 '2011년도 서울특별시 예산안' 중 친환경 무상급식 지원비(공립초교) 69,513,300천 원, 경로당 현대화 사업비 3,000,000천 원 등은 새로운

> 비용항목을 설치하여 증액하고, 사회복귀시설 운영보조비 1,200,000천 원, 세척갱생관로 정비 10,000,000천 원, 열린학교 조성 3,000,000천 원 등은 임의로 증액하였는 바,
>
> 가. 이는 『지방자치법』 제127조 제3항의 "지방의회는 지방자치단체의 장의 동의 없이 지출예산 각 항의 금액을 증가하거나 새로운 비용항목을 설치할 수 없다"는 규정을 위반한 불법행위이며,
>
> 나. 『지방자치법』 제9조 제2항 제1호 사목 및 동법 제101조, 제127조에서 보장하고 있는 지방자치단체의 장의 예산편성권을 침해한 월권임.

헌법에는 없는 재의요구 권한은 이제 지방자치법에서도 사라져야 한다. '귀에 걸면 귀걸이, 코에 걸면 코걸이'가 되는 단체장의 '예산안 재의요구 권한'은 시급히 삭제되어야 한다. 주민의 대표기관인 의회가 의결한 사항에 대해서는 헌법에서와 같이 지방자치법에서도 지켜져야 한다. 단체장의 재의요구는 결코 허용해서는 안 된다.

## 국회와 지방의회 예산안 재의요구에 대한 비교

| | 헌법 | | 지방자치법 |
|---|---|---|---|
| 제54조 | ①국회는 국가의 예산안을 심의·확정한다.<br>②정부는 회계연도마다 예산안을 편성하여 회계연도 개시 90일 전까지 국회에 제출하고, 국회는 회계연도 개시 30일전까지 이를 의결하여야 한다. | 제108조<br>(예산상 집행 불가능한 의결의 재의요구) | ①지방자치단체의 장은 지방의회의 의결이 예산상 집행할 수 없는 경비를 포함하고 있다고 인정되면 그 의결사항을 이송받은 날부터 20일 이내에 이유를 붙여 재의를 요구할 수 있다.<br>②지방의회가 다음 각 호의 어느 하나에 해당하는 경비를 줄이는 의결을 할 때에도 제1항과 같다.<br>1. 법령에 따라 지방자치단체에서 의무적으로 부담하여야 할 경비<br>2. 비상재해로 인한 시설의 응급복구를 위하여 필요한 경비 |
| 제57조 | 국회는 정부의 동의 없이 정부가 제출한 지출예산 각항의 금액을 증가하거나 새 비목을 설치할 수 없다. | 제127조<br>(예산의 편성 및 의결) | ③지방의회는 지방자치단체의 장의 동의 없이 지출예산 각항의 금액을 증가하거나 새로운 비용항목을 설치할 수 없다. |

※ 헌법 ☞ 대통령(정부)은 예산안 의결에 대한 재의요구권이 없다.
※ 지방자치법 ☞ 단체장은 예산안 의결에 대한 재의요구권이 있다.

# 10만 3,000원짜리 특별회계

**예산서가** 의회에 제출되면 전체적인 예산상황과 구체적인 사업내용을 중심으로 심의하는 경우가 많다. 예산서의 틀, 즉 구조를 살피거나 바꾸는 경우는 드물다. 그러나 지방의원은 예산서의 틀을 바꾸는 '예산서 재구조화'에도 관심을 가져야 한다. 예산 규모는 얼마 안 되는데 너무 많은 특별회계를 설치·운영하는 것은 아닌지 살펴보고, 가장 효율적인 예산구조는 무엇인지 고민해야 한다. 집을 지을 때 구조가 중요하듯이 예산서도 구조가 중요하다.

예산은 일반회계와 특별회계로 구분하고, 특별회계는 공기업특별회계와 기타특별회계로 다시 구분한다. 회계의 구분은 지방재정법 제9조에 나온다.

> **지방재정법 제9조(회계의 구분)**
> ① 지방자치단체의 회계는 일반회계와 특별회계로 구분한다.
> ② 특별회계는 『지방공기업법』에 따른 지방 직영기업이나 그 밖의 특정사업을 운영할 때 또는 특정자금이나 특정세입·세출로서 일반세입·세출과 구분하여 회계 처리할 필요가 있을 때에만 법률이나 조례로 설치할 수 있다. 다만, 목적세에 따른 세입·세출은 다른 법률에 특별한 규정이 있는 경우를 제외하고는 특별회계를 설치·운용하여야 한다. 〈개정 2014. 5. 28.〉
> ③ 지방자치단체가 특별회계를 설치하려면 5년 이내의 범위에서 특별회계의 존속기한을 해당 조례에 명시하여야 한다. 다만, 법률에 따라 의무적으로 설치·운용되는 특별회계는 그러하지 아니하다. 〈신설 2014. 5. 28.〉

특별회계는 '특정자금이나 특정세입·세출로서 일반세입·세출과 구분하여 회계 처리할 필요가 있을 때에만' 법률이나 조례로 설치할 수 있다. 반드시 필요할 때에만 설치하도록 하고 있으며, 그것도 5년 이내의 범위로 존속기한을 한정하고 있다.

2014년 법이 개정되면서 특별회계 설치가 엄격해진 이유는 바로 재정 운영의 효율성 때문이다. 재정 규모에 비해 과도한 특별회계 설치·운영이 오히려 재정건전성을 저해하고 효율적인 재정 운영을 가로막기 때문이다.

| 서울특별시(35.7조 원) | |
|---|---|
| 10개 | 공기업특별회계 2, 기타특별회계 8 |
| 부산광역시(11.6조 원) | |
| 17개 | 공기업특별회계 2, 기타특별회계 15 |
| 인천광역시(10.1조 원) | |
| 20개 | 공기업특별회계 3, 기타특별회계 17 |

※ 2019년 본예산 규모와 특별회계 설치·운영 실태(서울, 부산, 인천)

인천광역시의 경우 2018년까지는 재정 규모가 9조 원인데 특별회계는 무려 26개를 설치·운영했다. 6개가 줄어들어서 2019년도에는 20개를 설치·운영하고 있지만 서울시와 비교해 보면 여전히 너무 많다.

특별회계가 많다는 것은 '돈은 없는데 돈주머니만 많은 꼴'이다. 특별회계별로 적정한 예산 규모가 확보되어야 고유한 목적사업들을 펼칠 수 있다. 또한 이미 폐지된 법이나 목적을 다한 특별회계에 대해서는 과감하게 폐지할 필요가 있다. 특별회계 폐지는 특별회계 설치·운영 조례를 폐지하면 자동으로 폐지된다. 조례가 폐지되더라도 걱정할 것은 없다. 해당 사업은 무조건 중단되는 것이 아니라 해당부서에서 일반회계로 예산을 편성해서 집행할 수 있다.

기반시설특별회계는 '기반시설 부담금에 관한 법률'에 근거를 두고 있다. 그러나 법률이 2006년 제정되어 2008년 폐지되었는데도 상당수 자치단체에서 법률 폐지를 인지 못하고 아직도 특별회계를 설치·운영하는 곳이 있다. 청주시의 경우 2017년까지 특별회계를 운영하고 있었는데 그 예산액이 고작 10만 3,000원이었다.

**기반시설부담금(기반시설 특별회계)**       (단위 : 천 원)

| 부서 · 정책 · 단위(회계) · 세부사업 · 편성목 | 예산액 | 전년도 예산액 | 비교 증감 |
|---|---|---|---|
| 도시개발사업단 도시개발과 | 103 | 199,744 | △ 199,641 |
|   도시개발 | 103 | 199,744 | △ 199,641 |
|     기반시설부담금(기반시설 특별회계) | 103 | 199,744 | △ 199,641 |
|       예비비 | 103 | 0 | 103 |
|         801 예비비 | 103 | 0 | 103 |
|         01 일반예비비<br>◎ 예비비  103,000원 | 103 | 0 | 103 |

※ 2017년 청주시 기반시설특별회계 - 예산액이 10만 3,000원

## 의정활동 A to Z

집행부 공무원들 중 예산부서 공무원들이 가장 유능하다. 그러나 예산부서의 유능한 공무원도 1,500개에 달하는 법률을 다 알 수 없고, 고도의 전문성을 요하는 예산에 대해서 모든 것을 꿰뚫고 있을 수는 없다. 이제라도 의회에서 특별회계의 필요성과 고유목적사업에 대한 예산집행 내역, 존속기한 도래 여부 등에 대해서 꼼꼼하게 확인하자.

### 2019년도 평택시 예산총칙

| 구 분 | 세입·세출예산총액 | 일시차입한도액 |
|---|---|---|
| 합 계 | 1,662,330,462 | 49,869,914 |
| 일반회계 | 1,320,067,120 | 39,602,014 |
| 특별회계 | 342,263,342 | 10,267,900 |
| 　공기업특별회계 | 211,070,374 | 6,332,111 |
| 　　상수도공기업특별회계 | 119,652,993 | 3,589,590 |
| 　　하수도공기업특별회계 | 91,417,381 | 2,742,521 |
| 　기타특별회계 | 131,192,968 | 3,935,789 |
| 　　교통사업특별회계 | 14,201,433 | 426,043 |
| 　　발전소주변지역지원사업특별회계 | 2,023,339 | 60,700 |
| 　　장기미집행도시계획시설대지보상특별회계 | 728,642 | 21,859 |
| 　　기반시설특별회계 | 843,882 | 25,316 |
| 　　서재지구토지구획정리사업특별회계 | 911,410 | 27,342 |
| 　　안중송담지구토지구획정리사업특별회계 | 2,519,473 | 75,584 |
| 　　용이도시개발특별회계 | 28,466,180 | 853,985 |
| 　　통복지구도시개발특별회계 | 1,602,800 | 48,084 |
| 　　도시개발사업특별회계 | 4,023,592 | 120,708 |
| 　　도시재정비촉진사업특별회계 | 10,978,860 | 329,366 |
| 　　천연가스생산기지주변지역지원사업특별회계 | 1,466,364 | 43,991 |
| 　　폐기물처리시설특별회계 | 42,512,793 | 1,275,384 |
| 　　산업단지폐수종말처리시설특별회계 | 11,680,668 | 350,420 |
| 　　평택항국제여객터미널관리특별회계 | 3,768,889 | 113,067 |
| 　　주변지역주민편익시설사업특별회계 | 1,353,200 | 40,596 |
| 　　지구단위계획공공기여금특별회계 | 210,975 | 6,329 |
| 　　의료급여기금특별회계 | 3,900,468 | 117,014 |

※ 2019년도 평택시 예산총칙. 특별회계가 무려 19개(3,400억 원 규모)

※ 평택시의 경우 예산 규모에 비해 특별회계가 19개로 너무 많다. 효율적인 재정 운영을 위해 과감하게 정비하는 것이 바람직하다.

# 예산총칙을 보라

예산서 1페이지에 예산총칙이 있다. 예산총칙은 예산서 전체를 규정하게 된다. 부끄럽게도 나는 기초의원 3선 12년 동안 예산총칙이 뭔지, 왜 중요한지 전혀 몰랐다. 서울시의원이 되고 나서야 예산총칙을 들여다보았고, 비로소 그 중요성을 알았다. 예산심의 과정에서 예산을 삭감하고, 증액 또는 신규비목을 신설한다 해도 이 모든 것을 한꺼번에 물거품으로 만들 수 있는 것이 바로 예산총칙이다. 즉, 의회에서 며칠 밤을 지새워 가면서 예산심의를 해 봤자 예산총칙을 꼼꼼하게 확인하지 않으면 소용이 없게 된다. 예산서 1쪽 예산총칙에 모든 비밀이 다 숨어 있다.

> **지방재정법 제40조(예산의 내용)**
> ① 예산은 예산총칙, 세입·세출예산, 계속비, 채무부담행위 및 명시이월비(明示移越費)를 총칭한다.
> ② 예산총칙에는 세입·세출예산, 계속비, 채무부담행위 및 명시이월비에 관한 총괄적 규정과 지방채 및 일시차입금의 한도액, 그 밖에 예산 집행에 필요한 사항을 정하여야 한다.

⟨2019년도 서울시 예산서⟩

## 예산총칙

제1조 2019년도 세입·세출 예산총액 및 회계별로 일시 차입할 수 있는 한도액은 다음과 같다.

| 회 계 별 | 세입·세출예산총액 | 일시차입한도액 |
|---|---|---|
| 총 계 | 35,741,608,367 | 600,000,000 |
| 일 반 회 계 | 24,168,334,479 | 500,000,000 |
| 특 별 회 계 | 11,573,273,888 | 100,000,000 |
| 공기업특별회계 | 1,846,784,000 | 100,000,000 |
| (1) 수도사업특별회계 | 835,000,000 | 50,000,000 |
| (2) 공기업하수도사업특별회계 | 1,011,784,000 | 50,000,000 |
| 기타특별회계 | 9,726,489,888 | |
| (3) 도시철도건설사업비특별회계 | 1,196,642,096 | |
| (4) 교통사업특별회계 | 1,446,024,437 | |
| (5) 광역교통시설특별회계 | 264,685,420 | |
| (6) 주택사업특별회계 | 2,305,314,591 | |
| (7) 도시개발특별회계 | 2,381,671,875 | |
| (8) 의료급여기금특별회계 | 1,255,869,862 | |
| (9) 한강수질개선특별회계 | 30,725,519 | |
| (10) 소방안전특별회계 | 845,556,088 | |

제2조 세입·세출예산의 명세는 별첨 "세입·세출예산"과 같다.

제3조 2018년도 채무부담행위는 해당 없음.

제4조 2018년도 공채발행 및 차입금은 다음과 같다.
 (1) 도시철도건설사업비특별회계    778,000,000천 원
 (2) 도시개발특별회계          75,719,657천 원

제5조 2017년도 예산에 대한 명시이월비 사업은 별첨 명시이월사업 조서와 같다.
제6조 2017년도 예산에 대한 계속비 사업은 해당 없음.
제7조 일반회계 예비비는 196,824,590천 원으로 한다.
 (1) 일반예비비     176,824,590천 원
 (2) 목적예비비     20,000,000천 원※ 2019년 서울시 예산서 – 예산총칙
제8조 다음 경비에 부족이 생겼을 때에는 지방재정법 제47조 제1항의 단서 규정에 의하여 아래 비목 상호간 또는 타 비목으로부터 이용할 수 있다.
 (1) 기준인건비에 포함된 경비
 (2) 지방채상환(원리금 등)
 (3) 재해대책 및 복구비

제9조 회계연도 중에 교부되는 국고보조금, 지방교부세 등은 예산 승인된 것으로 간주처리하고 이를 의회에 보고한다.

예산총칙에서 중요하게 확인할 내용은 일시차입금 한도액, 채무부담행위, 명시이월과 계속비 이월, 지방채 발행, 예비비(일반·목적), 사전 이용, 간주처리 등이다. 예산총칙에는 실로 많은 내용들이 응축되어 있다.
일시차입금은 일명 '급전'이다. 자치단체의 자금이 일시적으로 부족할 경우 금융기관 등으로부터 자금을 융자해 쓰고 당해연도 내의 수입으로서 상환해야 한다. 예산총칙에서는 일시차입금의 한도를 정하게 된다. 일시차입금은 이자가 높기 때문에 최소화하는 것이 바람직하다. 서울시와 부산시 등에서는 일시차입금이 발생하고 있으나 대부분의 자치단체에서 일시차입하는 경우는 드물다.

> **지방회계법 제24조(일시차입금)**
> ① 지방자치단체의 장은 예산에 계상(計上)된 범위의 지출을 위하여 일시차입금이 필요할 때에는 그 한도액에 대하여 회계연도마다 회계별로 미리 지방의회의 의결을 얻어야 한다.
> ② 일시차입금은 해당 회계연도의 수입으로 상환하여야 한다.

채무부담행위는 일명 '외상공사'다. 자치단체가 예산이 부족할 경우 '예산 확보 없이 미리 채무를 지는 행위'를 말한다. 일반적으로 예산이 부족한 시설공사 등에 많이 이용되고 있다. 채무부담행위는 반드시 의회의 의결을 거쳐야 하며, 채무부담행위 조서에는 사업명과 사유, 원금과 이자에 대한 상환계획 등이 상세하게 명시된다.
명시이월과 계속비이월도 예산총칙에서 나타나야 하며, 조서를 꾸며서 예산서에 첨부하게 된다. 이월예산은 올해 예산집행이 어려워서 다음연도로 이월시키는 것이기 때문에 반드시 의회 의결을 거쳐야 한다. 이월비 또한 조서를 꾸며서 예산서에 첨부하게 되는데 만약 특정사업을 의회에서 이월시키지 않으려면 해당 사업만 조서에서 삭제하면 된다. 삭제된 이월비는 사용할 수 없고, 그 사업은 곧바로 중단된다.

사전이용은 예산총칙의 '뜨거운 감자'와도 같다. 단체장은 세출예산에 정한 목적 외에 경비를 사용하거나 정책사업 간에 상호 예산을 융통할 수 없다. 세출예산은 의회에서 심의·의결한 대로 집행해야 한다. 변경이나 융통이 불가능하다.

예산의 '이용'이란 정책사업 간에 예산을 상호 융통하여 사용하는 것을 말한다. 정책사업은 입법과목에 해당하기 때문에 예산의 이용은 집행부의 재량사항이 아니다. 그러나 지방재정법 제47조 제1항 단서규정에 근거해서 사전 이용이 가능하다. 이렇게 중요한 의회 승인사항을 집행부에서는 예산총칙에서 한 줄로 미리 승인받고 있다.

**지방재정법 제47조(예산의 목적 외 사용금지와 예산 이체)**

① 지방자치단체의 장은 세출예산에서 정한 목적 외의 용도로 경비를 사용하거나 세출예산에서 정한 각 정책사업 간에 서로 이용할 수 없다. 다만, 예산집행에 필요하여 미리 예산으로서 지방의회의 의결을 얻었을 때에는 이용할 수 있다.

**2018년도 울산시 예산서 예산총칙**

제2조 세입·세출 예산의 명세는 별첨 "세입·세출 예산"과 같다.

제3조 계속비사업은 별첨 "계속비사업조서"와 같다.

제4조 일반회계 예비비는 21,500,000천 원으로 한다.

제5조 지방채 차입한도액은 107,800,000천 원으로 한다.

제6조 지방재정법 제47조 제1항 단서규정에 의한 기준인건비에 포함된 경비 및 동일 부서에서 동일 부문에 있는 정책사업 간의 경비는 상호 이용할 수 있다.

2018년 울산시의 경우 예산총칙 제6조 사전이용을 통해서 '기준인건비에 포함된 경비 및 동일부서에서 동일 부문에 있는 정책사업 간의 경비를 상호 이용'할 수 있다. 그러나 동일부서의 정책사업 간 경비를 상호 이용할 수 있게 사전승인하면 의회의 예산심의권이 무력화된다. 의회에서 아무리 심도 있는 예산심의를 해도 예산집행 과정에서 단체장이 부서의 정책사업 간 경비를 마음대로 이용할 수 있기 때문이다.

따라서 예산총칙에서 사전 이용은 최소화시켜야 한다. 가령 서울시처럼 기준인건비나 지방채 상환, 재해대책 및 복구비 등 불가피한 사항으로 최소화하는 것이 바람직하다. 예산서에서 금액을 줄이는 것과 글자를 삭제하는 것은 '삭감'에 들어가며, 이러한 삭감은 지방의회의 고유권한이다. 예산심의권을 무력화시키는 글자는 삭제해야 하고, 예산총칙은 간결할수록 바람직하다.

| 2011년도 서울시 예산서 예산총칙 | 2015년도 서울시 예산서 예산총칙 |
|---|---|
| 제8조 다음 경비에 부족이 생겼을 때 지방재정법 제47조 제1항의 단서 규정에 의하여 아래 비목 상호 간 또는 타 비목으로부터 이용할 수 있다.<br><br>(1) 총액인건비에 포함된 경비<br>(2) 재무활동 경비<br>(3) 공공요금, 세금, 공과금, 배상금, 외자수수료<br>(4) 환율변동으로 인한 원화경비 부족액<br>(5) 재해대책 및 복구비<br>(6) 동일부서에서 동일부문에 있는 정책사업 간 경비 | 제8조 다음 경비에 부족이 생겼을 때 지방재정법 제47조 제1항의 단서 규정에 의하여 아래 비목 상호 간 또는 타 비목으로부터 이용할 수 있다.<br><br>(1) 기준인건비에 포함된 경비<br>(2) 지방채 상환(원리금 등)<br>(3) 재해대책 및 복구비 |

※ 예산총칙에서 과도한 이용은 의회의 예산심의권을 무력화시킨다. 2011년도 서울시 예산총칙 제8조에서 너무 과도하게 사전이용을 승인해 주면서 예산서가 누더기처럼 된 적이 있다.

간주처리와 성립 전 사용은 같은 의미이나 절차가 서로 다르다. 이미 성립된 예산을 변경할 필요가 있을 때에는 반드시 추가경정예산을 편성하여 의회의 심의·의결을 거쳐야 한다. 다만, 지방재정법 제45조 단서 규정에 근거해서 단체장은 국가나 시·도로부터 용도가 지정되고, 소요 전액이 교부된 경비나 재난구호 및 복구 경비는 추경 성립 전에 사용할 수 있다. 성립 전 사용은 다음 추경예산에 반드시 계상하여야 한다.

> **지방재정법 제45조(추가경정예산의 편성 등)**
> 지방자치단체의 장은 이미 성립된 예산을 변경할 필요가 있을 때에는 추가경정예산(追加更正豫算)을 편성할 수 있다. 다만, 다음 각 호의 경비는 추가경정예산의 성립 전에 사용할 수 있으며, 이는 같은 회계연도의 차기 추가경정예산에 계상하여야 한다.
> 1. 시·도의 경우 국가로부터, 시·군 및 자치구의 경우 국가 또는 시·도로부터 그 용도가 지정되고 소요 전액이 교부된 경비
> 2. 시·도의 경우 국가로부터, 시·군 및 자치구의 경우 국가 또는 시·도로부터 재난구호 및 복구와 관련하여 복구계획이 확정·통보된 경우 그 소요 경비

다만 2019년 서울시 예산서와 같이 예산총칙 제9조에서 간주처리 조항을 승인받을 경우 간주처리로 보고할 수 있다.

# 예비비의 천태만상

**예비비는** 자치단체가 재정활동을 수행함에 있어서 예측할 수 없는 예산 외의 지출 또는 예산 초과 지출에 적절하게 대처하기 위해서 마련된 항목이다. 각 자치단체는 예비비로 일정한 금액을 예산편성하여야 한다. 가축전염병, 홍수, 지진, 가뭄, 미세먼지, 대형사고 등 재난은 매년 반복되고 있고, 기후변화 등으로 대형화되고 있는 실정이다. 따라서 각 자치단체는 지역 특성에 따라 예비비를 충분히 확보할 필요가 있다. 행정의 대응능력을 키우기 위해서라도 충분한 예비비 확보 문제는 점점 더 중요해지고 있다.

> **지방재정법 제43조(예비비)**
> ① 지방자치단체는 예측할 수 없는 예산 외의 지출 또는 예산 초과 지출에 충당하기 위하여 일반회계 예산 총액의 100분의 1 범위 내의 금액을 예비비로 예산에 계상하여야 한다. 다만, 특별회계(교육비특별회계는 제외한다)의 경우에는 예비비를 계상하지 아니할 수 있다. 〈개정 2014. 5. 28.〉

> ② 제1항에도 불구하고 재해·재난 관련 목적 예비비는 별도로 예산에 계상할 수 있다. 〈신설 2014. 5. 28.〉
> ③ 지방자치단체의 장은 지방의회의 예산안 심의 결과 폐지되거나 감액된 지출항목에 대해서는 예비비를 사용할 수 없다. 〈신설 2014. 5. 28.〉
> ④ 지방자치단체의 장은 예비비로 사용한 금액의 명세서를 『지방자치법』 제134조제1항에 따라 지방의회의 승인을 받아야 한다. 〈신설 2014. 5. 28.〉

지방재정법이 2014년 개정되면서 예비비에 대한 예산편성에도 큰 변화가 생겼다. 법 개정 전에는 지방재정법과 지방자치단체 예산편성 운용에 관한 규칙 제10조(예비비)에 따라 일반회계의 당초 예산 규모의 100분의 1 이상을 세출예산에 의무적으로 계상해야 했다.

그러나 법이 개정된 이후 일반예비비는 100분의 1 범위 내로 완화된다. 대신 재해·재난 목적 예비비를 한도액 없이 자치단체 실정에 맞게 편성할 수 있도록 신설됐다. 당연히 자치단체의 자연환경과 인구 수, 도시형태, 재해·재난 발생요인이 다 다르기 때문에 목적예비비도 다르게 편성하는 것이 타당하다.

**울산광역시 울주군 예비비 확보현황**  (단위 : 억 원)

| 연도 | 2017년 | 2016년 |
| --- | --- | --- |
| 일반회계 예산액 | 8,745 | 6,421 |
| 실제 편성된 예비비 | 59 | 59 |
| 최소 예비비 | 87 | 64 |
| 확보율 | 67.8% | 92.1% |

**서울 마포구 예비비 확보현황**  (단위 : 억 원)

| 연도 | 2017년 | 2016년 |
| --- | --- | --- |
| 일반회계 예산액 | 4,605 | 4,291 |
| 실제 편성된 예비비 | 36 | 33 |
| 최소 예비비 | 46 | 43 |
| 확보율 | 78.2% | 76.7% |

※ 사례 : 예비비 확보율 부족형

### 경상남도 진주시 예비비 확보현황
(단위 : 억 원)

| 연도 | 최소 확보액 | 본예산 | 1회 추경 | 2회 추경 | 3회 추경 |
|---|---|---|---|---|---|
| 2015 | 79(일7,878) | 808 | 808 | 1,706 | 2,329 |
| 2016 | 82(일8,123) | 910 | 1,057 | 2,022 | 2,549 |
| 2017 | 84(일8,391) | 1,017 | 3,449 | 3,949 | |
| 2018 | 97(일9,647) | 845 | 1,630 | 2,685 | 2,860 |
| 2019 | 116(일1조1,649) | 545 | | | |

※사례 : 예비비 확보율 풍족형

한편, 예비비의 '일반회계 1% 이상 의무 확보조항'이 완화되면서 부족하게 편성하는 사례가 많아졌고, 목적예비비는 강제조항이 아니기 때문에 아예 편성 자체를 안 하는 자치단체가 늘고 있다. 충분한 예비비 확보만이 예측할 수 없는 일에 적절하게 대응할 수 있는 방안인데도 당장 재정형편이 어렵다는 핑계로 법 개정을 악용하고 있는 것이다.

반대로 경상남도 진주시와 경상북도 의성군 등은 예비비를 과다하게 적립하고 있다. 예비비 적립 규모가 전체 예산의 10~20%에 달한다는 것은 사실 심각한 문제다. 예산운영의 효율성으로 따지자면 '레드카드'나 다름없다.

행정안전부는 '2020년도 지방자치단체 예산편성 운영기준 및 기금운용계획 기준수립'에서 연말 추가경정예산편성 시 지방재정법 제43조의 예비비 계상 한도를 준수하여 과도한 순세계잉여금 발생을 방지하도록 하고 있다.

예비비로 적립된 예산은 특별한 지출이 없는 한 순세계잉여금으로 전환된다. 예비비를 과도하게 적립하는 자치단체가 많아지면서 재정집행의 효율성이 저하되고, 자치단체의 적극적인 재정투입 없이는 경기부양도 어렵기 때문이다.

진주시의 경우 매년 예비비 과다적립으로 세입결손 등을 대비하고 있다.

이는 세입추계가 부실하거나 재정 운영이 계획적이지 못하다는 방증이다. 매년 전체 예산의 20%~30%를 예비비로 적립해 둔다는 것은 효율적인 예산집행이 아니기 때문이다.

특히, 더욱 이상한 것은 2017년 예비비 적립 규모가 3,949억 원에 달하는 데도 순세계잉여금이 1,265억 원 발생하는 데 그쳤다는 점이다. 이는 다른 곳에서 세입결손이 심했다는 뜻이다. 또한 2017년 순세계잉여금 1,265억 원 중 2018년 세입에서 순세계잉여금 1,089억 원을 미리 반영했다는 것은 너무 과다한 선반영이다.

# 4 성과를 확인하라

# 결산이 예산보다 중요한 이유

결산이 예산보다 중요한 이유는 예산은 계획에 불과하지만 결산은 예산의 집행결과이기 때문이다. 예산은 자치단체가 한 회계연도 동안의 지방행정을 수행하기 위한 지출계획서와 이를 충당하기 위한 수입을 예정한 계획서를 말한다. 반면, 결산은 예산과정의 마지막 단계로서 한 회계연도 세입·세출예산의 집행실적을 확정된 계수로 표시하는 행위로 12월 31일 출납폐쇄한다. 즉, 결산은 한 해 동안 예산이 얼마나 집행되었는지, 그 집행은 목적을 벗어나지 않고 잘 집행되었는지, 집행 과정에서 위법사항은 없는지, 집행결과 성과는 잘 달성되었는지 등을 직접 확인하는 과정이다.

지방의회의 결산심의는 자치단체의 재정 집행 상황을 감독해서 건진한 재정 운영을 유도하고, 체계적인 재정계획 수립과 합리적인 예산편성을 도모하게 된다. 결산심의를 통해 확인되고 지적된 내용들은 환류(feedback)를 통해 다음연도 예산 수립의 기준으로 삼게 된다.

예를 들어 2019회계연도 결산안은 지방의회에서 2020년도 상반기 1차 정례회 때 심사·심의를 거쳐서 승인·불승인되며, 그 결과를 2021년도 예산편성 기준으로 삼게 된다. 구체적인 사례로 2019년도 서울시의 폐교 활용 가족자연체험시설 운영사업과 관련하여 그 성과가 부실하다고 평가되었다면 2021년 예산심의 과정에서 구체적인 예산반영이 이루어져야 한다는 것이다. 이렇듯 예산과 결산은 '동전의 양면'처럼 한 몸으로 이루어져 있고, 예산의 환류 시스템은 3년을 주기로 이루어지기 때문에 예산을 비교분석하려면 적어도 3년 동안을 추적조사해야 한다.

한편 용어의 뜻도 조금씩 달라서 결산과 결산검사, 결산심사·심의는 다 다른 뜻을 품고 있다.

| 용어 | 실행 주체 | 비고 |
| --- | --- | --- |
| 결산 | 집행부 | 재무과, 회계과 등 |
| 결산검사 | 결산검사위원 | 의원, 공인회계사 등 |
| 결산심사·심의 | 지방의회 | 1차 정례회 때 승인·불승인 |

**결산업무 처리순기**

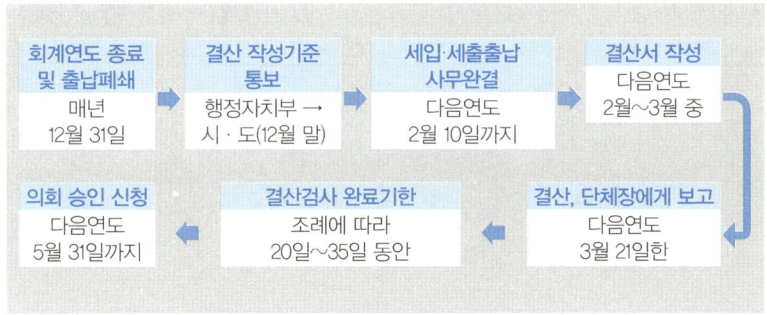

지방자치단체의 결산은 이원화되어 있다. 세입예산, 징수, 수납, 세출예산, 예산배정 및 원인행위, 지출 등 예산의 집행 내용을 기록하는 예산회계 결산인 세입·세출결산과 발생주의 회계 원리에 따라 자산·부채,

수익·비용 등을 기록·보고하는 재무회계 결산 즉, 재무제표로 나뉜다. 결산서는 결산 개요와 세입·세출 결산, 재무제표, 성과보고서 등으로 구성되는데 재무제표는 지방회계기준에 따라 작성하여야 하고, 공인회계사법에 따른 공인회계사의 검토의견을 첨부하여야 한다.

결산검사란 결산정보의 신뢰성과 재정집행에 대한 회계 책임성 확보 등을 위해 지방자치단체의 결산서나 관련 기록, 증빙 등에 대한 검사를 실시하는 것을 말한다. 정부의 경우 헌법상 감사원이 실시하고, 지방자치단체의 경우에는 감사원과 같은 독립기관이 별도로 없기 때문에 지방의회에서 매년 결산검사위원을 위촉·선임해서 실시한다. 광역의회는 5~10명, 기초의회는 3~5명까지 조례로 정할 수 있다.

결산검사위원 수는 1994년부터 25년 넘게 시행령에서 제한하고 있는데 이 또한 현실성이 없다. 이제는 지방의회 조례로 자율화해야 한다. 1994년도 서울시와 교육청 예산 규모가 채 10조 원이 안 될 때와 2020년 그 다섯 배가 넘는 55조 원에 달할 때도 결산검사위원의 수는 변함이 없다고 한다면 자치단체의 재정을 제대로 감독할 수 있겠는가. 모든 것을 통제 당하고 있는 우리나라 지방자치의 슬픈 단면이 아닐 수 없다.

**지방자치법 제134조(결산)**

① 지방자치단체의 장은 출납 폐쇄 후 80일 이내에 결산서와 증빙서류를 작성하고 지방의회가 선임한 검사위원의 검사의견서를 첨부하여 다음 연도 지방의회의 승인을 받아야 한다. 결산의 심사결과 위법 또는 부당한 사항이 있는 경우에 지방의회는 본회의 의결 후 지방자치단체 또는 해당 기관에 변상 및 징계 조치 등 그 시정을 요구하고, 지방자치단체 또는 해당 기관은 시정요구를 받은 사항을 지체 없이 처리하여 그 결과를 지방의회에 보고하여야 한다. 〈개정 2011. 7. 14.〉

> **지방자치법시행령 제83조(검사위원의 선임)**
> ① 법 제134조에 따른 검사위원의 수는 시·도의 경우에는 5명 이상 10명 이하, 시·군 및 자치구의 경우에는 3명 이상 5명 이하로 하되, 그 수·선임방법·운영 및 실비보상에 필요한 사항은 해당 지방자치단체의 조례로 정한다. 〈개정 1994. 7. 6.〉
> ② 제1항에 따른 검사위원은 해당 지방의회 의원이나 공인회계사·세무사 등 재무관리에 관한 전문지식과 경험을 가진 자 중에서 선임한다. 이 경우 지방의회 의원은 검사위원 수의 3분의 1을 초과할 수 없다

결과적으로 결산심의는 항상 부실하다. 국회에서는 매년 결산안 승인이 지각으로 처리되고 있고, 심지어 23분 만에 '벼락의결'되기도 했다. 국회법 제128조의2 결산의 심의기한에서 '국회는 결산에 대한 심의·의결을 정기회 개회 전까지 완료하여야 한다'라고 명시하고 있지만 국회는 법정시한을 석 달이나 지난 2018년 12월 7일 '2017회계연도 결산안'을 23분 만에 벼락치기로 의결했다. 법을 안 지키는 것은 물론 부실한 결산심의가 매년 반복되고 있다는 점에서 더욱 문제다.

**결산의 기능**

| | | |
|---|---|---|
| 1 | 다음연도 예산편성과 심의 시 확인자료 활용 | 결산승인은 의회 입장에서 보면 세입·세출 예산집행의 과정을 최종적으로 확인·검증하고, 잘못된 점과 개선사항을 도출하여 다음연도의 예산편성과 심의 시 확인자료로 활용 |
| 2 | 자치단체장의 행·재정적 사무 처리에 신중 | 결산제도와 절차가 있음으로써 지방자치단체의 장이 행·재정적 사무 처리나 사업 시행 등에 신중을 기하도록 하는 역할 |
| 3 | 예산집행 결과에 대한 책임성 명확화 | 결산승인이라는 절차를 거침으로써 지방자치단체장의 1년간 예산집행 결과에 대한 책임 여부 명확화 |

| | | |
|---|---|---|
| 4 | 주민에 대한 재정보고 및 지방의회의 재정통제 수단 | 결산심사의 과정이나 결과를 통하여 지방자치단체의 재정 운영 실태와 1년간의 운영성과를 알림으로써 자치단체의 행·재정에 대한 이해와 협조, 행정수혜자인 주민의 신뢰성을 제고하고 지방의회의 재정통제 수단으로 활용 |
| 5 | 예산집행 책임 해제 | 지방의회의 의도대로 예산을 집행하였는가를 사후적으로 감독하는 것이기 때문에 위법 부당한 예산집행을 무효로 하거나 취소할 수 있는 법적 효과는 없지만 예산에 대한 집행부의 책임을 해제시켜 주는 정치적인 역할을 하고 있음 |

지방의회의 경우 이 정도는 아니지만 부실한 심의는 예외가 아니다. 국회에서 지방의회까지 결산심의가 부실한 이유는 '이미 다 쓴 돈, 따져서 뭐해?'라는 잘못된 인식과 함께 결산에 대한 중요성을 망각한 데서 비롯되었을 것이다.

결산이 예산보다 더 중요하게 인식되고 처리될 때 비로소 우리의 정치 수준은 선진국 반열에 진입하게 될 것이다.

# 집행부의 조직적 방해

**결산검사위원으로** 활동한 적이 두 번 있다. 기초의원 때와 광역의원 때 각각 한 번씩 경험했는데 개인적으로 큰 행운이 아닐 수 없었다. 지방의원이 검사위원으로 선임된다는 것은 쉽지 않다. 광역의회에서는 최대 세 명까지 검사위원으로 선임될 수 있지만 기초의회에서 무조건 한 명만 검사위원으로 선임될 수 있기 때문이다.

초선의원이라면 검사위원 자리에 욕심을 내는 것이 좋다. 많이 배울 수 있기 때문이다. 자치단체 행정 전반에 대해서 살펴볼 수 있고, 폭넓은 시야를 확보할 수 있기 때문이다.

결산검사 대표위원은 지방의원이 맡는다. 기초의회에서는 한 명 선임되는 의원이 당연직 대표위원이 되고, 광역의회에서는 의장이 의원 중에서 대표위원을 지명하게 된다. 대표위원은 검사일정과 출퇴근 시간, 활동방식, 검사방향, 주요 검사내용 등 결산검사위원회의 모든 것을 총괄하게 된다. 따라서 결산검사는 대표위원인 지방의원의 의지와 자세가 매우 중요하다.

### 결산검사 대표위원의 자세

1. 매일 아침 9시 출근, 오후 6시 퇴근한다.
2. 검사위원들에게 정확하게 역할을 부여하고 매일 확인한다.
3. 의회를 대표해서 활동, 동료의원들로부터 사전의견을 수렴한다.
4. 정책적이고 주요 현안사업 20~30가지 의제를 미리 선정한다.
5. 결산심사·심의가 의회에서 부실하게 처리되는 경우가 많으므로 책임감 있게 검사에 임한다.

지방의회는 결산심사결과 위법 또는 부당한 사항에 대해서는 본회의 의결 후 지방자치단체 또는 해당 기관에 변상 및 징계조치 등 그 시정을 요구하고, 지방자치단체 또는 해당 기관은 시정요구를 받은 사항을 지체 없이 처리하여 그 결과를 지방의회에 보고해야 한다.

그래서 집행부의 방해공작은 노골적이고 조직적이다. 아예 조례에서 위법적으로, 원천적으로 방해하는 경우도 있다. 고양시의 경우 2019년 2회 추경예산 규모가 2조 8천억 원에 달하지만 결산검사위원의 한 명을 아직도 고양시장이 추천할 수 있게 해 두었다. 그야말로 '고양이에게 생선가게를 맡기는 격'이다.

### 고양시 검사위원 선임 및 운영에 관한 조례
### 제3조(선임방법 및 절차)

① 제2조에 따른 위원은 고양시의회(이하 "의회"라 한다)가 고양시의원(이하 "의원"이라 한다)이나 공인회계사 등 재무관리에 관한 전문지식과 경험을 가진 자 중에서 선임한다. 이 경우 의원은 위원 수의 3분의 1을 초과할 수 없고 위원 중 1명은 고양시장(이하 "시장"이라 한다)이 추천하는 자로 할 수 있다. 〈개정 2017.12.26.〉

이러한 사례는 비단 고양시만의 문제는 아니다. 경상북도 의성군은 2019년 현재 2명의 검사위원을 군수가 추천할 수 있고, 경기도 김포시, 전라남도 영암군, 강원도 철원군, 경상북도 울진군, 충청남도 서천군, 대전광역시 중구 등도 여전히 1명을 시장·군수·구청장이 추천할 수 있다. 감사받아야 할 단체장이 아직도 결산검사위원을 추천하고 있는 어이없는 현실이 우리 지방자치의 현주소다.

지방의원들이 명예직으로 활동하거나 역량이 부족했을 때 집행부의 의도가 반영된 조례들이 상당수 있었고, 아직도 수준 이하의 개정되지 않은 조례가 남아 있다. 그러나 조례의 제·개정 권한은 엄연히 지방의회에 있고, 결산검사위원도 의장의 추천을 거쳐 지방의회가 본회의 의결로 선임한다. 결국 조례를 반드시 확인해야 할 책임도, 조례를 개정할 책임도 지방의회에 있다. 조례 개정을 통해서 제대로 된 결산검사가 실시될 수 있도록 의원들이 노력해야 하는 이유다.

**경상북도 울진군 결산검사 조례**

| | 결산검사 위원 수 | 결산검사 일 수 | 군수 추천 여부 | 수당 |
|---|---|---|---|---|
| 현재 | 3인 | 20일 이내 | 1인 | 10만 원 |
| 개정(안) | 5인 | 30일 이내 | 삭제 | 20만 원 |

※울진군의 경우 개정(안)과 같이 조례를 시급하게 개정하는 것이 바람직하다.

집행부의 방해는 다채롭기까지 하다. 결산검사위원 수를 최대한 적게 줄이거나 수당을 최대한 적게 지급하고, 검사일수를 20일 정도로 최소화하는 것이다. 이 또한 의회에서 조례를 개정해 위원수를 최대한 늘리고, 수당도 현실화하고, 검사일수도 최소한 30일 이상으로 결정하면 된다.

그러나 집행부는 온갖 핑계를 대면서 이를 반대한다. 20년 전부터 하루 수당을 10만 원만 지급하고 있는 공인회계사·세무사 등 외부 검사위원 수당에 대해서도 인상을 반대한다. 유능하고 의욕적인 검사위원이 선임

되는 것을 달가워하지 않기 때문이다. 많은 불법과 부정, 문제점들이 지적되는 것이 부담스럽기 때문이다.

공인회계사는 고급인력이다. 수천억 원에서 수조 원에 달하는 자치단체 결산을 확인하는것은 결코 쉬운 일이 아니다. 더군다나 결산검사 기간인 매년 4월경은 종합소득세 신고로 인해 대부분의 공인회계사·세무사들이 무척 바쁘다. 의장은 유능한 공인회계사·세무사를 위촉하기 위해 삼고초려해야 한다. 몇 푼 안 되는 수당과 과중한 업무량을 감당하면서 스스로 찾아오는 공인회계사·세무사는 없기 때문이다.

실제로 많은 지방의회에서 공인회계사·세무사 신분의 검사위원을 구하지 못해서 공무원 출신들을 대신 위촉하는 경우가 많다. 그러나 공무원 출신을 검사위원으로 선임하는 것 또한 고양이에게 생선가게를 맡기는 것과 다르지 않다. 얼마 전까지 집행부 간부였던 공무원이 스스로의 잘못을 지적하거나 후배들의 인간적인 관계를 무시하고 문제점을 지적해 낸다는 것도 어불성설이기 때문이다.

| 구성현황 | 하동군(4명) | 천안시(5명) | 서울시(10명) |
|---|---|---|---|
| 의원 | 1명 | 1명 | 3명 |
| 공인회계사·세무사 | 0명 | 4명 | 6명 |
| 의원·농협 출신 | 2명 | 0명 | 0명 |
| 시민단체 | 0명 | 0명 | 1명 |
| 전)공무원 | 1명 | 0명 | 0명 |

※ 하동군의 경우 2018회계연도 결산검사위원 중에 공인회계사·세무사가 한 명도 없다. 심각한 문제다.

# 성과로 말하라

**예산이** 투입된 만큼 결과물이 있어야 한다. 지방재정법 제5조에는 '성과 중심의 재정운용'을 의무화하고 있다. 즉, 돈이 사용된 만큼 성과도 있어야 한다는 얘기다.

자치단체장은 예산서와 함께 성과계획서를, 결산서와 함께 성과보고서를 의회에 제출해야 한다. 가령, 일자리 창출을 위해 예산 30억 원을 편성한다고 하면 성과계획서에서 구체적으로 '일자리 100개를 창출하겠다'라는 목표를 설정하게 된다. 1년 동안 30억 원의 예산을 집행해서 실제로 일자리 100개를 창출했는지 성과보고서를 결산서와 함께 의회에 제출해야 한다. 의회에서는 성과계획서 목표설정이 타당하게 수립되었는지 확인하고, 예산집행이 끝난 후에는 성과보고서를 확인하여 달성률을 꼼꼼히 살펴야 한다. 2019년도 서울시의 경우 '정책사업 목표 지표수'가 431개이며, 충청남도 논산시는 172개이다.

한편 달성률은 목표달성 정도에 따라 3구간으로 나뉜다. 성과계획 대비 목표달성이 100% 미만일 경우 미달성, 100~130%일 경우 달성, 130%

이상일 경우 초과달성으로 구분한다. 앞에서 예를 든 '30억 원으로 일자리 100개 창출' 정책사업 목표에서 일자리 창출이 100개 미만이면 미달성, 100~130개 창출하면 달성, 130개 이상 창출하면 초과달성에 해당한다.

### 2016 서울시 실·국별 성과보고서

(단위 : 개, 백만 원)

| 실·국명 | 성과목표 | | | | | | 결산액 | | |
|---|---|---|---|---|---|---|---|---|---|
| | 전략목표수 | 정책사업목표 | | 성과달성도 | | | 결산액 | 전년도 결산액 | 비교증감 |
| | | 개수 | 지표수 | 초과달성 | 달성 | 미달성 | | | |
| 계 | 38 | 215 | 427 | 62 | 322 | 43 | 28,039,881 | 24,620,003 | 3,419,878 |
| 대변인 | 1 | 1 | 2 | 0 | 2 | 0 | 1,643 | 1,611 | 32 |
| 서울혁신기획관 | 1 | 6 | 15 | 2 | 12 | 1 | 58,868 | 29,413 | 29,455 |
| 시민소통기획관 | 1 | 5 | 13 | 4 | 7 | 2 | 37,464 | 32,398 | 5,066 |
| 여성가족정책실 | 1 | 5 | 9 | 2 | 7 | 0 | 2,171,923 | 2,070,906 | 101,017 |
| 일자리노동정책관 | 1 | 4 | 7 | 2 | 5 | 0 | 130,448 | 0 | 130,443 |
| 비상기획관 | 1 | 1 | 2 | 0 | 2 | 0 | 3,378 | 3,223 | 155 |
| 평생교육정책관 | 1 | 4 | 10 | 3 | 7 | 0 | 3,105,534 | 2,946,488 | 159,046 |
| 정보기획관 | 1 | 7 | 12 | 2 | 10 | 0 | 85,706 | 91,274 | △5,587 |
| 민생사법경찰단 | 1 | 1 | 2 | 0 | 2 | 0 | 1,201 | 0 | 1,201 |
| 기획조정실 | 1 | 14 | 24 | 4 | 19 | 1 | 974,479 | 496,618 | 477,861 |

| | | | | | | | | | |
|---|---|---|---|---|---|---|---|---|---|
| 경제진흥본부 | 1 | 11 | 18 | 3 | 12 | 3 | 337,831 | 595,990 | △258,158 |
| 복지본부 | 1 | 8 | 17 | 2 | 13 | 2 | 4,761,175 | 4,542,333 | 218,841 |

위의 표에서 보는 바와 같이 '2016 서울시 실·국별성과보고서'의 지표수는 427개이며, 이 중 10%인 43개가 미달성임을 알 수 있다. 강남구의 경우는 아래 표와 같이 지표수 175개 중 21.1%인 37개가 미달성으로 나타났다. 이러한 내용을 읽어 내지 못하면 집행부가 어떻게 일을 잘했고 못했는지를 따질 수가 없다.

### 강남구 성과지표 달성현황

(단위 : 개, 백만 원)

| 실국명 | 전략목표수 | 성과목표 | | 성과 달성도 | | | 결산액 | | |
|---|---|---|---|---|---|---|---|---|---|
| | | 정책사업목표 | | | | | 결산액 | 전년도 결산액 | 비교증감 |
| | | 개수 | 지표수 | 초과달성 | 달성 | 미달성 | | | |
| 계 | 10 | 63 | 175 | 29 | 107 | 37 | 634,394 | 589,049 | 45,345 |
| 정책홍보실 | 1 | 1 | 3 | 0 | 3 | 0 | 2,208 | 2,057 | 151 |
| 감사담당관 | 1 | 1 | 2 | 0 | 2 | 0 | 423 | 401 | 22 |
| 도시선진화담당관 | 1 | 2 | 7 | 0 | 4 | 3 | 1,203 | 2,073 | -870 |
| 기획경제국 | 1 | 12 | 27 | 3 | 14 | 8 | 17,782 | 17,330 | 452 |
| 복지문화국 | 1 | 12 | 28 | 4 | 18 | 6 | 330,474 | 313,789 | 16,685 |
| 도시환경국 | 1 | 9 | 25 | 4 | 17 | 4 | 22,183 | 17,607 | 4,576 |
| 안전교통국 | 1 | 10 | 31 | 3 | 23 | 5 | 65,259 | 50,997 | 14,262 |
| 행정국 | 1 | 9 | 25 | 5 | 14 | 6 | 164,865 | 155,655 | 9,210 |
| 보건소 | 1 | 6 | 24 | 10 | 9 | 5 | 25,681 | 24,912 | 769 |
| 구의회사무국 | 1 | 1 | 3 | 0 | 3 | 0 | 4,316 | 4,228 | 89 |

전체 달성률이 중요하지만 그렇다고 전부는 아니다. 숫자들 사이의 연관관계를 읽어야 한다. 2016년 서울시 성과보고서 혁신기획관 부분을 살펴보자.

청년공간 무중력지대 운영을 골자로 하는 이 정책사업의 목표는 표에서 보는 바와 같이 2년간 달성률이 매우 높은 것으로 기록됐다. 특히 무중력지대 멤버십 회원수 목표는 2015년 600명에서 2016년 1,000명으로 늘었는데, 각각 2,110명과 3,346명을 실적으로 기록하면서 351%, 335%의 달성률을 기록했다. 이 엄청난 초과달성의 비결은 뭘까? 사업 진행을 위한 다각도의 노력이 기반이 될 수도 있었을 것이다.

그러나 이러한 초과달성은 애초에 목표설정이 부실해서 오는 것일 수도 있다. 이미 2015년 600명 목표를 351%나 초과달성하여 회원 수가 2,110명에 달했는데도 2016년 목표를 1,000명으로 지나치게 낮추어 잡았다. 전년도의 성과에 대한 분석과 파악 없이 잡은 숫자 덕분에 가만히 앉아 있어도 초과달성을 할 수 있는 조건이 만들어진 셈이다.

이러한 부실한 목표설정에 대해서는 의회에서 냉철하게 지적을 해야 한다. 궁극적으로 성과계획서를 수립해서 목표를 설정하는 것은 주민의 관점에서 이루어져야 한다. 공무원들의 실적용으로 전락해서는 결코 안 된다.

**2016 서울시 성과보고서 - 혁신기획관**

| 정책사업 목표 | 청년 주도 청년정책 수립 및 청년활동 지원 |
|---|---|

**(1) 주요 내용**
- ○ 청년정책 네트워크 운영을 통한 민관협력 확대
  - 네트워크 운영 지원으로 청년의 정책 참여를 통한 민관협치 구현
  - 청년정책 개발, 추진함으로써 청년의 발전 도모
- ○ 청년공간 무중력지대 운영
  - 청년들이 자유롭게 상상, 활동할 수 있는 공간 활성화
  - 네트워크 구축, 일자리 역량 강화, 창의·문화·학습활동 지원으로 복지향상 도모

### (2) 성과지표 달성현황

| 성과지표(단위) | 측정산식(방법) | 목표 대비 달성률 | 2015년 달성성과 | 2016년 달성성과 |
|---|---|---|---|---|
| 청년정책 네트워크 참여자 수(명) | 청년정책 네트워크 참여자 수 | 목표 | 300 | 350 |
| | | 실적 | 307 | 413 |
| | | 달성률(%) | 102% | 118% |
| 무중력지대 멤버십 회원 수(명) | 무중력지대 멤버십 회원 수 | 목표 | 600 | 1,000 |
| | | 실적 | 2110 | 3,346 |
| | | 달성률(%) | 351% | 335% |

예산을 파악할 때는 그래서 항목의 개별 숫자들까지 세심하게 읽을 수 있어야 한다. 전년도와의 관계, 목표와 달성률 간의 관계 등까지 파악하지 못하면 해당 예산이 적정한지, 달성률은 좋은지 나쁜지를 정확히 읽어 낼 수 없다.

이 모든 것을 혼자 해내야 한다는 것에 지레 질릴 필요는 없다. 차근차근 하다 보면 익숙해진다. 숫자를 읽는 것에 익숙해지고 나면 개별 항목의 의미를 파악하는 것도 수월해진다.

무엇이든 한 번에 되는 것은 없다. 시간을 두고 노력을 기울인다면 예산서의 숫자들이 글자 읽히듯 눈에 들어오는 날이 찾아올 것이다.

# 결산심사 체크 포인트

**결산심사** 과정에서 기본적으로 확인할 사항들은 많다. 의회는 집행부가 작성한 결산서와 결산검사위원들의 결산검사 의견서, 전문위원이 작성한 검토보고서 등을 바탕으로 상임위·예결위원회 심사를 거쳐 본회의에서 최종적으로 결산안을 심의·의결하게 된다. 결산심사 과정에서 다음 내용을 꼼꼼히 확인하자.

## 1. 예산집행 규모와 효과성

예산은 한 해 동안 100% 집행되는 것이 가장 이상적이다. 행정회계는 이윤을 최대한 많이 남기는 기업회계와 달라서 계획한 모든 예산을 주민들을 위해 1년이라는 기간 안에 100% 집행해야 한다. 세입은 예산서에서 계획한대로 부족함이 없이 잘 수납되어야 하고, 수납된 세입은 주민들을 위해 최대한 많이, 가장 효과적으로 사용되는 것이 바람직하다. 예산은 매년 징수·집행되기 때문에 원칙적으로 남겨서 적립해서는 안 된다. 결론적으로 행정회계는 매년 세입과 세출이 '0', 즉 제로(Zero)가

되어야 한다. 한 해 동안 들어온 세입은 주민들을 위해 100% 다 집행하는 것이 이상적이란 얘기다. 결산심사 과정에서 예산의 집행 규모 즉 집행률을 확인해야 한다.

### 오산시 2015회계연도 세입·세출 결산

(단위 : 원)

| 구 분 | 예산현액 ㉮ | 결산 | | | | | |
|---|---|---|---|---|---|---|---|
| | | 세입 ㉯ | ㉯/㉮ | 세출 ㉰ | ㉰/㉮ | 차인잔액⑳ (㉯-㉰) | ⑳/㉮ |
| 합 계 | 559,692,328,240 | 578,505,501,246 | 103 % | 396,499,836,852 | 71 % | 182,005,664,394 | 33 % |
| 일 반 회 계 | 454,676,547,940 | 467,265,671,238 | 103 % | 346,093,966,300 | 76 % | 121,171,704,938 | 27 % |
| 특 별 회 계 | 105,015,780,300 | 111,239,830,008 | 106 % | 50,405,870,552 | 48 % | 60,833,959,456 | 58 % |
| 공기업특별회계 | 80,696,780,000 | 86,318,591,845 | 107 % | 39,172,206,342 | 49 % | 47,146,385,503 | 58 % |
| 상수도사업특별회계 | 24,600,297,000 | 25,168,071,968 | 102 % | 17,444,129,070 | 71 % | 7,723,942,898 | 31 % |
| 하수도사업특별회계 | 56,096,483,000 | 61,150,519,877 | 109 % | 21,728,077,272 | 39 % | 39,422,442,605 | 70 % |
| 기타특별회계 | 24,319,000,300 | 24,921,238,163 | 102 % | 11,233,664,210 | 46 % | 13,687,573,953 | 56 % |
| 교통사업특별회계 | 12,357,781,300 | 12,902,082,272 | 104 % | 3,761,785,960 | 30 % | 9,140,296,312 | 74 % |
| 의료급여기금운영특별회계 | 908,982,000 | 988,179,951 | 109 % | 894,344,220 | 98 % | 93,835,731 | 10 % |
| 대지보상특별회계 | 21,636,000 | 21,651,343 | 100 % | | | 21,651,343 | 100 % |
| 기반시설부담금특별회계 | 454,119,000 | 427,308,197 | 94 % | | | 427,308,197 | 94 % |
| 도시개발특별회계 | 49,807,000 | 49,852,250 | 100 % | | | 49,852,250 | 100 % |
| 폐기물처리시설부담금특별회계 | 6,500,000,000 | 6,500,893,690 | 100 % | 6,480,000,000 | 100 % | 20,893,690 | 0 % |
| 발전소주변지역지원사업특별회계 | 4,026,675,000 | 4,031,270,460 | 100 % | 97,534,030 | 2 % | 3,933,736,430 | 98 % |

※오산시 2015년 결산 결과 세계잉여금이 1,800억 원에 달한다. 한 해 동안 예산 미집행 비율이 세입 결산액의 32.5%에 이른다는 의미로 1년 동안 시민에게 전달되지 않은 행정서비스가 많다는 뜻이다.

결산심사의 핵심은 사업 추진의 효과를 검토·평가하는 것이다. 여기서 효과성이란 '목표 달성도와 효율성', 즉 적은 비용으로 목표 달성 정도를 의미한다. 예산으로 어떤 사업을 추진하였다면 당초에 계획했던 사업목표를 최소비용으로 달성했는가의 여부, 즉 효과성을 당연히 평가해야 한다.

예컨대, 친환경 소하천 정비사업에 5억 원의 예산을 투입하였다면 입지 선정의 적정성과 주민공청회를 통한 의견수렴 여부, 전문가 자문 여부, 치수대책 등이 종합적으로 반영돼 실질적으로 친환경 소하천으로서의 기능을 회복하고 있는지 등 예산 집행에 따른 사업의 효과성을 면밀히 평가해 봐야 한다. 더불어 결산심사 과정에서 성과보고서를 확인하는 것은 가장 중요하고도, 기본적인 일이다.

---

**지방재정법 제5조(성과 중심의 지방재정 운용)**

① 지방자치단체의 장은 재정활동의 성과관리체계를 구축하여야 한다.
② 지방자치단체의 장은 행정안전부령으로 정하는 바에 따라 예산의 성과계획서 및 성과보고서를 작성하여야 한다. 〈개정 2014. 11. 19, 2017. 7. 26.〉

---

### 2. 사업의 변경·취소 사유

예산서에 사업이 반영되었다는 것은 이미 어느 정도의 집행계획이 수립되어 있음을 의미한다. 그런데 예산편성 시에 수립한 사업계획은 미래를 예측하고 사전에 수립된 것이기 때문에 예산집행 과정에서 변경 또는 취소가 불가피하게 있을 수 있다.

그러나 예산편성 시 치밀한 계획 수립으로 사업의 변경과 취소가 최소화 되는 것이 가장 이상적인 행정행위라 하겠다. 다만, 불가피한 경우 왜 사업이 변경되었고 취소될 수밖에 없었는지, 변경사유가 계획 수립의 부실 때문인지 아니면 외부적인 요인으로 불가피한 것인지, 정치적인 요인은 없는지, 주민들의 뜻과 반하는 부분은 없는지 등을 면밀히 살펴봐야 할 것이다.

또한 매년 반복적으로 특정사업의 계획을 변경 또는 취소하면서 남는 예산을 다른 사업비로 돌려 이·전용하는 사례는 없는지를 잘 살펴보고, 다음연도 예산심의 과정에서는 삭감과 증액 등 적극적인 대처가 필요할 것이다. 이런 의미에서 결산은 예산과의 괴리 정도를 최종 확인하는 것이라 할 수 있다.

### 3. 이용, 전용(移用 · 轉用)의 사유·용도·시기

지방의회에서 결산심사 시에 많이 지적되는 사항은 이용, 전용과 불용액이 과다하다는 것이다. 이용, 전용은 모두 예산집행 시 특정 항목의 예산 부족 등에 대처하기 위한 제도적 장치이다. 이용은 '입법과목', 즉 정책사업 간의 예산을 상호 융통하여 사용하는 것이기 때문에 반드시 지방의회의 승인을 받아야 한다.

전용은 '행정과목', 즉 정책사업 내의 단위사업 간 예산을 상호 융통하여 사용하는 것으로서 단체장의 재량이다. 세부사업 간 예산의 융통을 변경이라고 하며, 부서장이 결정한다. 이체의 경우 이미 예산된 예산을 조직의 통폐합 등으로 다른 부서로 이관할 때 이체가 발생한다.

| 입법과목 | 행정과목 | | |
|---|---|---|---|
| 이용 | 전용 | 변경 | 이체 |
| 분야·부문·정책사업 간 | 단위사업 간 | 세부 사업 간 | 실·과·사업소 간 |
| 지방의회 동의 | 단체장 승인 | 실·국, 사업소장 승인 | 단체장 승인 |

그러나 예산집행에 있어 이·전용이 많다는 것은 바람직하진 않으며, 불가피하게 이용과 전용이 있을 경우 그 사유와 절차, 시기, 용도 등에 대해서 면밀하게 따져 봐야 할 것이다.

예산의 이용, 전용, 변경은 일반적으로 11월이나 12월에 가장 많이 이루어지는데 이는 사업을 마무리하는 시기에 남는 예산을 다른 사업에 일단 사용하고 보자는 집행부의 그릇된 인식 때문이다. 예산은 목적대로 사용해야 하며, 그 변경과 조정은 반드시 추경예산을 통해서 지방의회 의결을 거쳐야 한다. 추경이 없을 때 부득이한 경우에 한해서 전용과 변경을 제한적으로 허용하고 있기 때문에 전용과 변경은 그 시기와 사유가 타당해야 한다.

이 외에도 이용, 전용해서 계획에도 없는 신규 사업을 추진하는 것은 명백한 불법이기 때문에 절대로 있어서는 안 된다.

**2015 서울시 마포구 결산결과 예산 이용·전용·이체사용 내역**

지방재정법 제47조 및 제49조, 같은 법 시행령 제55조의 규정에 의하여 2015회계연도 기간 중에 예산을 이용·전용·이체 사용한 것은

- 이용(1건) : 81,860,000원
- 전용(28건) : 940,507,000원
- 이체(55건) : 28,227,684,000원

### 4. 불용액의 발생원인

불용액이란 당초 확정된 예산을 집행하고 남은 예산잔액을 말한다. 예산집행은 1년 전에 수립한 계획을 추진하는 것이기 때문에 편성된 예산이 한 치의 오차도 없이 100% 정확하게 집행된다는 것은 불가능하다. 따라서 불용액이 다소 발생할 수밖에 없는데 결산심사 과정에서 그 사유와 금액 규모를 확인해야 한다.

불용액이 발생하는 사유는 크게 ①사업예측 착오 ②사업의 변경(축소

또는 취소) ③예산의 과다계상 ④자체예산 절감 ⑤예산집행 잔액 ⑥예산의 미집행·지급사유 미발생 ⑦기타 등으로 분류할 수 있다. 이 중 ④항은 모범사례로 칭찬해야 할 사항이지만 ①, ②, ③항은 사유 발생의 타당성을 검토하여 재발되지 않도록 해야 한다.

결국 불용액이 많다는 것은 바람직하지 않으며, 그만큼의 예산이 집행되지 못하고 시간을 허비한 것이나 다름없다. 주민들의 요구는 다양하고 예산은 항상 부족하기 때문에 예산심의의 중요한 기준은 '사업의 우선순위'를 정책적으로 판단하는 일이다. 불용액이 과다하게 발생했다는 것은 시급한 사업들을 그만큼 못했다는 것이 되기 때문에 예산의 계획수립과 집행과정이 부실했다는 방증이라 볼 수 있다.

### 서울시 사유별 불용액 발생현황(2018회계연도~2016회계연도) 주1)  (단위 : 백만 원, %)

| 구분 | | 계 | 발생사유 | | | | |
|---|---|---|---|---|---|---|---|
| | | | 보조금 정산잔액 주2) | 예산절감 | 계획변경 등 집행사유 미발생 | 지출잔액 | 예비비 |
| 2018 회계연도 | 불용액 | 1,011,220 | 113,568 | – | 248,098 | 443,226 | 206,328 |
| | 구성비 | 100.0 | 11.2 | – | 24.5 | 43.8 | 20.4 |

| 구분 | | 계 | 발생사유 | | | | |
|---|---|---|---|---|---|---|---|
| | | | 보조금 집행잔액 | 예산절감 (예산유보액) | 계획변경 등 집행사유 미발생 | 예산집행 잔액 (낙찰차액 등) | 예비비 |
| 2017 회계연도 | 불용액 | 1,135,249 | 28,693 | 15,454 | 310,072 | 582,617 | 198,412 |
| | 구성비 | 100.0 | 2.5 | 1.4 | 27.3 | 51.3 | 17.5 |
| 2016 회계연도 | 불용액 | 918,453 | 28,457 | 1,461 | 247,920 | 584,309 | 56,307 |
| | 구성비 | 100.0 | 3.1 | 0.2 | 27.0 | 63.6 | 6.1 |

※ 주1) 일반회계 및 특별회계(공기업특별회계, 기타특별회계) 포함.
　주2) '2018회계연도 지방자치단체 결산작성 통합기준'에 따라 "보조금 집행잔액"이 삭제되고 "보조금 정산잔액"(보조사업 정산 후 미집행된 자체 재원)이 신설되었음.
※ 자료근거 : 서울특별시, 재무과-23512 (2019. 4. 29.)

## 5. 국고(시·도)보조사업의 효과와 반환 여부

국고(시·도)보조금은 국가(상급 자치단체)의 시책상 필요하다고 인정하거나 자치단체의 재정사정상 특히 필요하다고 인정될 때 국가 또는 상급 자치단체가 예산의 범위 안에서 자치단체에 지원하는 재원을 말한다. 여기에는 국가의 사무를 자치단체에 위임하였을 경우 그 경비를 부담하는 교부금과 지방자치단체의 사업 중 그 성질상 국가의 책임 정도에 따라 그 경비의 일부 또는 전부를 부담하는 부담금, 지방자치단체에 대해 특정사업의 실시를 권장하거나 지방자치단체의 재정을 지원하는 협의의 보조금이 있다.

### 국고보조금 분류 – 보조금·부담금·교부금

| 구분 | 보조금 | 부담금 | 교부금 |
| --- | --- | --- | --- |
| 법규정 | 지방재정법 제23조<br>(보조금의 교부)<br>① 국가는 정책상 필요하다고 인정할 때 또는 지방자치단체의 재정 사정상 특히 필요하다고 인정할 때에는 예산의 범위에서 지방자치단체에 보조금을 교부할 수 있다.<br><br>② 특별시·광역시·특별자치 시·도·특별자치도(이하 "시·도"라 한다)는 정책상 필요하다고 인정할 때 또는 시·군 및 자치구의 재정 사정상 특히 필요하다고 인정할 때에는 예산의 범위에서 시·군 및 자치구에 보조금을 교부할 수 있다.<br>〈개정 2014.5.28.〉 | 지방재정법 제21조<br>(부담금과 교부금)<br>① 지방자치단체나 그 기관이 법령에 따라 처리하여야 할 사무로서 국가와 지방자치단체 간에 이해관계가 있는 경우에는 원활한 사무처리를 위하여 국가에서 부담하지 아니하면 아니 되는 경비는 국가가 그 전부 또는 일부를 부담한다.<br>〈전문개정 2011.8.4〉 | 지방재정법 제21조<br>(부담금과 교부금)<br>② 국가가 스스로 하여야 할 사무를 지방자치단체나 그 기관에 위임하여 수행하는 경우 그 경비는 국가가 전부를 그 지방자치단체에 교부하여야 한다.<br>〈전문개정 2011.8.4〉 |
| 주요 지출 대상 | | 기초생활 보장, 의료보호, 전염병 예방, 직업 안정, 재해복구사업 등 | 국민투표, 대통령 또는 국회의원 선거, 외국인 등록, 징병 업무 등 |
| 사무 구분 | 자치단체 고유사무 | 단체위임사무 | 기관위임사무 |

자치단체의 예산 중에는 국고(시·도)보조금 규모가 많은 비중을 차지하고 있다. 국고보조사업의 경우 2004년 359개였던 사업이 2015년 912개로 3배 이상 증가하면서 자치단체의 재정 상황은 점점 더 어렵게 내몰리고 있다. 국고보조사업은 예산의 전액을 국가에서 부담하는 것이 아니기 때문에 사업수가 증가하면 자치단체 분담 부담액이 점점 늘어나 자체 사업 비중이 점점 줄게 된다. 더욱 황당한 경우는 사업 시행 초기에 지원되던 국고보조금이 어느 순간에 중단되는 것이다.

국고(시·도)보조금은 집행 후에 정산하여 남는 금액을 반납해야 하고 목적 외로 사용할 수 없다. 소액의 반납은 사업의 집행 과정에서 얼마든지 발생할 수 있다. 그러나 특정사업에 대한 보조금을 30% 이상 반납하였다면 보조사업이 제대로 집행되지 못했다고 할 수 있다. 이런 사업에 대해서는 그 사유가 무엇이고 타당한가의 여부 등을 검토해야 할 것이다.

### 6. 체납액과 불납결손 사유

대부분의 지방의회에서 예산·결산 심사과정에서의 세출에 대한 부분은 꼼꼼히 따지면서 정작 가장 중요한 세입에 대한 부분은 소홀히 하는 경향이 많다. 지방재정이 효율성 있게 운용되기 위해서는 먼저 세입에 대한 정확한 진단과 예측이 선행되어야 하는데 정작 예산·결산 심사과정에서는 세출에 대한 질의·답변만 있을 뿐이어서 심도 있는 예산·결산 심사가 이루어지지 않아 안타깝다.

불납결손은 왜 발생했는가에 대한 사유도 면밀하게 검토해야 한다. 서울시의 경우 매년 2,900억 원선이었던 불납결손이 2018년 4,100억 원으로 대폭 증가한 것은 문제가 있다. 불납결손은 결과적으로 납세의무를 소멸시켜 주는 것이나 결손처분한 이후 체납자의 다른 재산이 발견되는 등의 경우가 발생할 수 있기 때문에 공평과세의 원칙에 따라 소멸시효에 도달하기 직전까지 수시로 재산조사를 실시해야 한다. 특히, 서울시의 경우 2018회계연도 당해연도분 불납결손은 300억 8,100만 원으로 최소화되어야 할 것이다.

**서울시 최근 3년간 지방세 불납결손 현황** (단위 : 백만 원, %)

| 회계연도 | 계 | 배분금액부족 | 체납처분중지 | 시효소멸 | 행방불명 | 무재산 | 채무자회생법에 의한 면제 | 국세결손 | 평가액부족 | 기타 |
|---|---|---|---|---|---|---|---|---|---|---|
| 2018 | 413,866 (100.0) | 105 (0.0) | 1,316 (0.3) | 26,443 (6.4) | 3,485 (0.8) | 154,651 (37.4) | 200 (0.0) | 0 (0.0) | 216,884 (52.4) | 10,782 (2.6) |
| 2017 | 297,246 (100.0) | 3,113 (1.0) | 865 (0.3) | 41,701 (14.0) | 3,454 (1.2) | 125,447 (42.2) | 303 (0.1) | 10 (0.0) | 110,560 (37.2) | 11,793 (4.0) |
| 2016 | 292,811 (100.0) | 81,771 (27.9) | 0 (0.0) | 38,858 (13.3) | 11,830 (4.0) | 109,941 (37.5) | | | | 50,411 (17.2) |

한편, 일정한 사유 등으로 부과한 세금을 징수할 수 없다고 판단할 경우 단체장은 납세의무를 소멸할 수 있는데 이를 '결손처분'이라 한다. 결손처분에는 소멸시효와 불납결손이 있다.

시효결손은 징수권의 소멸시효 완성에 의한 납세의무의 소멸을 말한다. 조세의 경우 소멸시효 기간은 5년이며 기산일은 납부고지에 의한 납부기한의 다음날부터 기산토록 하고 있다. 즉 고지서나 독촉장 등 납부고지 다음 날부터 5년 동안 시효가 적용된다.

불납결손은 소멸시효는 완성되지 않았으나 배분금액 부족, 무재산, 행방불명 등의 사유로 체납된 지방세를 징수할 가망이 없다고 판단되는 경우에 징수절차를 일시 중지 내지 유보하는 것이다. 불납결손 처분 후 재산이 발견될 경우에는 즉시 결손처분을 취소하고 체납처분을 하게 되는 점에서 즉, 징수권의 소멸은 아니라는 점에서 소멸시효와 구분된다.

> **지방세징수법 제106조(결손처분)**
>
> ① 지방자치단체의 장은 납세자에게 다음 각 호의 어느 하나에 해당하는 사유가 있을 때에는 결손처분을 할 수 있다.
>   1. 체납처분이 종결되고 체납액에 충당된 배분금액이 그 체납액보다 적을 때
>   2. 체납처분을 중지하였을 때
>   3. 지방세징수권의 소멸시효가 완성되었을 때
>   4. 체납자의 행방불명 등 대통령령으로 정하는 바에 따라 징수할 수 없다고 인정될 때

> **지방세기본법 제39조(지방세징수권의 소멸시효)**
>
> ① 지방자치단체의 징수금의 징수를 목적으로 하는 지방자치단체의 권리(이하 "지방세징수권"이라 한다)는 그 권리를 행사할 수 있는 때부터 5년간 행사하지 아니하면 시효(時效)로 인하여 소멸한다. 이 경우 그 권리를 행사할 수 있는 때는 대통령령으로 정한다.

### 7. 예산의 이월(명시·사고·계속비)

예산의 이월에는 명시이월, 사고이월, 계속비이월 세 가지가 있다. 예산의 이월이란 회계연도 독립의 원칙의 예외로 당해연도에 사용하지 않은 세출예산을 다음연도로 넘겨서 사용할 수 있도록 한 제도를 말한다. 일단 이월예산은 적으면 적을수록 좋고, 이월비가 많다는 것은 집행되지 않은 예산이 많다는 뜻이므로 바람직하지 않다고 볼 수 있다.

> **지방재정법 제50조(세출예산의 이월)**
> ① 세출예산 중 경비의 성질상 그 회계연도에 그 지출을 마치지 못할 것으로 예상되어 명시이월비로서 세입·세출예산에 그 취지를 분명하게 밝혀 미리 지방의회의 의결을 얻은 금액은 다음 회계연도에 이월하여 사용할 수 있다.
> ② 세출예산 중 다음 각 호의 어느 하나에 해당하는 경비의 금액은 사고이월비(事故移越費)로서 다음 회계연도에 이월하여 사용할 수 있다.
>  1. 회계연도 내에 지출원인행위를 하고 불가피한 사유로 회계연도 내에 지출하지 못한 경비와 지출하지 아니한 그 부대경비
>  2. 지출원인행위를 위하여 입찰공고를 한 경비 중 입찰공고 후 지출원인행위를 할 때까지 오랜 기간이 걸리는 경우로서 대통령령으로 정하는 경비
>  3. 공익·공공사업의 시행에 필요한 손실보상비로서 대통령령으로 정하는 경비
>  4. 경상적 성격의 경비로서 대통령령으로 정하는 경비
> ③ 계속비의 회계연도별 필요경비 중 해당 회계연도에 지출하지 못한 금액은 그 계속비의 사업완성 연도까지 차례로 이월하여 사용할 수 있다.

명시이월은 한 해 동안 예산의 지출을 끝내지 못할 것이 예측될 때 세입·세출 예산서 총칙에 명시하고, 그 취지를 명시한 조서를 첨부해서 지방의회 승인을 얻는다. 승인을 득하면 다음연도로 예산을 이월하여 한 해 더 사업을 진행할 수 있게 된다. 본예산에서 미리 승인을 받는 경우와 예산 성립 후 회계연도 중에 계약 등 지출원인행위가 이루어지지 않아 연도 내에 예산집행이 불가능하다고 판단할 경우 추경예산을 통해서 의회승인을 받아 이월할 수도 있다. 다만, 지방의회가 특정사업을 이월시키지 않고 종료하고자 하는 경우 명시이월 조서에서 삭제하면, 즉 예산심의 과정에서 그 사업만 빼 버리면 명시이월이 되지 않는다.

### 전라남도 완도군 2017회계연도 세출 결산

(단위 : 천 원)

| 회계별 | 예산현액 | 지출액 | 이월액 | 집행잔액 | 비고 |
|---|---|---|---|---|---|
| 계 | 560,601,135 | 423,872,370 | 101,047,447 | 35,681,318 | |
| 일반회계 | 538,583,954 | 404,628,229 | 99,247,414 | 34,708,311 | |
| 특별회계 | 22,017,181 | 19,244,141 | 1,800,033 | 973,007 | |

※ 2017년 전라남도 완도군 결산 결과 이월비가 전체 세입예산현액의 18%에 달해 과다이월로 나타났다.

사고이월은 사업집행을 위해 지출원인행위(계약 또는 발주)를 한 후에 공기(工期)부족 등의 이유로 예산을 다음연도로 넘겨서 집행하는 것이다. 지방교부세나 국고(시·도)보조금이 늦게 내려오는 관계로 어쩔 수 없이 사고이월이 발생하기도 하지만 자체 사업이 사고이월되는 경우에는 그 사유가 타당한지에 대해서 반드시 확인해야 할 것이다. 사고이월의 문제점은 무계획적인 행정집행으로 사업이 제때 이루어지지 않아 주민 불편과 사업기간 연장에 따른 비용 증가 등이 발생할 수 있다는 것이다.

### 서울시 최근 3년 간 사유별 사고이월 발생 현황 (2018~2016)

(단위 : 백만 원, %)

| 회계연도 | 사고이월액 계 (구성비) | 사유별 사고이월액 계(구성비) | | | | | | | |
|---|---|---|---|---|---|---|---|---|---|
| | | 공사추진 중 장애발생 | 보상협의지연 | 사전절차지연 | 유관사업지연 | 사업계획변경 | 관급 및 외자재 구매지연 | 용역 준공기한 미도래 | 기타 |
| 2018 | 506,585 | 171,622 | 25,086 | 93,257 | 8,882 | 27,488 | 33,325 | 92,436 | 54,489 |
| | (100.0) | (33.9) | (5.0) | (18.4) | (1.8) | (5.4) | (6.6) | (18.2) | (10.8) |
| 2017 | 529,069 | 20,793 | 99,760 | 118,471 | 14,009 | 32,564 | 13,439 | 127,229 | 102,803 |
| | (100.0) | (3.9) | (18.9) | (22.4) | (2.6) | (6.2) | (2.5) | (24.0) | (19.4) |
| 2016 | 404,674 | 60,343 | 58,489 | 96,144 | 6,716 | 37,877 | 15,810 | 65,291 | 64,004 |
| | (100.0) | (14.9) | (14.5) | (23.8) | (1.7) | (9.4) | (3.9) | (16.1) | (15.8) |

계속비이월은 한 해 동안 사업이 완성되지 않고 수년에 걸쳐서 사업을 진행해야 할 경우 지방의회 승인을 얻은 후 사업이 끝날 때까지 집행 잔액을 계속해 이월해서 사업할 수 있다. 계속비이월 또한 세입·세출예산

서 총칙에 명시하고, 조서를 첨부해서 의회 승인을 받는다. 계속비 지출 연한은 5년 이내이며, 의회 승인을 얻은 후 연장할 수 있다.

예를 들어 50억 원을 3년간 투입해서 가축분뇨처리장 건립을 계속비사업으로 추진하고 있다고 하자. 올해 20억 원을 예산편성했으나 10억 원만 집행했다면 나머지 10억 원은 불용되지 않고 내년으로 계속비이월되고, 이 예산은 내년 예산과 합쳐져서 내년에 집행된다.

| 구분 | 명시이월 | 사고이월 | 계속비이월 |
| --- | --- | --- | --- |
| 이월단위 | 편성목 단위까지 | 편성목 단위 | 편성목 단위 |
| 요구권자 | 자치단체의 장 | 부서(기관)의 장 | 자치단체의 장 |
| 승인권자 | 지방의회 | 자치단체의 장 | 지방의회 |

## 기금은 예산과 별개다

**기금은** 예산과 별개다. 의회는 예산서와 별도로 기금운용계획안을 의결하지만 기금은 예산과 달리 '탄력성'을 가진다. 즉, 예산은 일반회계든 특별회계든 의회에서 심의·의결된 대로 반드시 목적과 금액, 기한을 엄수해서 집행해야 하지만 기금은 단체장이 정책사업 지출금액의 20% 이하를 변경하는 경우 단체장이 지출금액을 변경할 수 있다. 다만, 20%를 초과할 경우 지방의회의 의결을 다시 거쳐야 한다.

예산과 기금은 용어도 다르다. 예산은 편성하고 집행하지만 기금은 조성하고 운용한다. 기금은 특정목적이나 시책 추진을 위해 특정자금을 운영할 필요가 있을 경우 일반회계 출연금 등을 활용하여 조성하고 조례 제정을 통해서 운용된다. 기금의 존속기한은 5년이며, 목적을 달성한 기금이나 사업실적이 미미한 기금, 유사·중복 기금 등은 통합하거나 과감하게 폐지해야 한다.

기금사업 중 예산으로 대체 가능한 사업은 예산으로 전환할 수 있다. 지방자치단체 기금관리기본법에서는 통합관리기금과 재정안정화기금을 권장하고 있다. 재정안정화기금은 지방세, 순세계잉여금 등 재정이 여유가 있을 때 일부를 적립해서 세입 감소 및 경기침체 시에 적극 대응할 수 있도록 권장하고 있다.

**예산과 기금의 비교**

| 구분 | 일반회계 | 특별회계 | 기금 |
|---|---|---|---|
| 설치사유 | • 자치단체의 일반적 재정활동 | • 특정세입으로 특정세출에 충당<br>• 특정사업 운영<br>• 특정자금 보유 운용 | • 특정목적 및 시책 추진을 위해 특정 자금을 운용할 필요가 있는 경우 |
| 재원조달 및 운용형태 | • 공권력에 의한 지방세 수입과 무상적 급부의 제공이 원칙 | • 일반회계와 기금의 운용형태 혼재 | • 출연금, 부담금 등 다양한 수입원으로 융자사업 등 수행 |
| 확정절차 | • 사업부서 예산요구, 예산부서 예산안편성, 지방의회 심의·의결 | • 좌동 | • 기금운용부서 계획 수립, 예산부서 협의·조정, 지방의회 심의·의결 |
| 집행절차 | • 집행과정에서도 합법성에 입각한 통제가 가해짐<br>• 예산의 목적외사용 금지원칙 | • 좌동 | • 집행과정에서는 합목적성 차원에서 자율성과 탄력성이 보장 |
| 수입과 지출의 연계 | • 특정한 수입과 지출의 연계배제 | • 특정한 수입과 지출의 연계 | • 좌동 |
| 계획변경 | • 추경예산 편성 | • 좌동 | • 주요항목(분야·부문·정책사업)지출금액의 20%초과 변경시 지방의회 의결 |
| 결산 | • 지방의회 심의·승인 | • 좌동 | • 좌동 |

> **지방자치단체 기금관리기본법 제16조(통합관리기금의 설치·운용)**
> ① 지방자치단체는 각종 기금의 여유자금을 통합관리하고 이를 재정융자 및 지방채 상환 등에 활용하기 위하여 지방자치단체별로 기금의 여유자금을 통합하여 통합관리기금을 설치할 수 있다.
> ② 통합관리기금의 설치·운용에 필요한 사항은 조례로 정한다.
> 〈전문개정 2011. 5. 30.〉

기금 또한 지방재정법 제33조에 따라 중기지방재정계획 수립 대상이 된다. 각 기금부서에서는 기금별 중기재정계획안을 작성한 후 '지방재정계획심의회'의 심의를 거쳐 지방의회와 행정안전부에 제출해야 한다. 재정 규모가 크지 않은데도 특별회계와 기금을 너무 많이, 무분별하게 운영하는 것은 효율성을 저해하는 중요한 요소다.

| 자치단체 | 재정규모 | 돈 주머니 | |
|---|---|---|---|
| | | 특별회계 수 | 기금 수 |
| 충남 논산시 | 9천억 원 | 14 | 11 |
| 경북 고령군 | 7천억 원 | 6 | 10 |
| 경남 하동군 | 8천억 원 | 10 | 7 |

즉, 돈은 얼마 없는데 돈주머니만 많은 격이라 하겠다. 특별회계와 기금을 과감하게 정비하는 것도 의회의 예산·결산심의 과정에서 확인해야 할 중요한 심사항목이다.

### 전라남도 완도군 기금운영현황(2017회계연도)

기금이란 예산을 좀 더 탄력적으로 사용하기 위해 예산과는 별도 조성한 재원으로, 다음은 완도 군에서 설립·운영하고 있는 기금별 재원의 변화를 요약한 표다.

(단위 : 백만 원.)

| 구분<br>종류별 | '16년도<br>현재액<br>(A) | 증감액<br>계<br>(B=C-D) | 조성액 (C) | 사용액 (D) | '17년도<br>현재액<br>(A+B) | 일몰<br>기간 |
|---|---|---|---|---|---|---|
| 합 계 | 5,860 | 1,580 | 2,012 | 432 | 7,440 | |
| 생활보호대상자자녀장학기금 | 0 | 0 | 0 | 0 | 0 | |
| 옥외광고정비기금 | 88 | 21 | 21 | 0 | 109 | |
| 체육진흥기금 | 0 | 0 | 0 | 0 | 0 | |
| 식품진흥기금 | 68 | 12 | 12 | 0 | 80 | |
| 노인복지기금 | 0 | 0 | 0 | 0 | 0 | |
| 재난관리기금 | 560 | -34 | 397 | 432 | 526 | |
| 생활폐기물처리시설기금 | 5,144 | 1,581 | 1,581 | 0 | 6,726 | |

▶ '17년 결산결과 기금결산보고서의 총괄 현황

▶ 일몰기간 : 조례 등에 의하여 정한 기금을 운용할 수 있는 기간(00년. 0월~00년.0월)

※전라남도 완도군 2017년 기금 결산 결과 기금 7개 중 2017년 말 현재 적립금이 '0'인 기금이 3개. 2017년 사용액이 '0'인 기금이 무려 6개나 된다. 전체 기금 조성액 74억 원 중 67억 원(91%)이 생활폐기물 처리시설 기금으로서 나머지 기금은 조성과 운용이 거의 전무한 실정이다. 기금 운용에 대한 재검토가 요구된다.

# 5 의정활동의 꽃 행정사무감사

# 행정사무 감사의 의미

**국회에서** 매년 국정감사를 실시하는 것처럼 지방의회에서도 해마다 행정사무감사를 실시한다. 행정사무감사란 지방의회가 지방자치단체의 행정사무 전반에 대해서 자료를 요청하거나 평소 의정활동을 통해 축적된 정보를 가지고 행정의 잘못된 부분을 적발하거나 시정요구함으로써 행정이 효율적으로 수행될 수 있도록 하는 지방의회의 핵심 견제·감시 기능을 말한다.

> **지방자치법 제41조(행정사무감사권 및 조사권)**
> ① 지방의회는 매년 1회 그 지방자치단체의 사무에 대하여 시·도에서는 14일의 범위에서, 시·군 및 자치구에서는 9일의 범위에서 감사를 실시하고, 지방자치단체의 사무 중 특정 사안에 관하여 본회의 의결로 본회의나 위원회에서 조사하게 할 수 있다. 〈개정 2011. 7. 14.〉
> ② 제1항의 조사를 발의할 때에는 이유를 밝힌 서면으로 하여야 하며, 재적의원 3분의 1 이상의 연서가 있어야 한다.

> ③ 지방자치단체 및 그 장이 위임받아 처리하는 국가사무와 시·도의 사무에 대하여 국회와 시·도의회가 직접 감사하기로 한 사무 외에는 그 감사를 각각 해당 시·의회와 시·군 및 자치구의회가 할 수 있다. 이 경우 국회와 시·도의회는 그 감사결과에 대하여 그 지방의회에 필요한 자료를 요구할 수 있다.

행정사무감사의 의미는 4가지로 정리할 수 있다.

첫째, 단체장과 행정 전반에 대한 가장 강력한 통제수단이다. 행정사무감사는 일반 상임위원회 활동과 달리 엄격한 절차를 거쳐야 하고, 조치결과는 다시 지방의회에 보고해야 한다. ①감사계획서(자료요구 목록) 작성, ②본회의 승인, ③감사 실시, ④감사결과보고서 채택, ⑤감사대상기관 통보, ⑥조치결과 지방의회 보고라는 6단계의 절차를 거친다. 이런 과정을 거치면서 시정요구사항은 공개적으로 이슈화되고, 공식적으로 기록된다. 감사과정에서 집행부의 일방적인 독주는 견제되고, 부당한 행정집행은 대안과 대책을 통해 개선된다.

둘째, 예산심의를 위한 훌륭한 예비지식을 얻을 수 있다. 행정사무감사에서 예산감사를 실시해야 하기 때문이다. 일반적으로 모든 행정은 예산을 수반한다. 즉 예산이 있어야 사업을 할 수 있다는 얘기다. 예산을 수반하지 않는 비예산사업은 그리 많지 않다. 따라서 행정사무감사를 통해서 예산편성과 세입징수의 문제점, 사업의 효과와 성과보고서, 불법적인 예산집행과 예산낭비 사례 등을 확인하고 시정을 요구해야 한다. 행정사무감사를 통해 예산심의의 예비지식과 기준을 확인할 수 있다.

셋째, 조례 제·개정에 필요한 입법정보를 파악할 수 있다. 행정사무감사에서 반복적으로 지적되는 사안에 대해서는 문제점만 지적할 것이 아니라 제도적인 보완을 통해서 개선해야 한다. 즉, 조례 제정이나 개정을 통해서 제도화하는 것이다. 불법촬영 범죄가 늘고 있고, 주민들이 불안해하고 있다면 적어도 공공기관의 시설만큼은 주민들이 안심하고 이용할 수 있도록 단속과 검사, 예방 캠페인 등을 지원하는 조례를 만들어 보자. 일명 '몰카 안심화장실 조례'인 「공공화장실 등의 불법촬영 예방 조례안」을 제정하는 것이다. 지방의원은 개별 입법기관이고, 지방의원만이 조례를 제정하거나 개정할 수 있다.

넷째, 공약을 이행하고, 민원을 해결할 수 있다. 지방의원들도 출신 지역이나 비례대표를 통해 선출된다. 당연히 모든 의원들은 선거공약을 발표하고, 지역 민원들 또한 산적해 있다. 주민과의 약속이기 때문에 지역 발전을 위해서 최선을 다해 해결해야 한다. 이러한 공약과 민원은 일상적인 상임위원회 활동과 시정질문 등을 통해서도 확인하지만 최종 행정사무감사를 통해서 마무리하는 것도 좋다.

사실 하나의 문제가 해결되기 위해서는 많은 시간과 노력을 필요로 한다. 명심하라. 공약과 민원을 한 번 얘기했다고 해서 집행부 공무원들이 단번에 덜컥 수용하지 않는다는 것을……..

## 1차에 할까 2차에 할까

행정사무감사를 언제 하는지도 중요하다. 지방자치법시행령 제39조에 따라 행정사무감사는 1차 정례회 또는 2차 정례회에 할 수 있으며 지방의회 조례로 그 시기를 정한다. 전국 17개 광역의회 중 세종특별자치시의회만 1차 정례회 때 실시하며, 나머지 16곳은 모두 2차 정례회에서 실시하고 있다. 기초의회는 그 시기가 반반이다.

일반적으로 행정사무감사는 2차 정례회 때 하는 것이 더 효과적이다. 예산과 행정집행이 1년 단위로 끝나기 때문에 그나마 1년 동안의 결과를 확인할 수 있다. 2차 정례회가 대부분 11월 중에 시작하기 때문에 적어도 10월 말까지의 예산과 행정집행에 대해서는 성과나 결과를 확인할 수 있는 셈이다. 또한 행정사무감사와 예산심의를 연계할 수 있다. 다만, 2차 정례회 때 예산심의와 행정사무감사, 시정질문과 각종 조례안 심의등 업무가 집중되는 것은 부담이다.

행정사무감사에서 가장 중요한 것은 감사가 끝난 후 '처리'를 어떻게 하는가이다. 통상적으로 지방자치단체나 기관은 지방의회에서 시정요구

한 사항을 지체 없이 처리하고 그 결과를 지방의회에 보고한다. 그러나 그 보고는 대부분 한 번에 그치는 경우가 많다. 즉, 다음연도 첫 임시회 때 업무보고서와 함께 처리결과를 첨부·보고하는 경우가 대부분이다

| 광역의회 – 행정사무감사 조례상 시기 현황 ||
|---|---|
| 1차 정례회 | 세종시 |
| 2차 정례회 | 서울시, 부산시, 대구시, 인천시, 광주시, 대전시, 울산시, 경기도, 강원도, 충북도, 충남도, 전북도, 전남도, 경북도, 경남도, ☆제주도-매년 10월 실시 |

| 기초의회 – 행정사무감사 조례상 시기 현황 ||||
|---|---|---|---|
| | 서울 25개 자치구 | 강원 18개 시·군 | 대구 8개 자치구 |
| 1차 정례회 | 강동구, 강북구, 광진구, 구로구, 금천구, 동대문구, 마포구, 서대문구, 성동구, 성북구, 은평구, 종로구, 중구 | 춘천시 강릉시 고성군 동해시 속초시 원주시 화천군 횡성군 | 중구, 남구, 달서구 |
| 2차 정례회 | 강남구, 강서구, 관악구, 노원구, 도봉구, 동작구, 서초구, 송파구, 양천구, 영등포구, 용산구, 중랑구 | 삼척시 양구군, 양양군, 영월군, 인제군, 정선군, 철원군, 태백시 평창군, 홍천군 | 동구, 서구, 북구, 수성구, 달성구 |

> **지방자치법 제41조의2(행정사무감사 또는 조사 보고에 대한 처리)**
> ① 지방의회는 본회의의 의결로 감사 또는 조사 결과를 처리한다.
> ② 지방의회는 감사 또는 조사 결과 해당 지방자치단체나 기관의 시정을 필요로 하는 사유가 있을 때에는 그 시정을 요구하고, 그 지방자치단체나 기관에서 처리함이 타당하다고 인정되는 사항은 그 지방자치단체나 기관으로 이송한다.
> ③ 지방자치단체나 기관은 제2항에 따라 시정요구를 받거나 이송 받은 사항을 지체 없이 처리하고 그 결과를 지방의회에 보고하여야 한다. 〈본조신설 2011.7.14〉

행정사무감사 조치결과는 한 번의 보고로 끝나면 안 된다. 왜냐하면 추진완료를 제외한 추진 중이거나 검토 중인 사항은 1년 내내 그 처리결과를 확인할 필요가 있기 때문이다. 적어도 행정사무감사에서 지적된 중요한 시정요구사항들을 상임위원회에서 분기별로 업무보고서를 통해 확인하는 것이 반드시 필요하다.

**서울시의회 행정자치위원회 소관 '2016년 행정사무감사 결과보고서' 중**

| 구분 | | 계 | 추진완료 | 추진중 | 검토중 | 미반영 |
|---|---|---|---|---|---|---|
| 계 | 계 | 427 | 246 | 178 | | |
| | 시정·처리요구사항 | 226 | 88 | 137 | | |
| | 건의사항 | 73 | 30 | 41 | | |
| | 기타 | 128 | 128 | - | | |
| 서울혁신 기획관 | 계 | 77 | 45 | 32 | - | - |
| | 시정·처리요구사항 | 43 | 15 | 28 | - | - |
| | 건의사항 | 6 | 2 | 4 | - | - |
| | 기타 | 28 | 28 | | - | - |
| 감사위원회 | 계 | 33 | 13 | 20 | - | - |
| | 시정·처리요구사항 | 23 | 8 | 15 | - | - |
| | 건의사항 | 8 | 3 | 5 | - | - |
| | 기타 | 2 | 2 | - | - | - |

⋮

# 서면감사가 50% 이상이다

행정사무감사도 기간이 정해져 있다. 광역의회는 14일 이내, 기초의회는 9일 이내이다. 국회의 경우 30일 이내에서 국정감사를 할 수 있도록 2012년 3월 법을 개정했지만 매년 20일씩만 국정감사를 하고 있다. 빠듯한 정치일정으로 정작 30일 동안 국정감사를 실시하지 못하고 있는 것이다.

> **국정감사 및 조사에 관한 법률 제2조(국정감사)**
> ① 국회는 국정 전반에 관하여 소관 상임위원회별로 매년 정기회 집회일 이전에 국정감사(이하 '감사'라 한다) 시작 일부터 30일 이내의 기간을 정하여 감사를 실시한다.

국정감사 기간이 20일이다 보니 충분하고 깊이 있는 감사는 어렵다. 특히 국회의 경우 많은 이슈로 부각된 정치적 사안을 중심으로 진행 되다 보니 특정 사안에 집중되거나 세간과 언론의 주목을 받기 위해 퍼포먼스가 활용되는 경우도 많다.

짧은 시간 안에 효과적으로 내용을 전달하기 위해서 많은 기획들이 시도된다. 가령 농민들의 쌀값 보장을 주장하면서 '볏단을 업어치기' 한다거나 낙동강 생태환경 파괴를 지적하면서 '뉴트리아 괴물 쥐'를 선보이는 것, 불법 미용기구의 심각성을 지적하기 위해 '보좌관에게 미용기구를 착용'하게 하는 것 등이 대표적인 퍼포먼스다. 대개 이러한 퍼포먼스는 짧은 질의시간 때문에 기획된다. 국회의원 한 사람이 질의할 수 있는 시간은 총 11분가량. 본질의 7분과 보충질의 3분, 마무리발언 1분이 주어지는 감사장도 있다.

행정사무감사 또한 14일 내에 모든 것을 다 다루기는 물리적으로 시간이 모자란다. 14일 중 토·일을 빼면 실제 감사일은 12일이다. 실제 경험을 말하자면 서울시의회 행정자치위원회 소관 부서는 18곳으로 해당과만 40여 개가 넘는다. 세부사업은 수백 가지에 달한다. 토·일을 제외한 12일 안에 모든 부서의 모든 문제를 다 다루기 힘들다. 선택과 집중이 필요한 대목이다. 행정사무감사는 행정사무 전반에 대한 감사지만 선택과 집중을 통해서 서면감사를 병행해야 효과적이다.

서면감사란 감사계획서를 작성할 때 '자료요구 목록'을 작성하게 된다. 집행부에게 이런 부분을 감사할 테니 서류를 제출하라고 요구하는 것이다. 지방의원은 자료요구 목록을 통해서 많은 것들을 확인할 수 있다. 감사장에서는 아주 중요한 사안에 대해서만 확인하고 토론하면 된다. 당연히 집행부에서는 자료요구 목록에서 실제 어떤 내용을 질문할지 모르기 때문에 모든 자료요구 목록에 대해서는 문제점과 해결방안을 강구해서 감사에 임한다. 이것이 바로 서면감사다. 이러한 서면감사를 잘 활용해서 효과적으로 행정사무감사를 실시할 필요가 있다.

22년간의 의정활동 경험에서 터득한 사실은 서면감사가 행정사무감사의 50% 이상이라는 것이다. 그리고 서면감사의 필수 선결조건은 자료요구 목록을 꼼꼼하게 정리하는 일이다.

# 4개의 범주

**4개의** 범주로 나눠서 실시하자. 행정사무감사를 실시할 때 얘기다. 정책감사, 예산감사, 사업감사, 사무감사 이렇게 4개의 범주로 나눠서 실시해 보자. 훨씬 효과적인 감사를 실시할 수 있다.

'정책감사'는 말 그대로 정책에 대해서 집중적으로 감사하는 것이다. 이제는 하나의 큰 정책의 성공과 실패에 따라서 자치단체가 흥하고 망하는 시대가 되었다. 좋은 사례로 경전철사업을 말할 수 있다.

용인과 의정부, 김해 등 경전철사업으로 대부분 큰 곤욕을 치렀거나 현재도 치르고 있다. 용인경전철의 경우 총사업비가 1조 127억 원 중 민자투자 사업자는 6,354억 원을 투자했지만 최소운영수익보장(MRG)과 부풀려진 수요예측 등으로 연간 480억 원의 운영적자가 발생했고, 운영사 교체 등 파행을 겪다가 국제소송에서 패소하면서 7,786억 원을 물어주게 됐다. 용인시는 막대한 빚을 상환하기 위해 무려 5,159억 원의 지방채를 발행하면서 많은 재정압박을 받았다. 당연히 교육예산 및 복지예산이 줄어들 수밖에 없었다. 단체장의 탐욕과 무지로 경기도에서 가장 부자 자치단체였던 용인시가 파산 직전으로 내몰린 것이다. 의정부시 또한 여전히 경전철의 늪에서 허우적대고 있다.

### 행정사무감사에 임하는 지방의원의 자세
**본능적으로 의심하라!**
용역보고서 100% 주문생산, 단체장 입맛대로……

|  | 용인 경전철 | 김해 경전철 | 의정부 경전철 |
|---|---|---|---|
| 총 사업비 | 1조 127억 원 (민자 6,354억 원) | 1조 3,123억 원 | 5,841억 원 (민자 52%) |
| 하루 평균 수송인원 (예상) | 16.1만 명 | 18.7만 명 | 8만 명 |
| 하루 실제 수송인원 | 1만 명→2.5만 명 | 3만 명→5만 명 | 1만 명→3.5만 명 |
| 연간 적자액 | 480억 원 | 680억 원 | 280억 원 (2016.7 누적 2,400억 원) |
| MRG 보장기간 | 30년 | 20년 | 10년 / 운영30년 |
| MRG 부담금 | 3조 4천억 원 (운영사 교체, 국제중재심판 7,787억 원 상환 판결, 지방채 발행 5,159억 원 상환) | 1조 4천억 원 | 3,625억 원 (25년*145억 원) |

이렇듯 정책감사는 매우 중요하다. 한 번만 실수해도 회생이 불가능한 경우도 있기 때문에 중요 정책사업에 대해서는 전문적이고 깊이 있는 질의와 토론이 필요하다. 자치단체에서 내놓는 '용역보고서'는 그대로 믿어서는 안 된다. 대부분의 용역보고서가 사업을 추진하기 위한 명분 논리를 제공하는 것이기 때문에 그렇다.

쉽게 말해서 집행부 입맛대로 '주문 생산된 보고서'가 바로 용역보고서인 것이다. 그래서 정책감사에 임하는 지방의원의 기본 자세는 '본능적으로 의심하라'이다. 지방의원은 주민을 대표하는 사람들이기 때문에 본능적으로 의심하고 비판적인 자세를 취해야 한다.

다음은 '예산감사'이다. 예산은 모든 정책과 사업을 말해 준다. 따라서 예산을 꼼꼼히 확인하고 향후 전망을 잘 예측해야 건전하게 재정 운영을 할 수 있다. 결국 지방자치는 돈의 문제다. 세입이 예측대로 잘 들어왔는지, 예산을 집행했더니 사업의 효과는 있는지, 예산집행 과정에서 예산낭비는 없는지 등을 꼼꼼히 살펴야 한다. 예산감사의 중요한 체크 포인트는 세입예산이다. 지방자치단체의 예산에는 세입과 세출이 있지만 양입제출의 원리에 따라서 그 기준은 바로 세입이다.

다음은 '사업감사'다. 지방재정법 제5조에는 성과 중심의 재정 운영을 명시하고 있다. 모든 사업은 예산이 투입된 만큼 성과가 발생해야 하고 이를 위해 집행부는 성과계획서와 성과보고서를 작성하여 지방의회에 예·결산서와 함께 제출해야 한다. 부서 밑에 정책사업과 단위사업, 세부사업으로 체계화되어 있지만 세부사업을 부서별로 다 확인하기란 너무 많아서 어렵다. 따라서 행정사무감사를 통해서 정책사업과 관심 사업들이 차질 없이 진행될 수 있도록 확인해야 한다.

또한 법과 규정 위반은 없는지, 사업의 효과와 시급성은 있는지, 잦은 설계변경으로 예산낭비는 없는지, 운영 주체의 전문성과 노하우는 있는지, 주민의견 수렴 등 절차상 문제는 없는지 등을 꼼꼼히 따져야 한다.

마지막으로 '사무감사'다. 집행부 공무원들에 대한 수사 및 징계현황을 살펴봐야 한다. 수의계약은 적법하게 진행되고 있는지, 그리고 잘 공개되고 있는지, 특정업체 일감 몰아 주기와 부정한 결탁은 없는지 꼼꼼하게 확인해야 한다. 특히, 급속하게 늘어나고 있는 민간위탁사무에 대한 회계부정 방지대책과 사업효과 평가, 주민 만족도 제고방안 등 체계적인 감사가 필요하다.

서울시의 경우 2019년 현재 350개가 넘는 민간위탁사무들이 있지만 '120다산콜센터'의 경우 2007년부터 민간위탁해 오던 것을 2017년 출연재단을 설립하여 직접 서비스를 제공하고 있다. 수십 년 동안 효율성을 앞세운 무분별한 민간위탁에 대한 전면적인 재검토가 필요한 시점이다.

### 지방자치법 제104조(사무의 위임 등)

① 지방자치단체의 장은 조례나 규칙으로 정하는 바에 따라 그 권한에 속하는 사무의 일부를 보조기관, 소속 행정기관 또는 하부행정기관에 위임할 수 있다.

② 지방자치단체의 장은 조례나 규칙으로 정하는 바에 따라 그 권한에 속하는 사무의 일부를 관할 지방자치단체나 공공단체 또는 그 기관(사업소・출장소를 포함한다)에 위임하거나 위탁할 수 있다.

③ 지방자치단체의 장은 조례나 규칙으로 정하는 바에 따라 그 권한에 속하는 사무 중 조사・검사・검정・관리업무 등 주민의 권리・의무와 직접 관련되지 아니하는 사무를 법인・단체 또는 그 기관이나 개인에게 위탁할 수 있다.

### 서울시 S구청 A구립어린이집 비위사실 조사 결과(2015~2017)

| | 원장 비위행위 확인사항 | | 총 1억 1천만 원 |
|---|---|---|---|
| 1 | 어린이집 물품구입비 사적 용도로 구매 | 인터넷이나 자택 근처 마트 등에서 어린이집 물건을 구입하고 자택 및 지인에게 배송 | 2,900만 원 |
| 2 | 지출영수증 및 견적서 등 대량 위조 | 영수증 발급 단말기를 구입해서 지출영수증 대량 위조, 내역을 임의로 조작하고 간이영수증 대필 부착 | 230건 |
| 3 | 학부모로부터 사진 인화비 등 현금 착복 | 졸업생 앨범비 공금으로 결제 후 학부모들에게 원장 모친의 계좌로 안내, 입금 조치 후 착복 | 350만 원 |
| 4 | 종사원 명절, 생일 격려 상품권 편취 | 백화점 상품권(1인당 10만 원)을 격려 목적으로 구입한 후 상품권 편취, 종사원들은 5만 원 상당의 다른 상품권 지급 | 830만 원 |
| 5 | 원장 연수비, 여비 부당 수령 | 원장 근거서류 없이 연수비, 여비 부당 수령 | 360만 원 |
| 6 | 시설공사비 중복 지급 | 동일공사의 분리수의계약(3,324만 원) 및 선지급 후공사 등 부적정 처리 | 580만 원 |
| 7 | 법인전입금 부당 처리 | 법인전입금 연간 5백만 원을 남편 명의로 법인 후원금으로 입금 후 다시 법인에서 입금하는 회계 조작 | 1천만 원 |
| 8 | 원장의 주거래 업체와 유착관계 | 지인의 운영업체에서 어린이집 물품을 구입 하면서 부풀리거나 구매하지도 않은 물품 결제 등 / 원장 채무 변제 | 6,500만 원 |

# 증인 채택과 현장 확인

**행정사무감사에서** 증인 채택과 현장 확인을 적절하게 활용하면 효과가 배가된다. 감사대상기관의 장이나 그 보조기관, 감사사항과 관련된 사람을 증인 또는 참고인 등으로 출석시켜 의문사항이나 잘못된 사항 등에 대해 질의하고 답변을 들을 수 있다. 특히 민감하고 중요한 사안에 대해서는 증인을 출석시켜 증언하게 할 수 있다.

증인으로 채택되면 공개적이고 공식적인 자리에 출석해서 책임 있는 진술을 해야 하기 때문에 피하는 경우도 많다. 대부분 문제가 많고 중요한 사안에 대해서 증인을 채택하기 때문에 의도적으로 출석을 거부하거나 회피하는 것이다. 법으로는 거짓증언에 대해서 고발할 수 있으며, 정당한 사유 없이 출석을 거부하거나 서류 제출을 거부할 경우 또는 선서·증언을 거부할 경우 500만 원 이하의 과태료를 부과할 수 있다.

증인으로 채택된 사람이 출석을 거부하는 방법도 다양하다. 증인으로 거론되기만 해도 아예 모든 인맥을 동원해서 증인 대상 목록에서 빼 달라고 로비를 한다거나 증인으로 채택된 경우 기상천외한 방법으로 출석

> ### 지방자치법 제41조(행정사무 감사권 및 조사권)
>
> ④ 제1항의 감사 또는 조사와 제3항의 감사를 위하여 필요하면 현지 확인을 하거나 서류제출을 요구할 수 있으며, 지방자치단체의 장 또는 관계공무원이나 그 사무에 관계되는 자를 출석하게 하여 증인으로서 선서한 후 증언하게 하거나 참고인으로서 의견을 진술하도록 요구할 수 있다.
>
> ⑤ 제4항에 따른 증언에서 거짓증언을 한 자는 고발할 수 있으며, 제4항에 따라 서류제출을 요구받은 자가 정당한 사유 없이 서류를 정하여진 기한까지 제출하지 아니한 경우, 같은 항에 따라 출석요구를 받은 증인이 정당한 사유 없이 출석하지 아니하거나 선서 또는 증언을 거부한 경우에는 500만 원 이하의 과태료를 부과할 수 있다. 〈개정 2011. 7. 14.〉

을 거부하기도 한다. 가장 흔한 방법은 출석일에 맞추어 해외 출장을 잡거나 갑자기 병원에 입원하는 경우다. 명백한 위법인 데다가 비양심적인 행동이지만 제재할 만한 마땅한 수단이 없다. 감사 기간 중에 다시 출석을 요구할 수 있으나 시간적 제약으로 쉽지 않다.

행정사무감사 증인에 대한 씁쓸한 기억이 있다. 초선의원으로서 스무 살 나이에 한참 의욕적일 때 당선되자마자 얼마 지나지 않아 첫 행정사무감사를 준비하고 있을 때였다. 재선의원이 다가오더니 관내 대형마트 지점장을 증인으로 불러야 한다는 것이다. 여러 가지 불법이 있다며 귀띔을 해 줬다. 불법현황과 자료들을 건네면서 무엇이 문제인지 친절한 설명도 아끼지 않았다.

당시에는 대형마트들이 셔틀버스를 운행하면서 주민들을 실어 날랐고, 이로 인해 전통시장과 골목상권이 초토화되고 있을 때였다. 나도 관심이 있는 분야라서 의욕적으로 현장을 답사하고 법규 위반 내용, 설계도면 확인 등 꼼꼼하게 들여다봤다. 행정사무감사 당일 증인으로 출석한 지점장을 세차게 몰아붙였고, 불법과 편법에 대한 공식적인 사과와 개선 대책을 받아 냈다.

그런데 정작 증인을 부르자고 제안한 선배의원은 감사 기간 내내 침묵으로 일관하더니 감사가 끝나자마자 증인과 반갑게 인사를 나누며 서로 명함을 주고받았다. 심지어 "너무 걱정하지 말라"며 위로의 말까지 건넸다. 순간 뒤통수를 망치로 얻어맞은 듯 충격이 컸다. '내가 이용당했구나!' 선배의원은 그렇게 지역 사업체들과 관계를 텄고, 때때로 재미를 보는 듯했다. 행정사무감사 때가 되면 씁쓸한 기억이 되살아나면서 부끄럽고 슬프다. 그러나 결코 개인적 사심이나 나쁜 의도로 증인을 채택해서는 안 된다는 강한 교훈을 얻었다. '타산지석(他山之石)'인 셈이다.

증인은 명백한 위법사항이나 심각한 사안에 대해서 상임위원회나 의회 차원에서 관계공무원과 관련자의 직접적인 증언이 필요할 때에만 최소한으로 채택하는 것이 바람직하다.

또한 행정사무감사에서 현장감 있는 감사를 위해 현장 동영상이나 사진을 활용하는 것도 좋은 방법이다. 공무원들은 대부분 문서로 일을 하기 때문에 현장에 대한 세밀하고 정확한 문제점에 대해서는 파악하기 힘들다. 이때 이를 잘 활용하면 효과적인 감사를 실시할 수 있다.

# 6 의원의 유일한 무기는 '말'이다

# 시장을 꾸짖다

**처음** 서울시의원으로 당선되었을 때 언론에서 내게 붙여 준 수식어는 '초선답지 않다'였다. 3선 구의원 출신의 경력을 충분히 살려 베테랑급 활약을 한다는 칭찬이었다. 잘한다는 격려니 기분이 나쁠 이유가 없었으나 초선 시의원에게 주어지는 칭찬 치고는 과분하다는 생각에 약간 부담스럽기도 했다.

이 칭찬이 시작된 계기는 오세훈 시장을 상대로 한 첫 시정질문이었다. 재선의 시장을 상대로 '하룻강아지'처럼 보이는 초선의원이 단상에 올라 질문을 한다고 했을 때 무언가 기대한 사람은 딱히 없는 것처럼 보였다. 그것은 같은 당 소속이던 의장도 마찬가지였다.

본래 내 순서는 그날 오후 3시경으로 예정돼 있었다. 당시 여당 재선 시장과 야당이 다수를 차지하고 있었던 시의회는 언론의 주목을 받기에 충분했다. 시정질문은 보통 3일 정도 하는데 언론은 첫날 오전 질문자에게 대해 가장 집중한다. 당시 그런 물정도 잘 몰랐던 터라 배정된 순서에 별다른 불만도 없었다. 그저 내 차례를 기다리고 있었을 뿐이다.

그런데 당일 오전 2번째로 예정돼 있던 의원이 갑작스럽게 시정질문을 취소했다. 대개 의원들마다 자기 순서에 맞추어 준비를 하기 때문에 이런 의외의 변수를 달가워하는 사람은 없었다.

대타가 필요했다. 의장이 나에게 오전에 시정질문을 할 수 있느냐고 물었다. 시정질문 첫날, 그것도 새파란 초선이 두 번째 순서에 나간다는 것은 상당히 부담스러운 일이었다. 그러나 나는 상관없다고 대답했다. 아무도 내게 기대하지 않았겠지만 나는 나름대로 착실하게 준비를 마친 상태였기 때문이다.

떨리는 마음을 부여잡고 단상에 올라서 오세훈 시장에게 질문지에 없던 내용을 먼저 물었다. 공식적인 사과를 받아내기 위해서였다. 시장이 전날 시의회 첫 본회의에서 '시정연설'을 해야 했는데 준비가 부족해 우왕좌왕하는 장면이 연출되었기 때문이다.

시정연설이란 시장이 본인의 시정철학과 재정 운영방향, 공약 등 서울 시정 전반에 대한 생각과 정책방향을 밝히는 가장 중요한 연설이다. 그러나 시장은 준비가 부족했고, 의장과도 사전협의도 없이 기획조정실장에게 대신 미뤘다. 의장은 순간 당황스러워했고, 의원들도 그 무례함에 불쾌해했다. 분명 시장의 시의회에 대한 자세와 마음가짐이 달라져야 한다고 생각하고 시정질문을 계기로 기습적인 질문을 던진 것이다. 허를 찔린 시장은 결국 본회의장에서 공개적인 사과를 해야 했다.

다음은 잘못된 용어를 계속해서 사용하고 있어서 그냥 넘어갈 수 없었다. 그것도 국회의원까지 지낸 재선 서울시장이 속기가 되고 있는 공식 회의에서 잘못된 용어를 사용한다는 것은 창피한 일이었고 수준을 말해준다고 생각했다. 바로 '시정질의'라는 말이었다. 사실은 '시정질문'이 맞는 말이다. 국회에서는 '대정부질문'을 실시하고 지방의회에서는 '시정질문, 도정질문, 군정질문, 구정질문'을 실시한다.

**서울특별시의회 기본 조례 제50조(시정질문)**

① 본회의는 회기 중 기간을 정하여 시정전반 또는 시정의 특정분야를 대상으로 시정질문을 할 수 있다.

② 질문자수는 교섭단체별로 그 소속 의원수의 비율을 고려하여 의장이 각 대표의원과 협의하여 배정하며, 교섭단체에 속하지 아니하는 의원의 질문자수와 질문자는 의장이 각 대표의원과 협의하여 정한다.

③ 질문을 하고자 하는 의원은 미리 질문내용을 명확히 알 수 있도록 질문요지서를 작성하여 의장에게 제출하여야 하며, 의장은 늦어도 질문시간 48시간 전까지(휴무·공휴일은 제외한다) 질문요지서가 시장 또는 교육감에게 도달되도록 송부하여야 한다. 〈개정 2014. 1. 9.〉

④ 각 대표의원은 배정된 질문자수의 범위에서 질문의원과 그 질문순서를 정하여 질문일 48시간 전까지 의장에게 통지하여야 한다. 이 경우 의장은 각 대표의원의 통지내용에 따라 질문순서를 정한 후 본회의 개의 전에 각 대표의원과 시장 및 교육감에게 통지하여야 한다.

⑤ 제1항의 시정질문은 일문일답의 방식으로 하되 다음 각 호의 어느 하나를 선택하여 실시할 수 있다. 〈개정 2014. 1. 9.〉

  1. 의원의 질문시간은 답변시간을 포함하여 40분을 초과할 수 없다.
  2. 의원의 질문시간은 25분을 초과할 수 없다. 이 경우 질문시간에는 답변시간이 포함되지 아니한다.

⑥ 의회는 시장 또는 교육감으로 하여금 시정질문의 처리결과를 본회의에 보고하게 할 수 있다.

⑦ 시장 또는 교육감은 의원이 시정질문을 한 날부터 10일 이내에 그 조치계획이나 처리결과 등을 해당 의원에게 보고하여야 한다. 그 기한 내에 보고하지 못할 경우에는 그 이유와 보고할 수 있는 기한을 서면으로 해당 의원에게 통지하여야 한다. 〈신설 2018. 1. 11.〉

⑧ 의장은 의원의 질문과 시장 또는 교육감의 답변이 교대로 균형 있게 유지되도록 하여야 한다. 〈개정 2014. 1. 9., 2018. 1. 11.〉

"시정질문이나 시정질의가 뭐 그리 중요한가?"라고 되물을 수 있다. 그러나 공인의 말은 정확해야 한다. 서울시장의 얼굴과 말은 천만 서울시민은 물론 세계적인 도시 서울을 대표한다. 또한 그 기록은 영원히 역사가 된다. 사실은 질의와 질문은 큰 차이가 있다. 질의란 '의회에서 의제로 채택된 안건'에 대해서 의제의 범위 안에서 묻고 따질 때 사용한다. 질문은 '행정 전반에 대해서 처리 상황과 내용의 설명'을 요구하거나 소견을 묻는 것을 말한다.

통상적으로 단체장을 출석시켜서 시정 전반이나 특정 분야에 대해서 묻는 것을 '시정질문'이라 하고 간담회나 설명회 등에서 의문 나는 것을 물을 때 '질문'이라 한다. 반면 의회 상임위나 본회의 등 공식회의에서 의제로 채택된 안건에 대해서 궁금한 것을 묻고 따질 때 '질의'라고 한다. 가령, 예산안이나 조례안에 대해서 묻고 따질 때 '질의'라는 용어를 사용한다.

"의원님, 공부 좀 해서 오세요!"

오세훈 시장의 의원 훈계 일화는 유명하다. 그러나 나에게는 그 말이 한없이 오만하게 들렸고 관점 또한 바꿔야 한다고 생각했다.

의원들은 현장의 목소리를 매일 듣는 사람들이다. 설령 법규나 수치가 정확하지 않을 수 있지만 공무원들이 알 수 없는 주민들의 마음과 바람을 정확하게 파악하고 있는 주민의 대표자다. 그래서 단체장은 현장의 목소리를 대변하는 의원들을 존중해야 한다. 그래야 주민들이 더 많이 행복해질 수 있다. 내가 굳이 '시정질의'라는 잘못된 용어를 지적한 이유는 바로 관점과 자세를 지적하고 싶었기 때문이다.

다음날 언론에는 '오세훈 시장, 초선의원에게 KO패'라는 제목의 기사가 실렸다. 자기 대선후보로 거론될 만큼 존재감이 컸던 국회의원 출신의 시장에게 시정의 오류를 지적하는 초선의원의 존재란 그만큼 이채로운 것이었나 보다. 이후로 인터뷰 요청도 많이 받았다. 물론 이 같은 판단에는 아내의 조언도 큰 몫을 했다.

## 말이 전부다

우리말에는 '말'에 대한 속담이 꽤 많다. "말 한마디로 천 냥 빚을 갚는다"거나 "말은 해야 맛이고 고기는 씹어야 맛이다", "말이 씨가 된다" 같은 속담들을 듣고 볼 때면 그 모든 것이 나를 향하는 것처럼 느껴지는 경우가 있다. 지방의원의 일이라는 것이 따지고 보면 모두 말과 관련돼 있기 때문이다.

조금 거칠게 말하자면 의정활동은 '말'로 시작해서 '말'로 끝난다. 지방의원의 유일한 의정활동 무기는 바로 말이다. 주민의 의견을 듣고 전달하는 것도 말로 이루어지며, 주민을 설득하고 소신을 펼치기 위해서는 말을 해야 한다.

예·결산심사를 비롯해 행정사무감사까지 거의 모든 의정활동은 말로 하게 된다. 지방의원에게는 물리력이나 강제력을 행사할 권한이 없다. 주먹을 사용하는 것은 물론 안 되고 사법권이 있는 것도 아니다.

지방의회 모든 공식회의는 속기사가 모두 속기한다. 즉 의원이 의회에서 하는 말은 그대로 기록이 된다. 당장 내 의견대로 결론이 나지 않더라도 역사로 남는다는 의미다. 진실이 가려져 있다고 판단한다면 그 근거와 문제를 의회에서 밝혀 역사에 남길 수 있다. 말하는 순간 바로 무엇이 바뀌는 것은 아닐지라도 기록으로 남은 말은 진실을 밝히는 단서가 될 수 있다. 역사적 경험을 통해 알 수 있듯이, 진실은 언젠가 밝혀진다. 그러므로 지방의원의 말은 역사를 기록하는 수단이요 진실을 밝히는 무기라고 할 수 있다.

의회에서 야당일 경우에는 아무리 옳은 주장을 해도 정작 표결에서 관철이 안 되는 경우가 많다. 그렇다고 너무 속상해하거나 실망할 필요는 없다. 당장은 내 뜻이 관철되지 않았지만 문제가 발생하면 수사기관은 내 주장을 가장 먼저 살펴본다. 더불어 역사가 그 주장을 기록하고 있어서 평가하게 된다.

다만 야당으로서, 아니 소수의견으로 주장을 할 때 감정의 선을 넘지는 말아야 한다. 많은 의원들이 옳은 주장을 하고서 감정을 다스리지 못해 일을 그르치는 경우가 많기 때문이다. 다수결이 꼭 옳은 것은 아니지만 민주사회의 의사결정은 만장일치가 사실상 어렵기 때문에 현실적으로 다수결의 원칙에 따라 운영된다. 충분한 토론을 허락하지만 폭력까지 정당화시켜 주지는 않는다. 그래서 여당은 '배려'하고, 야당은 '협력' 해야 한다.

말은 그 사람의 인격이다. 특히 지방의원은 말에 품격이 있어야 한다. 비속어나 사투리, 차별적 발언 등은 해서는 안 된다. 자신의 짧은 지식과 경험만을 앞세워 시대정신에 맞지 않는 발언을 쏟아내서도 안 된다.

즉, 무식을 자랑해서는 안 된다. 주민의 대표이기 때문에 논리에 맞아야 하고, 자신의 생각만을 고집하기보다는 주민의 입장에서 정의롭고 지혜로운 말을 구사해야 한다. 준비된 생각과 절제된 언어로 표현되어야 한다.

# 공무원이 대신 써 준 질문서

의정활동을 하면서 창피할 때가 가끔 있다. 타당한 사유나 논거도 없이 막무가내로 공무원들을 몰아붙일 때나 젠더감수성이 떨어지는 용어를 사용할 때 나도 모르게 얼굴이 화끈거린다. 이러한 장면을 회의장에 출석한 공무원들은 물론 집행부에서 TV 모니터를 통해 모든 공무원들이 모니터링하고 있기 때문이다.

최근에는 많은 지방의회에서 투명하고 공개적인 의정활동을 위해 회의 장면을 인터넷으로 실시간 생중계하는 경우가 많아지고 있다. 지방의원들의 정책적이고 내용 있는 의정활동이 더 요구되고 있다.

내 경험상 공무원이 대신 써 준 질문서를 가지고 신념 없이, 영혼 없는 질문을 하고 있는 동료의원을 볼 때 가장 창피하다. 고민도 없고 노력도 없는 의원이 단순히 발언 실적을 쌓기 위해, 존재감을 드러내기 위해 집행부의 요구사항을 청부받아서 발언하는 모습은 블랙코미디에 가깝다. 시정질문이나 5분발언, 상임위원회 질의는 지역 현안과 주민들의 민원사항, 의원의 문제의식을 단체장과 집행부에게 묻고 따지는 과정이다.

의정활동은 오로지 말로만 가능하고, 말은 다양한 발언의 형태를 띠게 된다. 모든 발언의 기본은 상임위원회 활동을 통한 질의일 것이다.

그러나 상임위원회 질의만으로 문제 해결이 어렵거나 최고행정 책임자인 단체장의 의지나 정확한 입장을 확인하고자 한다면 시정질문을 통해 이슈화시키는 것이 좋다.

다만, 시정질문을 너무 남발하는 것은 바람직하지는 않다. 부서 실·국장 선에서 충분히 해결할 수 있는 문제까지도 본회의장으로 가져가서 단체장을 불러 세워서 따져 묻는 것은 단체장과 집행부 간부공무원들의 자존심을 짓밟는 것으로 이해될 수 있어서 문제 해결에 결코 도움이 되지 않는다. 의정활동에도 밀고 당기는 행위, 소위 '밀당'이 필요하다. 원칙과 소신을 버리란 얘기는 아니지만 유연함과 정무적 판단 또한 필요하다.

질문서가 작성되기까지 오랜 시간과 많은 고민이 있어야 한다. 문제의식과 현장 확인, 자료요구와 분석, 집행부와의 사전 협의, 다른 자치단체 사례와 대안 고민 등 종합적인 고민들이 검토되어야 한다.

질문서는 글 솜씨가 없어도, 가방끈이 짧아도 직접 고민해서 써 보자.

## 옳은 말을 할 수 있는 용기

"**웅변의** 목적은 진리 설파가 아니라 설득이다."
19세기 영국의 정치가이자 역사가였던 토머스 맥컬리의 말이다. 정치를 하는 사람에게 있어 말의 역할과 기능을 이보다 잘 정의해 준 말은 많지 않다.

정치인은 대개 웅변하는 사람이다. 주민의 의견을 대표하여 지역의 필요를 대변하여 말하는 사람, 그것이 지방의원이다. 그러나 지방의원의 말은 진리를 설파하기 위해 존재하는 것이 아니다. 지방의원에게 있어서 말이란 상대를 설득하기 위한 도구다.

그러나 설득을 위해 아무 얘기나 해도 되는 것은 아니다. 특정 집단의 이익에 휩쓸리거나 지역 이기주의를 대변하는 말은 설득을 위한 말로써 부적절하다. 지방의원에게 있어서 적절한 말이란 갈등을 조정하고 문제를 해결하고 나아가 잘못된 균형추를 바로잡을 수 있어야 한다. 사회적 약자 편에서 항상 정의롭게 행동해야 한다.

기초의원 시절 지역구 내에 골프연습장 설립 허가가 난 적이 있다. 지역구 의원인 나도 몰랐고 주민들도 전혀 모르게 구청장이 허가를 해 준 것이다. 지역 순찰을 돌면서 이상한 공사현장을 발견하고서 담당공무원을 불러서 캐묻고 자료를 요청했다. 2,000세대 서민아파트 바로 코앞이었기에 대규모 집단민원은 불을 보듯 뻔했다. 불과 10m 도로를 사이에 두고 수십 m의 철탑이 세워지기 때문에 조망권 피해와 더불어 새벽부터 밤늦게까지 소음 피해도 우려됐다.

복지시설이 들어와도 시원치 않을 판에 서민들이 가질 위화감과 상대적 박탈감도 걱정이었다. 다행히 자료를 확인했더니 두 가지 문제점을 발견할 수 있었다. 허가조건을 이행하지 않은 부분과 사전착공이라는 중대한 문제가 발견되었다.

의회에서는 구청장을 상대로 구정질문을 실시하고, 주민들에게는 의정보고서를 제작해 배부했다. 마침내 허가가 취소되었다. 의정활동의 승리이자 주민들의 작은 승리였다. 문제는 큰돈이 오가는 공사의 인허가 취소로 사업자가 실질적인 손해를 입게 됐다는 데 있었다. 사업자는 처음엔 반대 활동을 멈추게 하기 위해 갖은 회유 작전을 폈다.

"평생 골프 치게 해 줄 테니 눈감아 달라."

"뭐 필요한 것 없느냐?"

많은 제안과 설득이 있었다. 하지만 타협하지 않았다. 결국 인허가가 취소되자 내용증명 우편물이 집으로 왔다. '수십억 원의 손해배상을 청구하겠다'는 협박성 편지였다. 막상 내용증명 우편물을 네 번이나 받고 보니, 그것도 수십억 원을 청구하겠다는 말을 직접 눈으로 확인하고 나니 정말 청천벽력 같았다. 매월 겨우 35만 원의 의정활동비를 받는 명예직 기초의원에게 수십억 원의 손해배상은 솔직히 겁나는 일이었다. 운 좋게도 나 같은 경우 다행히 소송은 제기되지 않았지만, 정당한 의정활동에도 소송이 이루어진 경우도 많다.

경기도 여주시의원은 부당한 수의계약의 문제점을 지적하다가 소송을

당한 적이 있고, 서울시 강북구의원은 지역신문을 구청에서 과다하게 구독하는 것을 지적하다가 실제 피소 당한 적이 있다. 서울시의원도 최근 체육단체 비리를 파헤치는 과정에서 피소를 당했다. 정당한 의정활동의 일환이자, 공익적 목적으로 언론과 인터뷰를 한 것이기 때문에 문제될 것은 없지만 막상 당한 사람은 기분 나쁘고 위축될 수밖에 없다.

사람은 누구나 더 좋은 것을 안다. 무서운 것은 피하고 싶고 피할 수 있다. 그러나 정치를 하는 사람은 좋은 것보다 옳은 것, 무서운 것보다 중요한 것을 알아보고 판단할 수 있어야 한다. 해야 할 말을 제때 제대로 하는 것은 지방의원에게 주어진 의무다.

용기가 필요한 일이라고 느껴질 때도 있을 것이다. 거대한 이익집단과 맞설 때, 소송을 당하거나 표를 의식하면 겁이 날 수도 있다. 그러나 해야 할 일과 반드시 할 말을 실천에 옮기는 용기는 생활정치인으로서 꼭 필요한 덕목이다.

나 역시 때때로 겁이 난다. 그러나 가장 무서운 것은 피소 당하는 일이 아니다. 나를 믿고 지지해 준 주민들에게 진정 좋은 일, 지금 반드시 해야 하는 옳은 말이 무엇인지를 비겁하게 외면할까 봐서 그것이 늘 두렵고 고민이다.

性 # 지방의원 5대 수칙

**좋은** 지방의원이 되기 위해서는 다양한 노력을 기울여야 한다. 주민들의 삶과 생활이 구체적으로 나아질 수 있도록, 지역공동체가 사랑과 희망으로 따뜻해질 수 있도록, 지역 발전이 계획적으로 이루어질 수 있도록 최선을 다해야 한다. 이러한 의정활동에도 지켜야 할 기본적인 5대 수칙이 있다.

### 1. 회의는 반드시 참석한다

회기 중이라면 반드시 회의에 참석해야 한다. 회기 중 의회 출석은 의정활동의 기본이다. 지역 민원과 중요한 정책도 회의를 통해서 따지고 챙길 수 있다. 회기 중일 땐 온전히 의회에 집중하고, 지역 행사나 동네 모임에 참석하지 마라. 대신 비회기 중에는 지역을 성실하게 다녀야 한다.

### 2. 기본에 충실하라

의원은 특권을 누리는 사람이 아니다. 주민에 대한 사랑과 지역에 대한 애정, 헌신적인 자세와 정의로운 행동이 기본이다. 그것도 4년 동안만 허락된다. 당선되고 배지를 다는 순간 목에 힘이 들어가고 시간이 지나면서 주민들의 민원이 귀찮아질 때, 그때가 바로 권력에 취하는 순간이다.

### 3. 매일 공부하는 것이 최선이다

간혹 밤마다 술자리가 이어질 때도 있을 것이다. 그러나 술자리가 잦아지면 성실한 의정생활을 위한 준비 시간이 줄어들게 마련이다. 집행기관을 견제·감시하기 위해서, 입법기관으로서 조례를 제·개정하기 위해서, 주민들의 민원을 해결하기 위해서는 많은 공부가 필수다. 매일매일 공부하는 것이 자연스러운 일상이 되어야 한다.

### 4. 의원끼리 고소·고발하지 마라!

의원들끼리 고소·고발하는 경우를 종종 본다. 의회의 기본 임무는 집행부에 대한 견제·감시다. 집행부의 견제·감시에 여·야가 따로 있을 수 없다. 의원들끼리 싸우고, 그래서 고소·고발이 난무해지면 주민의 대표기관인 의회는 스스로 자멸하게 된다. 따라서 의원들이 서로에 대한 존중과 배려로 단합했을 때 최소한의 견제·감시도 가능해진다.

### 5. 내가 단체장이다!

마음은 태도를 결정한다. 어떤 마음으로 사안을 대하고 바라보느냐에 따라 해결책도 달라질 수 있다. 의원은 다들 출신 지역이 있다. 내 지역만 챙기는 '우물 안 개구리'가 되지 말고, 우리 지역의 발전에 대해서 크게 보는 것이 필요하다. 단체장처럼 생각하고 고민해야 지역은 더 많이 발전하고, 주민들의 행복은 더 커질 수 있다.

# 의정활동,
# 어떻게 평가될까?

**의정활동은** 다각도로 평가된다. 선거가 거듭되고 풀뿌리 민주주의가 발전할수록 주민들의 참여는 활발해지고 의원들에 대한 평가도 꼼꼼해진다. 공정사회로 나아가면서 편법과 탈법이 사라지고 관행으로 묵인되었던 의원들의 작은 기득권도 내려놓게 만들었다. 본회의와 상임위원회 회의가 인터넷을 통해 실시간으로 공개되고, 출석률이 홈페이지에 공개된다. 해외연수와 관련해서도 심사기준이 강화되면서 공무국외심사위원회 심의를 통과하지 못하는 일도 발생했다.

조례 제·개정에 대한 발의실적도 주민들과 각 정당이 공천과정에서 반드시 주목하는 중요한 평가항목이다. 심지어 지역사회단체나 복지단체에 대한 '기부금' 기부실적까지 평가한다. 이렇듯 지방의원의 의정활동 평가는 광범위하고 꼼꼼해지고 있다.

다음은 어느 정당의 2018년 6월 지방선거를 앞두고 정리한 현역 지방의원의 평가항목들이다.

의정활동 A to Z

**예시) 광역·기초의원(2018년 더불어민주당 서울시당 평가기준)**

| 평가기준 | 평가항목배점 | 평가요소 | |
|---|---|---|---|
| 의정활동 35%(350점) | 입법성과 30% (105점) | 조례 발의 및 처리 건수 | 조례 발의 건수 |
| | | | 조례 제·개정 건수(정량) |
| | | | 조례 내용 성격(정성) |
| | | 우수조례 선정 건수(가점) | |
| | 성실도 20% (70점) | 본회의 출석률 | |
| | | 상임위 출석률 | |
| | 지역주민에의 기여도 20% (70점) | 지역주민을 위한 예·결산 활동(내용 및 규모) | |
| | | 행정감사 및 조사에 의한 개선 건수(성과) | |
| | 도덕성 20% (70점) | 의회윤리소위 제재건수 및 당 윤리심판원의 징계건수 | |
| | 의회임원 10% (35점) | 의장단, 상임위원장, 원내대표단, 특별위원장 | |
| 지역활동 35%(350점) | 주민 소통 활동 50%(175점) | 의정보고회/보고서 | |
| | | 주민간담회/주민의견 청취건수, 참여인원수 | |
| | | 청원접수 건수 | |
| | | 봉사활동 실적 | |
| | | 기부금 납부 사회단체 수 및 실적 | |
| | 당무기여도 50%(175점) | 지역위원회 상무위원회 참여율 시·도당 상무위원회 참여율 | |
| | | 시·도당 행사, 집회, 연수 참여율 | |
| | | 당직 역임(시·도당, 중앙당/상설, 비상설) | |
| | | 당비 납부 실적 | |
| 자치분권 활동 10%(100점) | 분권운동 50%(50점) | 결의대회, 협약식, 청원운동, 대정부·국회 활동, 협의회 활동 등의 주최 및 참여 실적 | |
| | 분권학습 50%(50점) | 자치분권의 세미나, 포럼, 교육, 연수 등의 활동 주최 및 참여 실적 | |
| 다면평가 20%(200점) | 의원 상호평가 70%(140점) | | |
| | 당원 평가 30%(60점) | | |

> **지방의원 공천 관련 평가항목**
> 1. 회의 출석률(본회의, 상임위원회)
> 2. 조례 발의 건수(대표발의, 1인발의)
> 3. 발언 횟수(시정질문, 5분발언)
> 4. 주민 소통 활동(의정보고회, 주민간담회)
> 5. 당무활동(당 행사 참석률, 당비 납부)
> 6. 공약 이행활동
> 7. 다면평가(의원 상호 간, 당원)

지방선거를 앞두면 각 정당별로 의원 평가에 돌입한다. 목적은 분명하다. 지난 4년 동안의 의정활동을 평가해서 문제가 있으면 교체하기 위해서다. 평가를 잘 받기 위해서는 평소 잘 정리하는 습관이 필요하다. 지나간 4년을 한꺼번에 정리하는 것은 쉽지 않기 때문이다.

페이스북이나 카카오스토리, 블로그 등 SNS를 활용하는 것도 하나의 지혜다. 의정보고회나 주민간담회, 민원상담, 현장방문 등도 사진 찍어서 정리해 둬야 한다. 최근에는 유튜브나 아프리카TV 등 1인 방송을 활용한 대국민 소통실적도 중요한 평가항목이다.

무엇보다도 정당의 입장에서 보면 당의 철학과 가치에 기반한 당무활동이 중요하다. 당 행사나 각종 회의 참석, 교육연수 및 집회 참석, 당비 납부, 정무적 활동 등을 통한 정당 기여도가 확인되어야 한다. 특히 정당공천의 절대적 권한을 행사하고 있는 각 시·도당 위원장이나 각급 지역위원회 위원장, 당원협의회 회장 등으로부터 평가를 잘 받는 것이 매우 중요하다.

현역의원이라면 동료의원들과 사이좋게 잘 지내야 한다. 의원 상호 간 다면평가가 반드시 있기 때문이다. 성실한 의정활동도 중요하지만 의원 상호 간의 인간적인 관계와 신뢰도 중요한 이유다.

**3장**

# 지방의회에 길을 묻다

짧은 역사 속에서 많은 우여곡절을 겪으며 크고 작은
상처들을 품고 있지만 우리의 지방자치는 중단 없이 전진해야 한다.

# 1 불행한 역사를 넘어

# 전쟁 속에 태어나다

**우리나라** 지방의회의 역사는 한국전쟁 중에 시작됐다. 상식적으로 믿기 힘들지만 사실이다. 전쟁 중에 총알이 날아다니고, 죽을지도 모르는 급박한 시기에 한가롭게 무슨 지방의원 선거란 말인가?

1950년 6월 25일 북한군의 남침으로 한국전쟁이 발발하고 1953년 7월 27일 휴전협정을 맺기까지 3년 1개월 동안 한반도는 전쟁 중이었다. 전쟁발발 1년 후인 1951년부터는 휴전협정 제안 등으로 사실상 전쟁은 소강상태였지만 혼란은 계속되었다.

1952년 4월 25일 시·읍·면의회 의원선거와 1952년 5월 10일 도의회 의원선거가 전국 최초로 실시되었다. 그러나 전쟁 혼란으로 접경지 부근 서울특별시와 경기도, 강원도 및 계엄령이 선포된 지리산 일대 등 일부 지역에서는 선거를 치를 수 없었다. 따라서 서울특별시의회와 경기도의회, 강원도의회는 지방선거를 실시하지 못했고, 1956년에야 첫 지방선거를 실시할 수 있었다. 이런 이유로 서울특별시의회와 경기도의회, 강원도의회는 현재 제10대 의회인 반면 그 밖의 충청남도의회, 경상북도

의회, 전라남도의회 등은 제11대 의회로 그 연혁이 다르다.

한편, 시·읍·면의회 의원선거는 전국 17개시, 72개읍, 1,308개면에서 지방선거가 실시되었는데 선거운동은 특별한 제약이 없었고 중선거구제를 채택했다. 특이한 것은 시·읍·면의회에서 시·읍·면장을 선출했다는 것이다. 하지만 지방의회의 출발은 불행했다. 이승만의 정치적 야욕으로 시작되었기 때문이다. 전쟁 중인 혼란한 상황에서 굳이 지방선거를 실시한 이유도 국민들에게 주민주권을 되돌려 주기 위해서가 아니라 대통령을 한 번 더 해 먹고 싶은 개인적 욕심에서 지방선거를 이용한 것이다. 당시 제헌헌법에서는 대통령을 국민이 직접 선출하는 것이 아니라 국회에서 무기명 투표로 뽑았다. 대통령 직선제가 아니라 간선제였다.

**헌법 제53조**
대통령과 부통령은 국회에서 무기명투표로서 각각 선거한다. (1948. 7. 17.)

제헌국회 구성을 위해 1948년 5월 10일 총선거가 실시되고, 5월 31일 2년 임기의 제헌국회가 개원한다. 국회는 7월 20일 대통령으로 이승만과 부통령으로 이시영을 선출한다. 그러나 1950년 5월 30일 '2대 총선'에서 무소속과 야당이 압승을 하면서 이승만 대통령의 재선 대통령의 꿈은 힘들어지게 되었다. 이에 이승만 정권은 '대통령직선제 개헌안'을 제출하지만 국회에서 부결되고 만다.

그러나 전쟁이라는 혼란한 정세 속에서 계엄령을 선포하는 등 공포 분위기를 조성하고 지방선거를 전격 실시하게 된다. 이승만 정권이 행정력을 동원하여 지원한 결과 지방의원의 70%가 자유당을 비롯한 친여세력이 차지했다. 이들은 대통령 직선제를 반대하는 국회의원 사퇴를 촉구하며 국회 앞 관제데모에 나섰다. 자발적 시위가 아니라 동원이었다.

결국 지방자치에 대한 열망이 높아서가 아니라 이승만의 정치적 야욕을 달성하기 위해 지방선거를 이용한 것이다. 우리나라 지방자치의 태생적 한계를 보여 주는 대목이라 하겠다.

'풀뿌리 민주주의'라는 별명이 붙은 지방자치와 오늘날 민주주의의 표상처럼 여겨지는 대통령 직선제가 국민적 요구나 민주주의적 행위의 산물이 아니라 이승만 독재정권의 권력 연장을 위해 탄생한 것이라니, 이 얼마나 기막힌 역사의 아이러니인가!'

김용석의 의정가이드

# 역사에서 지워지다

**불행한** 모습으로 시작된 우리의 지방자치는 그나마 오래가지도 못했다. 지방의회는 1961년 5·16군사쿠데타에 의해 강제해산 당하고 만다. 지방자치가 실시된 지 겨우 9년 만이었다. 1956년 제2대 지방의회 선거는 시·읍·면장의 선출을 의회간선이 아닌 주민직선으로 바꾸긴 했으나 경험 부족으로 미숙하고 혼란스럽긴 마찬가지였다.

그러나 이때 가장 특별한 지방의회 권한에는 '시·도 조례로 3개월 이하의 징역과 금고, 1만 환 이하의 벌금, 구류, 과료 또는 5만 환 이하 과태료의 벌칙을 규정할 수 있다'는 것이었다. 현행 지방자치법에는 '조례 위반에 대한 과태료' 조항이 있어 조례를 위반한 행위에 대하여 조례로서 1천만 원 이하의 과태료를 정할 수 있다. 지금도 없는 지방의회 권한이 1956년 제2대 지방의회에는 있었다는 사실이 신기하고 놀랍다. 이 조문은 1994년 3월 16일 지방자치법이 개정되면서 징역과 금고, 벌금조항 등은 폐지되고 1천만 원 이하의 과태료만 남는다.

> **지방자치법 제9조**
>
> 도 또는 서울특별시의 조례는 3월 이하의 징역 또는 금고, 1만 환 이하의 벌금, 구류, 과료 또는 5만 환 이하의 과태료의 벌칙을 규정할 수 있다.
> 〈전문개정 1956. 2. 13.〉

1960년 이승만 정권은 3·15부정선거를 자행했고, 4·19민주혁명으로 드디어 최후를 맞이한다. 6월 15일 영국식 의원내각제를 모방한 개정헌법이 통과되고 8월 12일 윤보선 대통령과 장면 국무총리를 선출함으로 의원내각제의 '제2공화국'이 출범한다.

그 해 11월 1일 지방자치법이 개정되고 제3대 지방의회 선거는 12월 12일 시·도의회 의원선거와 12월 19일 시·읍·면의회 의원선거, 12월 26일 시·읍·면장선거, 12월 29일 시·도지사 선거를 각각 실시한다. 서울특별시장과 도지사를 주민이 직접선거로 뽑은 첫 지방선거였다.

그러나 이런 기쁨도 잠시, 제3대 지방의회가 출범한 지 5개월 만인 1961년 5월 16일 박정희는 군사쿠데타를 일으켜 '군사혁명위원회 포고 제4호'에 의거, 지방의회를 강제 해산한다.

> **군사혁명위원회 포고 제4호 6개항**
>
> 1) 현 장면정부의 일체정권은 단기 4294년(서기 1961년) 5월 16일 오전 7시에 완전 인수한다.
> 2) 현 국회는 오후 8시를 기해 해산한다.(지방의회도 포함)
> 3) 일체의 정당, 사회단체의 정치활동은 엄금한다.
> 4) 전 국무위원과 정무위원은 체포한다.
> 5) 국가기구의 일체 기능은 군사혁명위원회에 의해 이를 정상적으로 집행하다.
> 6) 모든 기관시설의 운영은 정상화하고 여하한 유혈적인 행위는 이를 엄금한다.

지방자치 30년 암흑기는 이렇게 시작되었다. 박정희 독재정권은 지방의회 강제해산도 모자라 풀뿌리 민주주의인 지방자치가 영원히 부활하지 못하도록 아예 대못을 박는다. 그것이 바로 유신헌법 부칙 제10조다. 민주주의를 두려워했던 독재자의 부끄러운 만행이 아닐 수 없다.

> **유신헌법 부칙 제10조**
> 이 헌법에 의한 지방의회는 조국통일이 이루어질 때까지 구성하지 아니한다.
> 〈시행 1972. 12. 27.〉

# 미스터 지방자치

**30년** 만에 지방의회가 어렵게 부활한다. 1987년 6·10민주화운동의 성과로 그 해 10월 27일 국민투표로 대통령 직선제와 지방자치 실시에 관한 유보조항 폐지 등 개헌이 이루어진다.

1988년 4월 6일 지방자치단체장 직선조항 등 지방자치법을 전면개정하면서 지방자치 부활의 기반을 확보하였으나 지방선거는 쉽게 실시되지 않는다. 민주주의가 두려웠던 세력들은 갖은 핑계를 대면서 선거를 연기하려 했고, 1990년 1월 22일 3당 합당으로 여당 독주는 심해졌다.

1990년 10월 8일 평민당사에서 당시 김대중 총재의 목숨을 건 단식투쟁이 시작된다. 지방자치제 실시, 내각제 포기, 보안사와 안기부의 정치사찰 중지, 민생 문제 해결을 내세운 무기한 단식투쟁은 그 어느 때보다 비장했다. 목숨을 건 13일간의 단식투쟁으로 1991년 3월 26일 구·시·군의회 의원선거와 6월 20일 시·도의회 의원선거가 실시된다.

지방자치는 국민들의 민주화운동의 성과와 故 김대중 대통령의 끈질긴 투쟁으로 쟁취한 것이다. 정치인 김대중에게 가장 잘 어울리는 별명은 바로 '미스터 지방자치'다. 그는 1971년 대통령 후보로 나서면서 '지방자치제 실시'를 주요 공약으로 내건다. 입에 풀칠하기도 힘들었을 시절에 지방자치제 실시를 주요 공약으로 내세운 것은 그에게 오랜 신념이 있었기 때문이다.

"민주화는 지자체에서부터 시작합니다"라는 그의 말에서 보듯 오랜 독재를 종식하기 위해서는 풀뿌리 민주주의인 지방자치 부활만이 해답이라는 것이 그의 판단이고 믿음이었다. "투표는 총알보다 강하다"라고 말한 미국의 제16대 대통령 에이브러햄 링컨이 그랬듯이 정치인 김대중은 국민에게 이 나라를 바꿀 힘이 있다고 생각하고 행동했다.

대통령을 한 번 더 해 먹기 위해 지방선거를 전쟁 중에 실시한 이승만, 대통령을 영원히 해 먹기 위해 지방의회를 강제해산하고 대못을 박은 박정희가 있었지만 우리에게는 풀뿌리 민주주의 지방자치야말로 독재정권을 무너뜨리는 유일한 방법이라며 목숨을 건 단식을 통해 부활시킨 김대중 또한 있었다.

우리의 지방자치는 짧은 역사 속에서도 많은 우여곡절을 겪어 왔다. 많은 상처늘을 품고 있지만 우리의 지방자치는 중단 없이 전진해야 한다. 지방자치 반대는 독재 부활이다.

# 유아복을 입은 30대 청년

**우리의** 지방자치를 놓고 내가 늘 하는 말이 있다. 우리의 지방자치는 마치 '유아복을 입은 30대 청년' 같다는 말이다. 30년 동안 성숙한 지방자치를 법과 제도가 오히려 가로막고 있기 때문이다. 실제로 헌법은 제정 후 30년이 지났는데도 바뀐 적이 없고, 지방자치법도 전면적으로 개정된 지 30년이 지났다. 10년이면 강산도 변한다는데 우리는 아직도 30년 전 틀에서 벗어나지 못하고 있다.

헌법은 시대를 담는 그릇이다. 먼저 헌법이 바뀌어야 한다. 지방자치와 자치분권만이 대한민국의 지속가능한 발전을 이끌 수 있는데도 정치적 이해관계 때문에 실현되기에는 힘들어 보인다. 전국의 243개 지방자치단체가 처한 상황이 다 다르고, 지역주민들의 바람 또한 모두 다르다. 시대가 빠르게 변하면서 사람들의 중심가치도 달라지고 있고, 생활 방식도 급변했다. 1~2인 가구가 50%를 훌쩍 넘어섰고, 결혼과 출생에 대한 생각들도 많이 변했다. 법과 제도가 앞서가지는 못하더라도 적당한 거리를 두고 쫓아가야 하는데 우리의 정치 현실은 너무 무능하고 무책임해 보인다. 이 또한 짧은 민주주의 역사에서 오는 시행착오란 생각이 들 때면 씁쓸해진다.

서울시의 청년수당 지급처럼 새로운 복지제도를 시행하기 위해서는 중앙정부와의 협의를 일일이 거쳐야 한다. 이러니 지역 특성에 맞는 세금을 신설하는 것은 아예 불가능하다. 조례는 법령의 범위 안에서만 제정이 가능하고, 자치단체의 부서를 하나 신설하는 것도 통제를 받는다.

> **대한민국 헌법 제117조**
> ① 지방자치단체는 주민의 복리에 관한 사무를 처리하고 재산을 관리하며, 법령의 범위 안에서 자치에 관한 규정을 제정할 수 있다. 〈헌법 제10호, 1987. 10. 29. 전부개정〉

자치재정권은 아예 30년 동안 달라진 게 별로 없다. 복지수요는 계속 늘고 있고, 국민들의 요구도 다양해지고 있는데 지방자치단체는 정작 돈이 없다. 중앙정부가 절대로 포기하지 않는 것이 바로 재정이다.

지방자치가 온전히 실시된 1995년 이후 25년 동안 국세와 지방세 비율은 8 대 2로 달라진 것이 별로 없다. 대통령이 공약으로 재정분권을 내걸어도 중앙정부 관료집단은 항상 딴청만 부린다.

자치와 분권에 대한 철학과 신념, 의지가 부족한 가운데 재정을 지방자치단체 통제수단으로 여전히 사용하는 한 지방자치의 미래는 결코 없다. 정권이 바뀔 때마다 오히려 지방자치가 후퇴하거나 탄압 당하는 일이 반복되다 보니 발전은 고사하고 제자리에 머물러 있을 뿐이다. 정말 안타깝다.

지방의회의 권한 또한 1949년 7월 4일 처음으로 제정된 지방자치법을 크게 벗어나지 못하고 있다. 70년 동안 주민의 주권보다는 중앙정부와 지방자치단체 간의 관계를 중심으로 그 틀이 바뀐 적이 없다. 오히려 지방의회 권한이 축소된 것이 있을 정도이니 주민의 대표기관이자 입법기관, 의결기관, 견제·감시기관으로서 지방의회의 역할이 아직까지 제대로 수행되고 있지 못하다.

중앙정부는 항상 지방자치단체의 통제에만 관심이 있기 때문에 우리의 지방자치 권력구조도 '강 단체장 약 의회' 제도를 채택했을 것이다. 지방자치를 하고 싶지 않았던 중앙집권세력들은 단체장에게 강력한 권한을 부여하고, 오직 재정을 가지고 단체장만 통제하면 되도록 설계했을 것이다.

이제 유아복을 벗어 버려야 한다. 30대 청년에 걸맞은 제대로 된 옷으로 갈아입어야 한다.

대한민국의 지속가능한 발전은 획기적인 지방자치 발전에서 출발한다.

## 지방의원 다 없애 버려?

**가장** 가슴 아픈 말이다. 가장 무서운 말이자 가장 무식한 말이기도 하다. 지방의원들이 소위 사고 칠 때마다 언론기사 밑에 어김없이 달리는 댓글이기도 하다. 국민들의 지방의원에 대한 불신이 얼마나 큰지 22년 동안 현장에서 뼈저리게 느끼고 있다. 물론 지방의원만 불신의 대상이 되고 있는 건 아니다. 우리의 정치 자체가 불신을 받고 있고, 정치인은 세계적으로도 가장 불신하는 직업군으로 손꼽힌다.

특히 지방의원들의 외유성 해외연수로 인한 언론보도를 접할 때 국민들은 가장 분노한다. 거의 매년 연례행사처럼 몇 건씩 보도되는 데다가 자극적인 보도로 국민적 불신은 극에 달한다. 이럴 때 어김없이 나오는 말이 "지방의원들 다 없애 버려"란 말이다. 부인할 수 없는 사실은 대부분의 지방의회 국외공무활동 자체가 부실하다는 것이다. 변명할 생각은 없다. 이 부분에 대해서는 먼저 지방의원들의 각성이 필요하다.

그러나 그렇다고 해서 지방의원을 없애거나, 지방의회를 폐지하거나, 지방자치제를 할 필요가 없다는 주장은 너무도 무서운 말이다. 아니 너무도 무지하고 무책임한 말이다. 부족한 지방자치는 가꾸고 키워야 내 삶이 변하게 된다. 내가 낸 세금이 내가 원하는 곳에 사용되어야 하고, 더 이상 단체장의 치적사업에 우리의 혈세가 낭비되지 않도록 해야 한다. 내가 주인이고 유권자이기 때문에 내가 뽑은 대리인이 제대로 일을 안 하거나 주인의 뜻에 반하는 행동을 할 경우에는 소환하거나 다음 선거에서 심판을 해야 한다. 관광성 해외연수를 간 지방의원은 주민들이 주민소환하거나 다음 선거에서 다시 안 뽑으면 된다. 자질이 부족한, 부정을 저지른 지방의원이 있다고 해서 그 제도 자체를 없애는 것은 너무도 무섭고, 무책임한 발언이다.

1991년 지방자치가 부활할 때 일부 중앙부처 공무원들은 "지방자치가 실시되면 나라가 망한다"는 주장을 서슴지 않았다. 국민들도 이런 우려에 걱정이 많았다. 30년이 지난 지금도 일부 보수언론과 중앙집권세력은 끊임없이 지방자치를 폄훼하고 부정하고 있다. 그들이 지방자치가 두려운 이유는 진실과 민주주의가 두려워서다. 주민들 스스로 자신의 문제를 해결하면서 주인으로 우뚝 서 왔고, 참여와 소통을 통해 민주시민은 성숙해 왔다.

민주주의 학교인 지방자치가 해를 거듭하면서 투명하고 공정한 사회로 발전하고 있다. 2016년과 2017년 촛불시민혁명의 성공은 분명 지방자치의 축적된 성과였다. 당연히 지난 30년 동안 부정과 비리, 불공정과 독재는 점점 사라졌다.

수십 년 동안 독재에 기생하면서 특혜와 이득을 누렸던 보수언론과 기득권세력은 당연히 지방자치 자체가 불편하다. 그들은 지방의원들의 모범적인 활동은 애써 외면해 왔고, 어떻게 해서든 부정적이고 자극적인 보도에 열을 올렸다. 지방자치를 부정하고, 탄압했던 핵심세력은 과거에도 현재에도 그들이다. 22년 동안 의정활동 현장에서 체감하고 느낀 사실이다. 지방자치 역사에서 우리는 분명하게 확인 할 수 있다. 보수언론과 기득권세력, 독재세력과 중앙집권세력은 풀뿌리 민주주의인 지방자치를 끊임없이 부정하고 탄압했다.

학문적으로도 지방자치는 민주주의와 긴밀한 관계를 가진다. 지방자치의 정치적 기능 4가지는 독재정치에 대한 방어적 기능, 지역 내의 사무를 자주적으로 결정·처리하는 등 민주주의의 본질적 내용을 실현하는 기능, 민주주의의 학교·훈련장의 기능, 중앙정국의 혼란과 불안정, 무정부상태가 지방에까지 미치지 않도록 방지하고 지방정치와 행정의 독자성·안정성을 유지하는 기능이 바로 그것이다.

이제부터 장난으로라도, 아니 농담으로라도 "지방의원 다 없애 버려"라고 말하지 말자. 그것은 가장 무식하고 무지한 말이며, 또한 가장 무서운 말이기 때문이다. 지방의원을 다 없애 버리면 독재정치가 부활한다. '내 손으로 뽑은 지방의원, 없애 버리라고 말하지 말고 선거 때 제대로 투표하자!'

# 2 지방의회에 필요한 것!

# 4년 비정규직의 월급을 공개하다

**지방의원은** 4년 비정규직이다. 일반적인 직장에서는 성실하게 일하면 재계약되지만 지방의원은 억세게 운이 좋아야 드물게 재계약된다. 대부분 4년 동안 한 번 의정활동을 하고서는 다시 당선되지 않는다. 의원의 임기는 4년인데 재선된다는 것은 하늘에 별따기란 얘기다. 실제로 제10대 서울시의회 110명의 의원 중 초선의원은 81명, 비율로 따지면 73.6%가 초선의원이다. 다른 지방의회를 살펴보면 초선의원 비율이 더 높은 곳도 수두룩하다.

첫해 1년은 당선되고 들뜬 분위기에서 금방 지나간다. 2년 차, 열심히 배우고 익히면 이제 조금 알 것 같아진다. 3년 차, 제대로 내용을 파악하고 본격적으로 의정활동을 해 본다. 그러나 4년 차, 선거가 다가오면서 의정활동보다는 지역활동에 더 정성을 쏟게 된다. 이렇게 4년은 쏜살같이 흘러간다.

의원으로 당선되면 목에 힘이 많이 들어가는 사람들이 있다. 당선소감을 들을 때면 무슨 전쟁 무용담을 듣는 것 같은 착각에 빠질 정도로 자랑을 늘어놓는다. 대부분 이런 사람들은 자기가 잘나서 당선되었다고 믿는다. 대단한 권력을 얻었다고 생각하기 때문에 공무원들을 강압적인 태도로 찍어 누르고 지시하는 경우가 많다. 뜻대로 되지 않을 경우 공무원들을 심하게 괴롭히기도 한다. 경험상 이런 사람들은 다시 당선되는 경우가 적었다. 많은 사람들의 원성을 사면서 권위적인 자세로 의정활동 하는데 지역 평판과 여론이 좋을 리가 없다.

4년 비정규직임을 깨닫고 겸손한 자세로 의정활동을 하는 사람들도 있다. 자기가 잘나서 당선된 것이 아니라 정당의 힘으로, 주변 사람들의 도움으로, 지역주민들의 지지로 당선되었다고 생각한다. 무엇보다 운이 좋아서 당선되었다고 믿는다. 주민들에게 항상 겸손한 자세로 의정활동을 하기 때문에 좋은 인상과 많은 사랑을 받는다. 이런 경우 다시 당선될 확률이 높지만 개인적 이미지나 평판이 좋다고 해서 다음이 보장되는 것은 아니다. 우리의 정치 현실상 지방선거는 정권 심판 성격을 강하게 띠고 있기 때문에 선거에서 정치적 운이 닿아야 당선이라는 열매를 얻을 수 있다.

지방의원도 연금이 있는지 묻는 사람들이 있다. 그러나 지방의원은 연금이 없다. 낙선하면 막막한 이유다. 당장 생계가 어렵고, 다른 일자리를 알아보는 데도 준비 기간이 길어서 곤란을 겪는 경우가 많다. 공무원은 물론 국회의원 보좌관들도 10년, 20년 연금이 있는데 지방의원은 6선, 8선으로 20년, 30년 봉사해도 연금이 없다.

봉급은 더 열악하다. 지방의원의 급여는 공무원 7급 주무관 수준이란 말이 있다. 봉급은 아니지만 '의정비'라고 해서 월정수당과 의정활동비를 받는다. 엄격하게 따지면 의정활동비는 봉급이 아니다. 의원으로서 기본적인 의정활동을 수행하기 위해 지급되는 의정자료 수집비·연구비, 유류비, 전화비 등 활동비인 셈이다.

국회의원들은 여러 명목으로 다양한 지원을 받고 있지만 지방의원은 단출하다. 그 한도액 또한 매년 행정안전부가 정해서 내려보내는데 매월 광역의원은 1인당 150만 원이 한도액이고, 기초의회는 110만 원이 한도액이다.

**지방자치법 시행령 제33조 관련 발표**

| 구분 | 의정활동비 지급범위 ||
|---|---|---|
| | 의정자료수집·연구비 | 보조활동비 |
| 시·도의회 의원 | 월 1,200,000원 이내 | 월 300,000원 이내 |
| 시·군·자치구의회 의원 | 월 900,000원 이내 | 월 200,000원 이내 |

※지방의원 의정활동비 지급 범위. 그러나 의정활동비는 2003년 이후 동결돼 있다.

문제는 의정활동비가 2003년부터 2019년 현재까지 16년 넘게 동결되어 있다는 사실이다. 지방의원들의 의정활동은 명예직일 때보다 비교가 불가할 정도로 많이 늘었고, 전화비와 기름값은 적어도 4배 이상 인상되었다. 그런데도 의정활동비만은 오랫동안 동결되어 있는 상태다. 도저히 납득하기 힘들다.

월정수당은 월급에 가깝다. 2005년 지방자치법 제33조 안에 있던 '명예직' 세 글자가 삭제되면서 2006년부터 지급되고 있다. 지역의 재정자립도 등을 고려하여 각 지역의 '의정비심의위원회'에서 금액을 결정하되 인상을 하기 위해서는 주민여론조사 등 엄격한 절차를 거치게 되어 있다. 일종의 통제를 하는 셈이다.

2019년 현재 서울특별시의회 의원의 월정수당은 381만 5,000원이고, 대구광역시의회 의원의 월정수당은 334만 2,540원이다. 기초의회인 광주광역시 북구의회 의원의 월정수당은 236만 800원이며, 경기도 성남시의회 의원은 300만 5,110원의 월정수당을 받고 있다. 물론 이 월정수당은 세전금액으로 서울시의원의 경우 국민연금과 건강보험 등 45만 원 정도를 납부하고 나면 335만 원이 통장에 들어온다.

서울특별시의회 의원의 경우 2006년 월정수당은 417만원이었다가 2009년 자진해서 월정수당을 358만 3,330원으로 인하했다. 의원들 스스로 비판적 여론을 의식하여 58만 6,670원, 14%를 인하한 결과다. 그 이후 11년 동안 거의 동결된 상태로 지속되고 있다.

최근에 와서 공무원 봉급 인상분을 반영할 수 있는 규정에 따라 아주 미미한 액수가 인상되고 있기는 하다. 그러나 통장에 입금되는 335만 원에서 중앙당 당비 20만 원, 합동사무실 운영비, 사회단체 및 복지법인 10여 곳 기부, 각종 모임·단체 회비 등으로 상당 부분 지출하고 나면 생활하기도 빠듯하다. 특히 다양하고 많은 사람들을 만나기 때문에 특정할 수 없는 지출이 많을 수밖에 없다.

지방의원의 한 사람으로서 월정수당과 의정활동비를 무작정 인상해 달라고 떼쓰고 싶은 생각은 없다. 그러나 15년 넘게 동결되어 있는 것은 타당하지도 않고, 바람직하지도 않다. 생활정치가 발전해야 주민들의 삶의 질도, 행복도 높아질 것이다.

그러기 위해서는 젊고 유능한, 그리고 전문적인 인재들이 지방의원으로 더 많이 진출할 수 있도록 충분한 처우를 보장해야 한다. 몇몇 자질이 부족한 지방의원들을 마치 전부인양 매도하는 것은 옳지 않다. 실력 있고 유능한 인재들이 한눈팔지 않고 생활정치에 전념할 수 있도록 여건을 만들어야 답답한 정치 현실이 개선될 수 있다.

가장 안타까웠던 것은 전문 직업을 가진 젊고 유능한 지방의원들이 의정활동에 전념하기 위해 개인사무실 문을 닫았다가 도저히 생활이 안 되는 현실 앞에서 다시 개인사무실 문을 열고 생계활동과 의정활동을 병행할 수밖에 없다며 좌절하는 모습을 목격하는 일이었다. 너무도 화가 났고 가슴 아팠다.

국회의원들의 봉급과 활동비를 굳이 비교하는 것은 국회의원들의 월급과 활동비를 깎자는 것이 아니다. 제대로 일하는 국회의원들에게 제대로 된 보수를 지급하는 것은 지극히 당연하다. 우리의 국회가 일하는 국회로 거듭나기만 한다면 봉급을 더 줘도 상관없다.

다만, 지방의원들의 열악한 처우에 대해서는 근본적인 고민이 필요하다고 생각한다. 유능하고 우수한 인재가 주민의 대표로서 제대로 된 역할을 수행하기 위해서는 이제라도 '코페르니쿠스적 발상의 전환'이 절실하다.

국회의원 수당 등 지급기준(2019년)[1]   (단위 : 원)

| 구분 | | 금액 | 비고 |
|---|---|---|---|
| 수당(월) | 일반수당 | 6,751,300 | |
| | 관리업무수당 | 607,610 | |
| | 정액급식비 | 130,000 | |
| | 소계 | 7,488,910 | |
| 상여금(연) | 정근수당 | 6,751,300 | 1, 7월 각 일반수당의 50% 지급(연 100%) |
| | 명절휴가비 | 8,101,560 | 설, 추석 각 일반수당의 60% 지급 (연 120%) |
| | 소계 | 14,852,860 | |
| 경비(월) | 입법활동비 | 3,136,000 | |
| | 특별활동비 | 784,000 | 300일 기준 (회기 중 1일당 31,360원) |
| | 소계 | 3,920,000 | |
| 월평균액 | | 12,646,640 | |
| 연액 | | 151,759,780 | |

---

1) 국회 홈페이지에 사전정보공개된 "의원실 의정활동 지원경비 지급액(또는 배정액) 및 지급 방법" 참고

## 국회의원별 의원실 지원경비 현황(2019년)[2]

| 구분 | | | 지급액 | 지급방법 | 지원근거규정 |
|---|---|---|---|---|---|
| 사무실 운영 지원 | 사무실 운영비 | 비서실운영비 | 월 180,000 | 정액 지급 | |
| | | 업무추진비 | 연 3,480,000 | 증빙 후 사후지급 | |
| | 공공요금(전화·우편 등) | | 월 950,000 | 정액 지급 | |
| | 사무실 소모품 | | 연 5,192,000 | (월 95만 원에서 전화요금 공제) | |
| 공무출장 등 교통지원 | 의원차량유류비 | | 월 1,100,000 | 현물 : 소모품 신청서<br>현금 : 증빙 후 사후 지급 | |
| | 의원차량유지비 (위원장) | | 월 358,000 (월 1,000,000) | 정액 지급 | 「국회의원 입법활동 차량비 지급규정」 제2조 |
| | 공무수행출장비 | | 연 평균 5,714,800 | 의원실 신청에 따른 사후 지급<br>※ 권역별 차등 | |
| 입법 및 정책개발 지원 | 입법 및 정책개발비 | 기본지원 | 연 19,534,000 | 의원실 신청에 따른 사후 지급 | 「국회의원의 수당 등에 관한 법률」 제7조의2 |
| | | 추가지원 | 연 5,080,000 | | |
| | | 인센티브 | 월 210,000 | 정액 지급 | |
| | | 소계 | 연 27,134,000 | | |
| | 정책자료 발송료 | | 연 평균 4,698,130 | 의원실 신청에 따른 사후 지급<br>※ 세대수별 차등 | |
| | 정책자료발간비 및 홍보물유인비 | | 연 12,000,000 | 의원실 신청에 따른 사후 지급 | |
| 의원실 보좌직원 지원 | 보좌직원 매식비 | | 연 7,036,660 | | |
| | 입법활동지원 정책현안 현지출장비 | | 연 1,071,180 | 의원실 신청에 따른 사후 지급 | |
| | 의원실 업무용택시 | | 연 1,000,000 | | |

[2] 국회 홈페이지에 사전정보공개 된 "의원실 의정활동 지원경비 지급액(또는 배정액) 및 지급방법" 참고

# 지방의원
# 역량강화
# 방안

"**자질이** 부족해" 지방의원들이 욕먹을 때면 항상 자질 문제가 거론된다. 인정하고 싶지는 않지만 자질이 부족한 것은 나부터 반성할 문제임은 분명하다.

선거로 당선되는 지방의원은 치열한 경쟁을 통해 시험을 치르고 채용되는 공무원과 달라서 개인적인 자질과 역량이 천차만별이다. 특정 직업을 비하하는 것은 아니지만 명예직 시절에는 정육점 사장, 세탁소 사장, 복덕방 사장, 아파트 부녀회장 등이 지역 유지라는 이유로 당선되는 경우가 많았다. 다른 부류로는 건설업체 사장, 공무원 퇴직자 등도 꽤 많이 지방의회에 입성했다.

집행부에 대한 견제·감시보다는 집행부를 비호하거나 비리를 적당하게 눈감아 주고 이권을 서로 챙기는 '짬짜미'도 많았다. 젊고 유능한 인재들이 지방의회에 진출하고 싶어도 생활 자체가 안 되는 '명예직'이라는 멍에가 거대한 걸림돌로 작용했다. 이런 구조에서 지방의원들의 자질을 논한다는 것 자체가 난센스가 아닐 수 없다.

1952년에 지방의원을 뽑을 때도 명예직이었고, 1991년 30년 만에 부활할 때도 명예직이었다. 지금으로 따지면 '서울시 예산 55조 원을 명예직이 제대로 감시할 수 있을까?' 되묻지 않을 수 없다. 우리는 과감하게 생각의 틀을 바꿀 필요가 있다. 지방의원의 자질을 논하기 전에 '자질 있는 지방의원'이 진출할 수 있는 유인책이나 제도적 장치는 무엇이 있는가를 물어야 한다.

지방의원의 역량에는 두 가지가 있다. 하나는 개인역량이고 나머지 하나는 조직역량이다.

먼저, 개인역량은 말 그대로 개인의 우수한 능력과 자질, 실력을 말한다. 개인의 역량을 높이기 위해서는 정당에서 우수한 인재를 육성하거나 공천하면 간단하게 해결된다. 지방의원도 정당공천제를 채택하고 있기 때문에 정당에서 후보자 공천을 할 때 보다 출중한 능력과 좋은 품성을 겸비한 후보를 공천하는 것이 관건이다. 공천 과정에서 인재를 외부에서 영입하기보다는 정당의 정강·정책을 제대로 이해하고, 주민과 지역에 대한 무한한 애정을 가지고 있으며, 정치 현실에 대한 기본적인 이해를 가신 훈련받은 인재면 더 바람직할 것이다. 따라서 지방의원의 자질 문제는 1차적으로 각 정당에 책임이 있다. 각 정당의 인재육성 프로그램이 아예 없거나 후진적인 수준이라는 점에서 우리 정치 현실이 더더욱 안타깝다.

다른 하나는 조직역량이다. 지방의원들이 제대로 의정활동을 하기 위해서는 의회사무처 조직역량이 중요하다. 지방의원은 개개인이 개별 기관이다. 의원이 제대로 역할하기 위해서는 의회사무기구에 적절한 인원수의 공무원이 있어야 가능하다. 개별 기관인 의원들을 법적으로, 체계적으로 뒷받침해야 주민의 대표기관으로서 제 역할을 할 수 있다. 의회사무처와 같은 사무기구의 조직역량이 안 갖춰진 상태에서 혼자서 북 치고 장구 치고 하라고 한들 단체장에 대한 견제·감시가 될 수 없다.

단적인 예로 서울특별시의회 사무처와 경상북도 고령군의회 사무과 직원의 정원 증감현황을 비교해 봤다. 서울시의회 사무처의 경우 정원이 꾸준히 늘어서 의원들의 조직역량을 키워 왔지만, 고령군의회의 사무과의 경우 10년이 지나도 사무과 직원의 정원은 그대로였다.

|  | 서울시 (+852명/8.9%) | 서울시의회 (+88명/35.9%) |  | 고령군 (+84명/17.8%) | 고령군의회 ('0'명/0%) |
|---|---|---|---|---|---|
| 2019. 7. 1 | 10,415명 | 333명(+88명) | 2018. 12. 14 | 556명 | 10명(0명) |
| 2018. 11. 1 | 10,278명 | 310명 | 2017. 12. 15 | 527명 | 10명 |
| 2018. 1. 18 | 10,217명 | 300명 | 2016. 12. 30 | 509명 | 10명 |
| 2015. 1. 1 | 9,853명 | 285명 | 2015. 9. 9 | 501명 | 10명 |
| 2013. 12. 12 | 9,683명 | 275명 | 2013. 10. 1 | 492명 | 10명 |
| 2012. 1. 1 | 9,520명 | 251명 | 2012. 12. 31 | 483명 | 10명 |
| 2010. 3. 2 | 9,563명 | 245명 | 2010. 12. 24 | 472명 | 10명 |

※서울특별시의회 사무처와 고령군의회 사무과 정원 증감현황

대부분의 지방의회 사무과, 사무국, 사무처 직원의 정원은 세월이 지나도 큰 변화가 없다. 지방의회 사무직원들을 단체장이 임명하고 있기 때문이다. 자기를 감시하는 사람들에게 더 많은 인력을 파견할 어리석은 단체장이 과연 몇 명이나 되겠는가?

구조적인 모순이 1949년 지방자치법 제정 이후 70년간 지속되고 있다. 국회의 경우 당연히 국회의장이 모든 국회 직원의 인사권을 가지고 있다. 국회 직원을 대통령이나 정부가 임명하지 않는다. 지극히 상식적인 문제다.

국민들에게 묻는다. 아니 법을 제정하는 국회의원들에게 묻겠다. 단체장이나 집행부를 견제·감시하는 지방의원들의 사무직원을 견제·감시를 받아야 할 단체장이 임명하는 것이 과연 이치에 맞는가?

## 지방선거 정당공천제의 역사와 장단점

| 구분 | 선거일 | 지방선거 대상 | 정당공천 여부 | 비고 |
|---|---|---|---|---|
| 1952 (제1회) | 4. 24<br>5. 10 | 기초(시·읍·면) 의원<br>광역(도)의원 | 정당공천<br>정당공천 | 한국전쟁 중<br>서울, 경기, 강원<br>제외 (이승만 정부) |
| 1956 (제2회) | 8. 8<br>8. 8<br>8. 13 | 기초(시·읍·면) 의원<br>기초(시·읍·면) 단체장<br>광역(도)의원 | 정당공천<br>정당공천<br>정당공천 | 한국전쟁 종료 후<br>(이승만 정부) |
| 1960 (제3회) | 12. 12<br>12. 19<br>12. 26<br>12. 26 | 광역(시·도)의원<br>기초(시·읍·면) 의원<br>기초(시·읍·면) 단체장<br>광역(시·도)단체장 | 정당공천<br>정당공천<br>정당공천<br>정당공천 | 4.19민주혁명 이후<br>제2공화국<br>(내각책임제 장면<br>총리) |
| 1991 (제4회) | 3. 26<br>6. 20 | 기초의원<br>광역(시·도)의원 | 정당공천 없음<br>정당공천 | 30년 만에 부활<br>(노태우 정부) |
| 1995 (제5회) | 6. 27 | 기초의원<br>광역의원 및 기초·광역<br>단체장 | 정당공천 없음<br>정당공천 | 제1회 동시선거<br>(김영삼 정부) |
| 1998 (제6회) | 6. 4 | 기초의원<br>광역의원 및 기초·광역<br>단체장 | 정당공천 없음<br>정당공천 | 제2회 동시선거<br>(김대중 정부) |
| 2002 (제7회) | 6. 13 | 기초의원<br>광역의원 및 기초·광역<br>단체장 | 정당공천 없음<br>정당공천 | 제3회 동시선거<br>(김대중 정부) |
| 2006 (제8회) | 5. 31 | 기초·광역의원 및<br>기초·광역단체장 | 정당공천 | 제4회 동시선거<br>(노무현 정부) |
| 2010 (제9회) | 6. 2 | 기초·광역의원 및<br>기초·광역단체장 | 정당공천 | 제5회 동시선거<br>(이명박 정부) |
| 2014 (제10회) | 6. 4 | 기초·광역의원 및<br>기초·광역단체장 | 정당공천 | 제6회 동시선거<br>(박근혜 정부) |
| 2018 (제11회) | 6. 13 | 기초·광역의원 및<br>기초·광역단체장 | 정당공천 | 제7회 동시선거<br>(문재인 정부) |

| | | |
|---|---|---|
| 지방의원 정당공천제 | 장점 | 1. 정당정치에 의한 책임정치<br>2. 정당공천 과정에서 후보자 사전검증 가능<br>3. 여성, 장애인 등 진출 확대<br>4. 젊고 유능한 인재 및 전문가 영입 가능 |
| | 단점 | 1. 중앙정치 및 국회의원에 대한 예속<br>2. 지방선거가 정권 심판적 투표로 왜곡<br>3. 공천과정에서의 불법과 탈법 발생<br>4. 실력 있는 소수정당·무소속 후보자 당선 불가 |
| 제4회~제7회 기초의원 정당 무 공천 시 문제점 | | 1. 후보자 난립과 후보자 사전검증 곤란<br>2. 로또 선거, 기호추첨이 당락좌우<br>3. 지역 토호세력 다수 진출<br>4. 여성, 장애인, 정치신인 등 진출 곤란<br>5. 정당의 변형된 내부 공천제 실시 |

# 소가
# 웃을 일

**소가** 웃을 일이다. 지방의회 사무직원들을 단체장이 임명하고 있는 사실이 그렇다. 현실에서는 사실 매우 심각한 경우가 많다. 단체장은 똑똑하고 유능한 공무원을 의회사무처(국, 과)에 발령 내지 않는다. 단체장 목에 언제 칼을 겨눌지 모르는 의원들에게 똑똑하고 유능한 직원을 임명하는 단체장이 과연 있겠는가. 보통의 경우에는 가장 무능한 사람, 아니면 병약한 사람, 곧 퇴직할 사람이거나 성격이 이상한 사람 등등 자기가 딱히 필요치 않은 사람이거나 골치 아픈 직원을 의회 직원으로 보내는 경우가 비일비재하다.

단체장의 권한이 무소불위에 가깝기 때문에 많은 유혹과 비리, 부정들이 발생하고 있다. 단체장의 비리는 결국 해당 지역주민들에게 피해로 돌아온다. 공무원들 또한 충분한 견제·감시가 이루어지지 않으면 공무원 신분을 망각하고 각종 비리에 눈을 돌리게 된다. 주민은 뒷전이고 시간만 때워도 봉급은 나오기 때문에 복지부동하거나 나태해지기 십상이다. 주식투자로 손해를 본 팀장이 공금을 횡령한 사건, 특정업체에게 수

의계약을 몰아 주고 뒷돈을 챙긴 사건, 보조금 정산을 제대로 하지 않아 시민혈세를 낭비한 사례, 청소년수련관이나 어린이집 등 민간위탁시설을 제대로 감독하지 않아 발생하는 회계비리 등 사례는 많다.

그렇기에 집행부 공무원에 대한 감시는 반드시 필요하다. 제 역할을 수행할 수 있는 지방의원을 뽑아야 하는 이유이기도 하다. 결국 내가 낸 세금을 잘 지키기 위해, 합리적으로 잘 배분하기 위해 능력 있는 지방의원을 뽑는 것이다.

단체장의 눈치를 보는 공무원들이 의회 사무직원으로 임명되다 보니 많은 문제들이 발생한다. 단체장의 신임을 얻어야 승진할 수 있기 때문에 심지어 의원들의 의정활동 정보를 빼돌리기도 한다. 어떤 의원이 무슨 문제에 관심을 두고 있는지, 자료요구나 시정질문을 어떤 주제로 준비하고 있는지, 무슨 조례를 발의 준비하고 있는지 등에 대해서 마치 스파이처럼 정보를 빼돌린다. 단체장의 환심을 사기 위해서라면 수단과 방법을 가리지 않는다. 감시기관으로서 의회의 기능이 무력화되는 순간이다.

조례와 예산안, 결산안 등의 검토보고서는 주민의 입장에서, 의회의 입장에서 꼼꼼히 따져 물어야 하지만 임명권자인 단체장에게 언제 돌아갈지 모르는 상황에서 자신의 승진을 포기해 가면서까지 소신껏 문제점을 지적한다는 것은 사실 어렵다. 이런 근본적인 문제로 단체장과 의회가 전쟁을 선포하는 경우들이 종종 발생한다.

지방자치법 제91조에 따르면 '사무직원은 지방의회의 의장의 추천에 따라 그 지방자치단체의 장이 임명한다'고 명시되어 있다. 그런데도 서울의 모 구청장은 의장과의 갈등을 문제 삼아 의장 추천도 없이 의회사무국 직원 전원을 교체했다. 한꺼번에 사무직원 전원을 교체하다 보니 '전자 장비를 다룰 수 있는 사람이 한 명도 없어서 개회를 할 수 없었다'는 기막힌 우스갯소리도 들렸다. 분명 구청장이 법을 위반한 것이지만 별다른 제재는 없다. 생활정치가 극단으로 치닫는 것이다.

단체장이 의장 추천도 받지 않은 상태에서 의회 사무국장을 일방적으로 강행해서 임명한 뒤, 이에 반발한 의장이 사무국장실에다가 대못을 박아 출근을 저지한 사례도 있었다. 의회 사무직원에 대한 인사권 독립이 시급한 이유다.

아직도 단체장이 의회 사무직원을 임명하고 있는 이 기막힌 사실. 소가 웃을 일이지만 나는 피가 거꾸로 솟는다.

# 더 많은 청년이 필요해

**한때** 청년들은 투표에 관심이 없었다. 20대 청년들의 투표율이 어르신들의 투표율에 절반도 못 미치는 경우조차 있었다. 그때 청년들은 정치에도, 투표에도 관심이 없었다. 얼마 지나지 않아서 청년들의 삶은 팍팍해졌고, 취업은 하늘에 별따기보다 더 힘들어졌다. 연애, 결혼, 출산을 포기한다는 '3포 세대'가 유행하더니 5포, 7포, 그리고 여러 가지를 포기해야 하는 'N포 세대'로 변했다. 정치를 외면한 다음, 청년들은 꿈도 포기해야 했던 것이다.

그러나 지금은 많은 청년들이 투표장으로 몰려가고 있다. 분노한 청년들은 정치에 관심을 가지게 되었고, 울기 시작했다. 우리 속담에 '울어야 젖 준다'는 말이 있다. 그동안 청년들은 울지 않았고, 정치인들은 아무도 그들에게 관심을 주지 않았다. 그래서 아직도『청년기본법』은 제정되지 못했다.

서울시의회의 경우 2014년 말 전국 최초로「청년기본조례」를 제정했다. 청년 문제가 사회문제로 비화된 지 오래지만 법과 제도, 예산은 거의 전무한 실정이었다. 2014년 서울시 청년예산은 300억 원 정도였지만 2020년 청년예산은 5,000억 원에 달한다. 조례 또한 청년기본조례에서 한 걸음 더 나아가 청년주택, 청년창업지원, 청년공간설치 조례 등 계속 확대되고 있다. '청년청'이라는 국(局) 단위의 조직이 만들어졌고, 청년들이 모여서 2020년 청년자율예산 500억 원을 직접 선정하기도 했다.
20대 총선을 기준으로 19세이상 20대 청년비율은 17.6% 정도였다. 30대가 18.1%, 40대가 21%, 50대가 19.9%, 60대 이상이 23.4%를 차지하고 있다. 그러나 2019년 현재 제20대 국회에는 20대 청년 국회의원이 단 한 명도 없다. 한국 정치의 부끄러운 단면이다. 30대 국회의원도 3명뿐이고, 45세 이하 국회의원은 6.33%로 국제의회연맹 150개국 중 143위였다. 대한민국 제20대 국회에서는 청년 세대의 목소리를 들을 수가 없다. 나의 오래된 생각은 유권자 연령대에 비례해서 국회의원을 선출해야 한다는 것이다. 19세·20대·30대 비율이 35%라면 300명의 국회의원 중 적어도 100명 이상은 의무적으로 청년 국회의원들로 뽑아야 한다. 그래야 다양한 계층의, 제대로 된 민의가 반영될 수 있다.
지방의회에서도 20대 청년들을 찾아보기란 힘들다. 공직선거법상 대통령은 40세 이상, 국회의원과 지방의원은 25세가 지나야 피선거권이 주어지기 때문인 탓도 있겠지만 그보다는 우리 정치권 자체가 너무 나이 들었음을 보여 주는 증거라는 점이 더욱 심각한 문제다. 청년들은 정의롭고 열정적이다. 부정과 타협하지 않으며 항상 연구한다. 유럽을 비롯한 많은 나라들이 30~40대 총리를 선출하는 것이 부러울 뿐이다.
전국의 지방의원은 3,756명이다. 이 중 광역의원은 제주도의회 교육위원 5명을 포함해서 829명이다. 적어도 광역의원들에게는 보좌관을 한 명씩 채용할 수 있도록 해야 한다. 기초의원의 경우에는 위원회별로 몇 명씩을 배정할 수 있을 것이다.
나의 이러한 주장은 세 가지 이유 때문이다. 먼저 청년일자리 창출이 가능하다. 전국에서 좋은 청년일자리가 적어도 829개 창출되는 것이다. 정치에 관심 있고 스펙이 넘쳐나는 청년들이 꿈을 펼칠 수 있는 새로운 일자리가 생기는 셈이다.

두 번째는 청년 정치인을 육성할 수 있다. 정치인도 육성이 중요하고 체계적인 훈련을 받아야 제대로 역할을 할 수 있다. 유명한 연예인이나 운동선수 등을 갑자기 영입한다고 해결되는 문제가 아니다. 청년들은 보좌관 활동을 통해 현실 정치에 대한 이해를 높일 수 있고 지방의원이나 단체장, 국회의원 등에 도전할 수 있는 선순환 구조를 만들 수 있다. 바로 이 부분이 중요하다. 청년들을 위한 정치 생태계가 만들어지면 우리 정치 또한 젊어지게 될 것이다.

세 번째, 예산낭비를 막을 수 있다. 서울시의원 혼자서 서울시와 교육청, 기금 등 55조 원을 들여다본다는 것은 불가능에 가깝다. 따라서 보좌관 한 명씩은 반드시 필요하다. 서울시의원이 보좌관과 함께 예산의 1%만 절감한다고 하면 그 예산의 규모는 5,500억 원에 달한다. 웬만한 기초단체 1년 예산보다 더 많은 예산을 절감할 수 있다. 연봉 5천만 원의 보좌관 110명을 채용해도 1년 인건비는 55억 원에 불과하다.

지방의원들의 청년보좌관 신설로 우리는 세 마리 토끼를 잡을 수 있다. '청년일자리 창출', '청년인재 육성', '예산 절감'이 그것이다.

# 스타 강사,
# 전국을
# 누비다

**언젠가부터** 지방의회 전문 과외 선생으로 살고 있다. 강의를 다닌 지 벌써 12년이 넘었고, 강의 횟수만 200번이 넘는다. 시간을 쪼개 가면서 전국을 누비는 이유는 딱 하나다. 지방의원들이 너무 불쌍해서다. 내 스스로가 그 누구보다 준비 없이 의원생활을 시작했고, 가르쳐 주는 사람도 없고 공부할 책도 없었던 초선시절의 답답함을 잘 알기 때문에 지방의원들을 만날 수만 있다면 전국 어디라도 달려간다. 다만 회기 중에는 강의를 안 잡고 의회에 집중한다.

지방자치에 대한 실전경험을 가지고 제대로 강의하는 강사들은 별로 없다. 우리의 지방자치 역사가 짧기도 하지만 지방의정연수원도 없어서 체계적인 교육프로그램과 강사진 자체가 부재한 실정이다. 더군다나 실력 있는 지방의원들은 곧바로 단체장이나 국회의원 등으로 정치적 꿈을 키우면서 지방의회 현장에서 떠나 버리기 때문에 전문강사가 많지 않다. 축적된 노하우들이 전수되고 계승되면서 발전해야 하지만 현실은 막막하고 답답하다. 그래서 안타까운 마음에, 불쌍한 마음에 전국을 누빈다.

2008년 어느 날이었던 것 같다. 경기도 시흥시의 '시흥의제 21'이라는 단체에서 처음으로 강의 요청이 들어왔다. 기초의원 3선을 하고 있으면서 인터넷에 의정활동 관련 글들을 왕성하게 올리고 있을 때였다. 아마도 인터넷을 보고 연락이 왔던 것 같다. 당연히 나도 돈을 바라고 찾아간 것이 아니라 지방자치에 관심 있는 누구든지와 경험을 나누기 위해서 갔다. 다행인지는 모르지만 기초의원 3선을 마치고 곧바로 광역의원 3선을 하면서 더 깊은 내용으로, 더 축적된 노하우를 나눌 수 있었다.

제주도의회에서부터 부산시의회, 충남도의회, 세종시의회, 인천시의회, 강원도의회, 울산시의회, 광주시의회, 전남 고흥군의회, 전북 전주시의회, 경북 안동시의회, 경남 창원시의회, 충남 논산시의회, 충북 청주시의회, 강원 평창군의회, 대구 수성구의회, 광주 광산구의회, 경기도 화성시의회, 서울시 광진구의회 등등 전국의 지방의원들을 만났다. 예산·결산, 행정사무감사, 조례 제·개정, 시정질문 방법, 지방의원의 역할과 자세 등등 의정활동 전반에 대해서 맞춤형 강의를 다녔다. 한번 만들어 놓은 자료로 대충 떠들고 오는 것이 아니라 매 강의 때마다 그 지역의 예산서, 결산서, 재정공시, 의회 회의록 등을 분석해서 맞춤형 자료를 따로따로 만들었다. 시간이 부족했기 때문에 밤을 지새우는 경우도 많았다.

전국을 누비는 또 다른 이유는 사명감 때문이다. 운이 좋아서 단 한 번의 낙선도 없이 기초와 광역을 연속해서 6선을 할 수 있었기에 내가 받은 만큼 되돌려 줘야 한다는 생각이 들었다. 서울과 지방, 기초와 광역의회의 차이가 워낙 커서 경험을 나누는 것 자체만으로도 큰 의미가 있었다. 지방의원의 의정활동도 꽤 전문적인 분야가 많아서 막무가내로 혼자서 공부한다는 것은 쉽지 않은 일이다. 특히, 지방과 기초의회의 경우에는 정보와 자료, 사무직원, 보좌 인력 등이 턱없이 부족하기 때문에 의원이 의정활동을 잘 하고 싶어 하면 할수록 많은 난관에 직면하게 된다. 이럴 때 다양한 경험과 법적·제도적 근거, 실전사례와 해결방법 등을 나누는 것은 큰 도움이 된다. 나도 22년간 국회 의정연수원, 행정안전부 인재개발원, 중앙선거관리위원회 등에서 많은 강의를 들어 봤지만 지방의회 실정에 안 맞는 국회 경험이나 원론적 얘기에 실망한 적도 많았다. 공부하고 싶어도 제대로 가르쳐 줄 사람이 없는 안타까운 현실, 앞으로도 계속해서 전국을 누비고 싶지만 그럴 수만은 없을 것 같아 더 안타까울 뿐이다.

**강의 목록(2008~2019)**

| 년도 | 강연 진행 |
| --- | --- |
| 2008 | 시흥의제 21 |
|  | 전국 여성지방의원 네트워크 |
|  | 서울 광진구의회, 민주당 지방의원 협의회 |
| 2009 | 민주당 서울시당 정치아카데미(2기) |
|  | 민주당 서울시당 정치아카데미(3기) |
|  | 민주당 서울시당 정치아카데미(5기) |
|  | 서울 광진구의회 |
| 2010 | 서울 도봉구의회, 성동구의회 |
|  | 부산지역 민주당 지방의원 |
|  | 서울 광진구의회 |
|  | 강원도 횡성군의회 |
|  | 민주당 여성지방의원 |
|  | 서울 광진구의회 |
|  | 서울 종로구의회 |
|  | 경기도 북부지역 의원 |
|  | 민주당 참좋은 지방정부위원회 |
|  | 송파포럼 |
|  | 서울 서대문구의회 |
|  | 대구 지방의원 |
|  | 경기도 오산시의회 |
|  | 경남 김해시의회 |
|  | 전국여성지방의원 |
|  | 민주당 강원도 지방의원 |
|  | 민주당 제주도당 제주도의원 |
|  | 서울 강북구의회 |

| 년도 | 강연 진행 |
|---|---|
| 2011 | 민주당 지방의회의원 정치아카데미 |
| | 충청남도의회 |
| | 광주광역시의회 |
| | 전북 전주시의회 |
| | 전국여성지방의원 |
| 2012 | 충북 청원군의회 |
| | 충북 단양군의회 |
| | 전북 완주군의회 |
| | 전북 군산시의회, 강원도 원주시의회 |
| | 서울 도봉구의회 |
| | 서울 강북구의회 |
| | 광주 동구의회 |
| | 전남 보성군의회 |
| | 전남 담양군의회, 합천군의회 |
| 2013 | 지방의회결산검사(심사)예비학교1차(한국산업기술원지방자치연구소) |
| | 지방의회결산검사(심사)예비학교2차(한국산업기술원지방자치연구소) |
| | 경북 문경시의회 |
| | 충북 단양군의회 |
| | 서울 금천구의회 |
| | 단국대 행정법무대학원 코리아리더십스쿨 |
| | 경북 경주시의회 |
| | 지방의회행정사무감사예비학교(한국산업기술원지방자치연구소) |
| | 전북 남원시의회 |
| | 충남 서산시의회 |
| | 민주당 서울시당 지방자치아카데미(1기) |
| | 전북 고창군의회 |
| | 민주당 서울시당 지방자치아카데미(2기) |
| | 민주당 서울시당 지방자치아카데미(3기) |
| 2014 | 서울시의회 초선의원 |
| | 경남 거제시의회 |
| | 서울 광진구의회 |
| | 충청남도의회 |
| | 서울 서초구의회 |
| | 전북 정읍시의회 |
| | 강원도 원주시의회 |
| | 서울 서초구의회 |
| | 충북 옥천군의회 |
| | 새정치민주연합 대구시당 |
| | 충남 태안군의회 |
| | 서울 성동구의회 / 청년네트워크 |
| | 부산 강서구의회 |

| 년도 | 강연 진행 |
|---|---|
| 2014 | 서울 강동구의회 |
| | 새정치민주연합 대구시당 대구민주자치연구회(2차) |
| | 전북 정읍시의회 |
| | 대전 대덕구의회 |
| | 부산 사상구의회 |
| | 새정치민주연합 광주시당 |
| | 서울 양천구의회 |
| | 서울 성동구의회 |
| 2015 | 결산검사(심사)예비학교1차(한국산업기술원지방자치연구소) |
| | 결산검사(심사)예비학교2차(한국산업기술원지방자치연구소) |
| | 결산검사(심사)예비학교3차(한국산업기술원지방자치연구소) |
| | 경남 창원시의회 |
| | 서울 서대문구의회 |
| | 경기도 구리시의회 |
| | 행정사무감사 예비학교(한국산업기술원 지방자치연구소) |
| | 경남 창원시의회 |
| | 충남 청양군의회 |
| | 행정사무감사 예비학교(한국산업기술원 지방자치연구소) |
| | 충청남도의회 |
| | 서울 강남구의회 |
| | 기초의회 발전을 위한 연구회 |
| | 충북 진천군의회 |
| | KYC체인지리더 |
| | 세종시의회 |
| | 서울 강동구의회 |
| | 행정사무감사 예비학교(한국산업기술원 지방자치연구소) |
| | 행정사무감사 예비학교(한국산업기술원 지방자치연구소) |
| | 서울시의회 서울살림포럼 |
| | 충남 공주시의회 |
| | 서울 성동구의회 |
| | 서울 서대문구의회 |
| | 서울 강북구의회 |
| | 강원도 원주시의회 |
| | 서울 동작구의회 |
| 2016 | 서울 서대문구의회 |
| | 충남 천안시의회 |
| | 경남 함안군의회 |
| | 전북 완주군의회 |
| | 대구 수성구의회 |
| | 경남 합천군의회 |

| 년도 | 강연 진행 |
|---|---|
| 2016 | 경남 창녕군의회 |
| | 경남 양산시의회 |
| | 경기도 오산시의회 |
| | 전북 완주군의회 |
| | 전북 남원시의회 |
| | 서울 강북구의회 |
| | 서울 강동구의회 |
| 2017 | 울산 울주군의회 |
| | 충북 음성군의회 |
| | 강원도 횡성군의회 |
| | 서울 마포구의회 |
| | 결산검사(심사)예비학교1차(한국산업기술원지방자치연구소)/여의도 |
| | 충북 청주시의회 |
| | 전북 완주군의회 |
| | 결산검사(심사)예비학교2차(한국산업기술원지방자치연구소)/대전 |
| | 경기도 화성시의회 |
| | 결산검사(심사)예비학교3차(한국산업기술원지방자치연구소)/부산 |
| | 결산검사(심사)예비학교4차(한국산업기술원지방자치연구소)/목포 |
| | 강원도 양양군의회 |
| | 경북 의성군의회 |
| | 세종시의회 |
| | 대전 대덕구의회 |
| | 경북 경주시의회 |
| | 대구 서구의회 |
| | 충남 아산시의회 |
| | 경기도 오산시의회 |
| | 충남 계룡시의회 |
| | 부산 북구의회 |
| | 경북 영덕군의회 |
| | 경남 창녕군의회 |
| | 부산 동구의회 |
| | 경기도 파주시의회 |
| | 강원 평창군의회 |
| | 충북 음성군의회 |
| | 대구 수성구의회 |
| | 더불어민주당 강원도당 |
| | 전남 고흥군의회 |
| | 충남 논산시의회 |
| | 부산 동구의회 |
| | 전북 정읍시의회 |
| | 더불어민주당 경남도당 |

| 년도 | 강연 진행 |
|---|---|
| 2018 | 충북 증평군의회 |
| | 대구 북구의회 |
| | 더불어민주당 경남도당 |
| | 부산 중구의회 |
| | 더불어민주당 서울시당 |
| | 경남 진주시의회 |
| | 경북 고령군의회 |
| | 더불어민주당 대구시당 |
| | 서울시의회 초선의원 |
| | 부산 동구의회 |
| | 충북 영동군의회 |
| | 충북 음성군의회 |
| | 경기도 여주시의회 |
| | 국회 의정연수원 지방의회 의원연수(1차) |
| | 전남도의회 |
| | 부산시의회 |
| | 경기도 고양시의회 |
| | 부산 금정구의회 |
| | 인천시의회 |
| | 더불어민주당 경북도당 |
| | 국회 의정연수원 지방의회 의원연수(2차) |
| | 서울 광진구의회 |
| | 경북 고령군의회 |
| | 더불어민수당 경남도당 |
| | 서울 노원구의회 |
| | 서울 양천구의회 |
| 2019 | 경남도의회 |
| | 서울 강남구의회 |
| | 경기도 평택시의회 |
| | 전남 완도군의회 |
| | 울산조례연구회 |
| | 부산 연제구의회 |
| | 강원도의회 |
| | 전남 무안군의회 |
| | 충남 논산시의회 |
| | 세종시의회 |
| | 경남 진주시의회 |
| | 충남 천안시의회 |
| | 부산 연제구의회 |
| | 강원도 춘천시의회 |

| 년도 | 강연 진행 |
|---|---|
| 2019 | 전북 완주군의회 |
| | 대구 수성구의회 |
| | 대구 서구의회 |
| | 경남 진주시의회 |
| | 경북 청송군의회 |
| | 경기도 광명시의회 |
| | 대구 서구의회 |
| | 경북 고령군의회 |
| | 행안부 인재개발원 지방의회 아카데미 |
| | 경남 하동군의회 |
| | 더불어민주당 광주시당 |

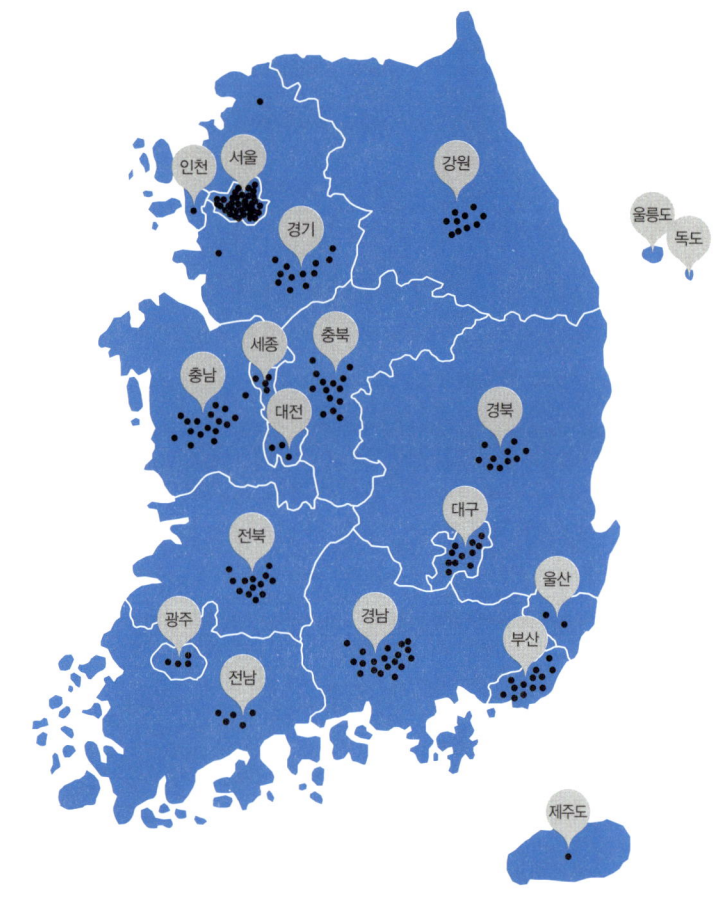

# 3 자치의 시대
# 분권의 희망

## 야구장 이름이 소송 중인 이유

2014년 9월 지방자치 역사상 큰 사건이 벌어졌다. 창원시의회 본회의장에서 시의원이 창원시장에게 계란을 투척한 것이다. 민의의 전당이자 신성한 본회의장에서 계란 투척이라는 폭력사건이 벌어진 것은 드문 일이자 그 자체가 충격적인 일이었기에 전국적인 관심을 끌었다.

본회의장에서 계란을 투척한 시의원의 폭력적인 행동은 마땅히 비판 받아야 한다. 그러나 언론은 계란 투척이라는 폭력성만 부각시켰지, 왜 투척했는지에 대해서는 자세히 보도하지 않았다. 그 사건으로 시의원은 징역 8개월 집행유예 2년이라는 실형을 선고 받고, 결국 시의원직을 박탈당하고 만다.

2010년 7월 1일, 마산시와 창원시, 진해시가 행정통합되면서 통합창원시가 출범한다. 2008년 이명박 정부가 들어서면서 행정구역 통합이 가속화되었고, 2009년 마산, 진해, 창원시의회가 차례대로 자율통합안을 가결시킨다. 행정구역 통합이라는 중요한 사안이 주민투표가 아닌 지방의회 의결로 결정되었기에 아직도 많은 논란이 있는 게 사실이다. 통합

과정에서 특히 진해시민들의 반대가 거셌다. 역사성과 지역적 특성이 다르고, 가장 인구가 적었던 진해시민들로서는 흡수 통합되는 모양새가 굴욕적이었다.

이런 반대 여론을 달래기 위해 많은 인센티브와 개발 계획들이 제시되었는데 그중 하나가 바로 진해시 행정구역에 새로운 프로야구 구장을 건립하겠다는 약속이었다. 그러나 통합창원시 출범 4년이 지난 후 새로 선출된 창원시장은 약속을 파기하고, 새 야구장을 옛 마산시 행정구역에 건립을 추진한다.

2018년 12월 완공된 새 야구장은 이름 때문에 또 한 번 홍역을 앓고 있다. TV를 통해 프로야구 게임을 시청하는 국민들은 창원시의 새 야구장 전광판 구조물을 통해 '창원NC파크'로 알고 있다. NC야구단이 이 이름을 고집하고 있기 때문이다. 그러나 창원시 조례상 새 야구장의 공식 명칭은 '창원NC파크 마산구장'이다. 창원시의회가 조례를 제정하는 과정에서 역사성, 지역정서 등을 고려하여 '마산' 지명을 반영했기 때문이다. 이로 인해 창원시의 새 야구장 이름은 2019년 현재 아직도 법정 소송 중에 있다.

통합창원시가 출범한 지 10년이 지났다. 그러나 아직도 마산·창원·진해시는 행정구역이라는 물리적 통합 외에 110만 명에 달하는 구성원들의 정서적 통합과 유대감 형성, 주민 간의 화합, 지역균형 발전 등 화학적 통합은 완전히 이루어 내지 못했다. 2010년 중앙정부의 효율성을 앞세운 무리한 행정구역 개편의 후유증이 계속되고 있는 것이다. 지방자치의 핵심은 효율성·획일화가 아니라 민주성·다양성에 있는 데도 이를 무시한 중앙정부와 정치권의 무지가 역사를 후퇴시키고, 야구장 이름을 법정 소송으로 내몰았다.

이제 더 이상 중앙정부가 주도하는 행정통합은 없어야 한다. 지방자치는 국가가 주무르는 떡이 아니다.

# 8 대 2도 문제지만 9 대 1이 더 큰 문제

**자치분권** 중 핵심을 꼽는다면 그것은 재정자치일 것이다. 지방자치란 지방자치단체가 자체적인 재원을 가지고 지역의 문제를 스스로 해결하는 것을 말한다. 지방자치가 온전하게 작동하려면 자체재원, 즉 재정자치가 확보되어야 한다.

지방자치단체 세입에는 자체재원인 지방세와 세외수입이 있지만 지방교부세와 조정교부금, 보조금 등 대부분은 의전재원이다. 중앙정부나 광역자치단체의 지원과 교부 없이는 살림 운영이 어렵다는 얘기다. 우리나라의 지방자치가 제대로 작동하지 않는 이유도 바로 이 때문이다. 중앙정부와 광역자치단체는 돈을 무기로 끊임없이 복종할 것을 요구하고 통제한다. 가장 후진적이고 비민주적인 통제 방식이지만 잘 안 바뀌는 것 또한 현실이다.

경상남도 하동군의 경우 2019년 2회 추경 총예산 규모는 6,035억 원이다. 이 중에서 지방교부세는 2,472억 원, 조정교부금은 246억 원, 보조금은 1,876억 원에 달한다. 무려 72.5%의 재원을 외부에 의존하고 있다. 이런 상태에서 자율적이고 창의적인 자치가 가능할까.

국세와 지방세 비율은 8 대 2다. 대통령 공약으로 6 대 4까지 재정분권을 약속했지만 잘 이행되고 있지 못하다. 아니 앞으로도 잘 이행되지 않을 것이다. 중앙정부와 관료들이 스스로 재정분권을 할 리 없기 때문이다. 지방자치가 온전히 시작된 1995년 이후 25년간 별로 달라진 것이 없다. 2018년 국세 14개 세목의 징수 총액은 293.6조 원이고, 지방세 11개 세목을 243개 자치단체가 징수한 총액은 84.3조 원이었다. 국세와 지방세 비율은 정확히 77.7% 대 22.3%를 나타낸다. 25년간 크게 변하지 않았다. 대통령이 공약을 내건 지 3년이 다 되어 가도 지방소비세가 2019년부터 4% 인상, 부가가치세의 15%로 조정되어 3.3조 원 확충된 것 외에는 별로 바뀌지 않았다.

독일, 미국, 프랑스 등 지방자치 선진국들과 같이 국세와 지방세 비율이 대등하게 바뀌어야 한다. 또한 지방자치단체가 지역 특성에 따라 새로운 세원을 발굴할 수 있게 권한이 확대되어야 한다.

더욱 심각한 문제는 8 대 2가 아니라 9 대 1이다. 국세와 지방세의 8 대 2 구조도 심각하지만 지방자치단체와 지방의회 간의 9 대 1 구조는 더 심각하다.

흔히 지방자치의 양 수레바퀴를 지방자치단체와 지방의회라고들 말한다. 그러나 우리 지방자치는 수레바퀴가 2개 있기는 하지만 그 크기가 너무 달라서 제대로 굴러가지 않는다. 지방자치단체의 수레바퀴가 '9'라면 지방의회의 바퀴 크기는 '1'에 불과하기 때문이다.

실제 지방자치 현장에서 피부로 느끼는 지방의회의 권한은 채 10%도 안 된다. 그것도 여·야 지방의원들이 똘똘 뭉쳐서 단체장과 집행부를 견제·감시 했을 때 10% 정도의 권한을 가질 수 있지만 여·야가 정치적 문제로 서로 싸울 경우에는 이만큼의 힘도 발휘하지 못한다.

예산편성권은 전적으로 단체장이 가지고 있고, 모든 공무원의 인사권도 단체장이 가지고 있다. 심지어 의회 사무직원 인사권도 단체장에게 있다. 지방의회의 예산 의결이 마음에 안 들면 단체장은 재의요구를 할 수 있다. 부단체장이나 실·국장, 투자출연기관 임원 등에 대한 인사청문회나 임명동의 권한도 없다.

기관대립형 권력구조를 채택하고 있으면서도 지방의회에는 단체장 '탄핵소추권'이 없다. 1952년 내각제 요소를 가미했던 제1대 지방의회에서는 '단체장 불신임 권한'이 있었다. 헌법 제65조 제1항에는 '대통령·국무총리·국무위원·행정각부의 장·헌법재판소 재판관·법관·중앙선거관리위원회 위원·감사원장·감사위원 기타 법률이 정한 공무원이 그 직무집행에 있어서 헌법이나 법률을 위배한 때에는 국회는 탄핵의 소추를 의결할 수 있다'라고 규정되어 있다.

지방의회가 제 역할을 못하고, 유명무실하다고 비판받는 데는 사실 근본적으로 부실한 '지방자치제도 설계'가 한몫한다.

선진국처럼 지방자치에서 주민의 대표기관인 지방의회가 당연히 집행부보다 우월한 위치에 있어야 함에도 우리나라의 지방자치는 정반대다. 오랜 중앙집권과 독재정치의 유산으로 여전히 지방자치단체를 통제의 대상으로 보기 때문이다. 실제로 중앙정부는 법과 제도, 재정을 통해서 243명의 단체장들을 자유롭게 통제할 수 있다.

반면, 3,756명의 지방의원들은 주민의 대표이자 개별 입법기관이기 때문에 중앙정부로서는 통제가 불가능하고, 공무원들과 비교해서 통제가 상대적으로 힘들 수밖에 없다. 우리나라의 지방자치가 강 집행부 약 의회로 설계된 이유가 여기에 있다. 입법, 사법, 행정의 권한을 온전히 가지고 있는 선진국의 지방정부와 달리 우리의 지방자치단체는 입법권도 제한적이고, 사법권은 전무하며, 행정권한 또한 조직과 재정에서 중앙정부의 간섭과 통제를 강하게 받는 불완전한 자치에 머물고 있다.

이런 정치적, 역사적 이유 등으로 대한민국의 지방자치는 바퀴 크기가 다른 채 30년을 맞이하고 있다. 바퀴 크기가 다른 수레를 앞에서 끌어보자. 수레는 결코 앞으로 전진하지 않는다. 작은 원을 그리면서 항상 제자리를 맴돈다. 우리의 지방자치가 70년 동안 이러했다.

작고 힘없는 지방의회 바퀴를 이제 과감하게 교체해야 한다. 단체장과 지방의회 수레바퀴의 크기가 같아질 때 비로소 지방자치는 앞으로 나아갈 수 있다. 그래야 대한민국이 비약적으로 발전할 수 있다. 국세와 지방세 비율을 8 대 2에서 6 대 4로 바꾸는 것도 중요하지만 단체장을 견제할 수 있는 제도와 시스템을 구축하지 않는다면 단체장과 집행부의 부정과 비리는 더 만연할 것이다. 지금도 단체장의 권한이 막강한데 재정자치가 조금이라도 더 확대된다면 이를 합리적으로 견제·감시할 수 있도록 지방의회의 권한도 확대되어야 한다. 9 대 1을 5 대 5로 바꾸지 않으면 대한민국 지방자치는 결코 발전할 수 없다.

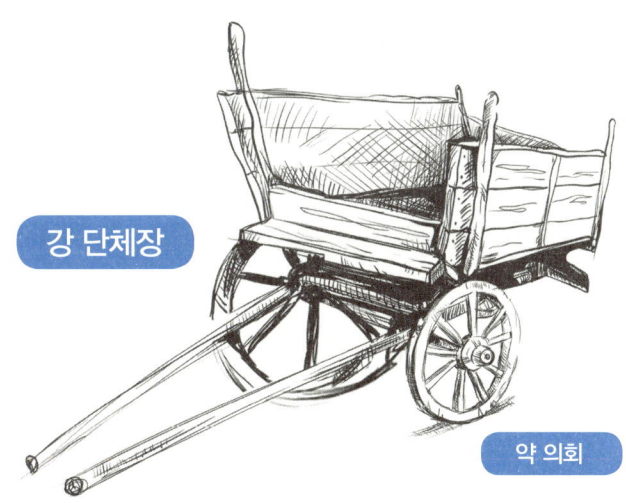

# 더디고, 돈 많이 들고, 시끄러워야

**민주주의는** 더디고, 돈이 많이 들고, 시끄러워야 한다. 우리가 익숙하지 않은 부분이다. '빨리빨리 문화' 때문인지, 국민 기질의 문제인지는 모르지만 우리 국민들은 더디고, 돈이 많이 들고, 시끄러우면 일단 부정적으로 반응한다.

언젠가 TV에서 외국인들에게 한국인의 '빨리빨리 문화'에 대해서 즉석 투표를 한 적이 있었다. 부정적 영향이 7, 긍정적 영향이 6으로 나왔다. 부정적 영향을 얘기한 사람들은 빨리빨리 문화를 두고 '질이 낮아지거나 실수를 할 수 있다', '대충대충이 연상된다'고 이구동성으로 말했다.

영국을 방문했을 때였다. 도로 한복판을 파헤쳐 놨는데 며칠을 지나다녀도 일에 진척이 없어 보였다. 보는 내가 답답할 정도였다. 그러나 그들의 일은 실수가 없고, 시간이 오래 지나도 튼튼했다. 관광지의 보도블록이나 시설물들은 망가지는 법이 없다.

우리의 현실은 정반대다. 하루에 만 보씩 걷기를 목표로 설정한 다음부터 조금 일찍 나서서 많이 걷는다. 걸으면서 많은 것을 보고 느낀다. 특히, 우리의 엉망진창인 보도상태를 보면서 어르신들이나 장애인, 임산부 등에 대해서 걱정이 많아졌다. 기본적인 흙다짐이 부실한 상태에서 빨리빨리, 대충대충 공사했기 때문에 여기저기가 주저앉아 보도블록이 온통 울퉁불퉁한 구간이 많다. 빨리빨리 문화의 후유증은 이렇게 오래가고 많은 이들에게 큰 피해를 준다.

미국 연수에서도 많은 것을 느꼈다. 일반목적의 지방정부만 3만 9,000여 개나 되고, 학교구와 특별구를 합친 지방정부는 총 9만 개나 된다. 미국의 인구가 3억 3천만 명 정도 되지만 지방정부의 수는 우리와 비교하면 비교할 수 없이 많다.

우리나라의 광역자치단체 격인 도에 해당하는 카운티(County) 산하에는 지역에 따라 다양한 지방정부 형태가 있다. 시(municipality), 타운(Town)/타운십(Township), 빌리지(Village), 보로(Borough) 등이 있다. 카운티 산하의 이러한 지방정부들은 대부분 인구 규모가 1,000명 이하인 경우가 많다.

다양한 계층구조를 가지고 있는 미국의 지방자치는 우리가 생각하는 돈의 문제로 접근해서는 도저히 이해되지 않는다. 작은 자치단체의 경우 인구가 몇 십 명인 곳도 있다. 그곳에 지방의원, 공무원, 보안관, 판사 등 있을 건 다 있고, 힘 있는 자리는 대부분 주민들이 직접 선거로 뽑는다. 이런 곳에서 최대한 많은 주민들이 직접 참여하는 '타운 홀 미팅' 같은 주민회의들이 열린다.

지역의 중요한 정책이나 이슈가 되는 문제들을 주민들 스스로가 직접 토론하고 결정한다. 직접 민주주의에 가깝지만 이런 방식은 자치단체가 작아야 한다. 식민지 시대 미국 뉴잉글랜드 지역에서 주민 전체가 모여서 토론과 투표로 예산안, 공무원 선출, 조례 제정 등을 결정하던 타운미팅에서 유래되었다.

프랑스의 경우에도 인구는 6,500만 명 정도이지만 우리나라의 시·읍·면

격인 코뮨(Commune)은 3만 6,000개가 넘고, 시·읍·면의 지방의원만 2018년 기준으로 50만 3,305명이다. 인구수에 따라 9~69명의 지방의원을 선출하는데 100명 미만의 코뮨에는 가장 적은 9명의 지방의원을 선출한다. 독일의 게마인데(Gemeinde)도 1만 1,000개가 넘는다.

우리나라의 경우에도 1952년부터 1961년 5·16쿠데타 전까지는 읍·면·동 자치가 실시되었으나 그 이후 자치 단위가 시·군·구로 확대되면서 민주성 강화와 직접민주주의의 구현은 멀어지게 되었다. 중국의 정치사상과 왕을 중심으로 한 전통적인 중앙집권국가였던 우리나라는 또다시 오랜 독재정치로 인해 지방자치가 국가와 권력자에 의해 통제되고 이용 당해 왔다.

오랜 중앙집권 역사와 왜곡된 설계로 발전은 더디기만 하고, 보수언론을 비롯한 기득권세력과 중앙관료집단들의 방해공작은 가히 조직적이다. 관치의 유산이 아직도 남아 있어서 광역자치단체 행정부시장(지사)과 기획조정실장은 차관급 정무직 국가공무원으로 대통령이 임용권을 가지고 있다.

민주주의는 과정이 복잡하고, 시간이 오래 걸리고, 돈이 많이 들고, 시끄럽게 마련이다. 그러나 그 결정은 합리적이고, 권위가 있으며, 모든 구성원들이 참여하기 때문에 불만이 적고 만족도는 높다.

국민이 주인 되는 민주주의는 그래서 힘이 세다.

# 서생적 문제의식과 상인적 현실감각

"**정치인은** 서생(書生)적 문제의식과 상인(商人)적 현실감각을 아울러 갖춰야 한다"라고 故 김대중 대통령은 말했다. '서생적 문제의식'은 원칙과 철학을 가져야 한다는 것이고, '상인적 현실감각'은 타협을 통해 일을 성사시켜야 한다는 것으로 이해할 수 있다. 지방의원들이 '금과옥조(金科玉條)'처럼 명심해야 할 말이다.

그러나 지방의원이 열악한 현실에서 원칙을 지켜 가면서도 문제를 슬기롭게 잘 해결한다는 것은 결코 쉽지 않다. 만약 그 문제가 여러 기관에 걸쳐 있고, 복잡한 양상을 띠고 있다면 더더욱 그렇다. 대부분의 공무원들은 순환보직이기 때문에 길어야 2~3년이면 다른 부서로 전보발령된다. 이런 구조적인 문제로 조금 복잡하고 민감한 민원을 접하게 되면 의도적으로 지연시키거나 회피하는 경우가 많다. 주민들은 속이 터지는데, 지방의원들은 애가 끓는데, 공무원들은 골치 아프다는 이유로 책임지지 않으려고 서로 떠넘기기 일쑤다.

도봉구 창동은 국철 1호선이 지상으로 건설되어 동서 지역이 완전히 양

분돼 있다. 10개가 넘는 지하차도로 차량은 지나다니지만 정작 장애인과 노약자들은 지하보도가 계단으로만 설치돼 있어서 이동을 할 수가 없다. 장애인들은 위험하다는 것을 알지만 어쩔 수 없이 차도를 이용해서 목숨을 건 '위험의 질주'를 계속해야만 했다. 장애인과 어르신·임산부 등 사회적 약자들이 마땅히 누려야 할 이동권리를 예산이 없다는 핑계로 무시 당했고, 주민들은 수십 년 동안 불편을 겪어야만 했다. 장애인단체와 주민들은 서명을 받고, 서울시 주민참여예산으로 제안했으나 채택되지 못했다. 다음연도에 예결위원으로 활동하면서 비로소 예산을 반영했다. 당시 공무원들은 공사 중지 중인 창동민자역사가 다시 재개되면 승강기가 충분히 설치된다며 예산낭비를 우려했다.

그러나 나의 주장은 달랐고 단호했다. "창동민자역사의 공사가 중지된지 벌써 10년이 넘었다. 앞으로 20년이 더 걸릴지, 50년이 더 걸릴지를 모르고, 아니면 영원히 공사가 재개되지 않을 수도 있다"라고 반박했다. 결국 창동지하보도의 승강기는 설치되었고, 현재 많은 장애인과 노약자들이 잘 이용하고 있다.

창동역사 내의 환승을 위한 1호선 승강기 설치 문제는 더 복잡한 양상이라 아직도 진행 중이다. 1호선 승강장에서 출입구로 나오거나 4호선 전철을 환승하기 위한 통로에는 승강기 자체가 아예 없다. 1980년대 중반 건설된 역사이기 때문에 장애인 및 노약자 이동편의시설은 전무하고, 10년 넘게 창동민자역사의 공사 중단으로 그 불편함은 언제 끝날지조차 기약이 없다.

그러나 가장 심각한 문제는 민원 해결을 위한 접근 자체가 어려웠다는 데 있다. 여러 기관과 부서가 복잡하게 얽혀 있고, 책임과 협의 자체가 불가능한 구조였기 때문이다. 특히, 중앙정부 기관과 지방자치단체 등이 복잡하게 얽혀 있는 경우는 더 힘들다. 주민들은 수십 년 동안 불편을 겪고 있는데 아무도 책임지지 않는 상황에 분노가 치솟았지만 냉정하지 않으면 한 걸음도 나아갈 수 없었다.

먼저 시정질문을 통해서 장애인과 노약자들의 법적 이동권리를 보장할 것을 요구하고 서울시장의 결단을 촉구했다. 그러나 시장의 답변은 부정적이었다. 답변을 준비하면서 해당부서 공무원들에게 이미 어렵다고 설득당한 것이다.

나는 조목조목 반박했다. "창동민자역사의 공사가 중지된 것은 10년이 지만 착공부터 따지면 벌써 15년이다. 장애인들이 창동역에서 리프트를 타고 1호선에서 4호선으로 환승을 하려면 적어도 40~50분이 걸린다. 창동역은 하루 이용 인구가 10만 명에 달하는데 한 달이면 300만 명, 1년이면 3,600만 명, 15년이면 5억 명이 넘는 주민들이 불편을 겪는 셈이다. 승강기 예산은 고작 23억 원이면 된다. 서울시가 돈 23억 원이 없어서 15년 동안 장애인과 노약자 등 주민 5억 명의 기본적인 이동권조차 보장하지 못한다는 게 말이 되느냐. 앞으로 공사가 재개되기 쉽지 않은 것으로 파악되는데 그러면 또다시 10년, 20년 5억 명, 10억 명의 주민들이 불편을 겪으면서 창동역을 이용해야 하느냐. 예산 23억 원이 정말 어려운 것이냐?"라고 질문했다.

구체적인 수치를 제시했더니 박원순 시장이 허탈하게 웃었다. "사전에 검토할 때는 어렵다고 답변을 준비해 왔는데 의원님 질문을 듣고 보니까 예산 23억 원이 너무 초라하네요. 합시다!" 구체적인 수치를 제시한 것과 창동역 현장을 직접 촬영한 영상이 큰 효과를 가져왔다.

서울시를 설득해 낸 것은 시작에 불과했다. 국가기관인 한국철도공사 코레일과 철도시설공단, 서울시교통공사, 도봉구청, 창동민자역사 시공사인 효성건설 등의 이해관계가 복잡했기 때문이다. 처음 장애인·노약자 환승을 위한 승강기 설치를 추진했을 때 서울시는 한국철도공사 코레일에게 미루고, 코레일은 서울시한테 미루면서 2~3년을 낭비했다. 시간이 지나면서 담당공무원이 다 바뀌고, 다시 설득하는 데 또 시간을 허비했다. 그래서 서울시에 TF 구성을 제안했다. 2년간 국토교통부, 코레일, 철도시설공단, 서울시, 서울시교통공사, 도봉구청, 시·구의원 등 8개 기관이 모였다. 지역구 인재근 국회의원의 도움을 받아 국토부와 코레일, 철도시설공단을 참여시켰다. 그러나 TF회의를 할 때마다 모두들 부정적이었다. 별 관심도 없었고, 성의도 없었다. 시간만 지나면 다른 곳으로 전보발령 날 공무원들이었다.

그러나 나는 집요하게 여러 가지 제안을 계속했다. "유럽에 갔더니 선로 밑으로 터널을 뚫어서 장애인이 이동할 수 있게 해 놨더라. 터널을 뚫어 보면 어떨까요?" 되돌아온 대답은 역시 부정적이었다. 50억 원 이상 소요된다며 어렵다고 했다. "그러면 지상으로 연결통로를 만들어서 설치 해보세요"라고 제안했더니 이번에는 고압선이 지나가서 위험하다면서 또 안 된다고 했다. 지역 사정을 제일 잘 아는 내가 이것저것 제안했는데도 항상 부정적인 답변 일색이었다. 마지막엔 나도 화가 나서 흥분하면서 말했다.

"창동역에 선로가 10개가 있다. 옛날에는 화물열차가 정차해서 짐을 하역하는 데 이용했으나 지금은 상·하행선만 쓰고 나머지 8개 선로는 사용하지 않는다. 고압선이 문제라면 선로를 2개 폐쇄해서 승강장을 넓힌 후 승강기를 설치하자"고 제안했더니 모두들 그런 방법이 있냐며 감탄했다. 결국 서울시 예산을 확보하고, 한국철도공사 코레일은 승강장을 확장하기로 협약을 했다. 2019년 하반기 현재 설계는 이미 끝났고, 코레일이 승강장 확장공사를 시작했다.

지방의원이 하나의 민원을 해결하기까지 처절하게 몸부림을 칠 때가 있다. 열정과 원칙이 없다면 포기하면 될 일이다. 그래도 의정비는 나오고 임기는 4년 보장된다. 그러나 4년 동안은 오직 주민들을 위해 헌신해야 하고, 그러지 않을 것이었다면 배지를 달지 말았어야 했다. 과거의 누군가는 이런 일을 고민하다가 포기했을 것이다. 오늘 나 또한 이 문제를 포기하면 또다시 주민들은 수십 년 불편을 겪어야 한다.

주민이 우선이라는 원칙, 즉 서생적 문제의식과 현실적이고 실현가능한 제안, 즉 상인적 현실감각은 그래서 지방의원에게 꼭 필요한 덕목이다.

김용석의 의정가이드

# 지방자치, 독일에서 배우다

독일에 다녀온 적이 있다. 지방자치의 역사를 배우기 위한 연수였다. 독일의 지방자치를 이해하기 위해서는 독일의 정치제도와 역사적 배경, 문화적 다양성 등을 제대로 이해해야 한다. 다당제를 바탕으로 연합정부 구성이 일반화되어 있는 독일 정치는 우리나라의 정치 개혁 모델로 많은 언급되고 있다.

소선거구제를 채택하면서 한 표라도 많이 받으면 무조건 당선되는 우리의 승자독식 '단순다수득표 선거제도'는 국민들의 다양한 민의를 수렴하지 못하고 왜곡시키면서 1당과 2당만 존재하는 양당제를 생산했다. 제20대 총선에서 자유한국당은 정당득표율 33.5%인데 의석수는 300석 중에서 122석을 차지하면서 40.6%를 차지했으며, 더불어민주당은 정당득표율 25.5%인데도 의석수는 123석으로 41%를 차지하면서 1석 차이로 제1당이 되었다. 두 정당이 59%의 국민 지지로 82%의 의석을 싹쓸이하면서 많은 국민의 표심은 사표가 되고 말았다.

독일의 경우에는 '연동형 비례대표 선거제도'를 기반으로 국민의 민심이 무시되지 않고 정당득표율에 따라 의석수가 정해지면서 7~8개의 정당이 다당제를 이룬다. 연합정부를 구성하지 않고는 안정적인 국정 운영이 어렵기 때문에 '타협과 대화'를 통한 연합정부 구성이 필수적이며 이를 통해 '합의제 민주주의'를 구현하고 있다.

2009년 독일 연방정부는 기민·기사련과 자민당이 구성했으며, 2013년에는 기민·기사련과 사민당이 대연정을 구성했다. 2017년에는 기민·기사련과 자민당, 녹색당이 일명 '자메이카 연정'을 구성하려 했으나 실패하고, 기민·기사련과 사민당이 다시 대연정을 구성한다. 그러나 2019년 현재 유럽의회 선거에서 기민당과 사민당이 참패하면서 대연정 또한 파열음이 커지고 있다.

베를린에서 만난 베를린시의회 자민당 베른트 슐뢰머 의원은 녹색당 지지율이 27%로 정당지지율 1위를 차지하면서 파란을 일으키고 있다고 귀띔했다. 유럽의회 선거와 연방정부 선거, 16개 주(란트) 선거 등 다양한 선거를 통해 지역마다 각기 다른 정당별로 다양한 연합정부가 구성되면서 극단의 정치는 찾아볼 수 없었다. 타협과 협상에 의한 탄력적이고 유연한 정치가 생존 방식으로 자리 잡은 역사가 깊었다.

우리가 방문한 베를린시의 경우 기민당(CDU)과 좌파당(Linke), 동맹 90/녹색당(Bündnis 90/DieGrünen) 3당이 연합정부를 구성한 반면 작센주의 주도인 드레스덴시의 경우는 기민당(CDU)과 사민당(SPD)이 연합정부를 구성하고 있었다. 분명 독일의 정치는 최근 우리나라 국회가 양당의 정치력 부족과 불통, 아집으로 수개월 동안이나 민생을 외면한 채 정쟁을 벌이면서 파행을 겪은 것과는 너무도 달랐다.

독일의 지방자치는 다양한 권력구조를 채택하고 있다. 16개 주(란트)는 각각 주 헌법으로 자신들만의 독특한 통치기구의 구성과 권한을 정하고 있으며, 크게 4가지 유형으로 분류된다. 우리가 방문한 프랑크푸르트 시민대학이 위치하고 있는 헤센(Hessen)주나 슐레스비히 홀슈타인

(Schleswig-Holstein)주는 지방의회와 시장이 의장인 합의제형의 시당국(Magistrat)이 있는 형태다.

시장은 독임제가 아니라 합의제 형태로 운영되며, 이는 프로이센 시절부터 존재하는 독일의 전통적인 지방자치 형태다. 팔츠(Rheinland-Pfalz)주나 자알란트(Saarland)주는 프랑스 모델로 시장을 주민이 아닌 지방의회에서 선출하며, 바이에른(Bayern)주나 바덴 뷔르템베르크(Baden-Württemberg)주와 같은 남부독일에서는 지방의회 외에 시장을 직접선거로 선출하지만 시장이 지방의회 의장을 맡으면서 막강한 권한을 가진다. 북부 지방인 노르트라인 베스트팔렌(Nordrhein-Westfalen)주나 니더작센(Niedersachsen)주의 경우 지방의회 의장이 시장이 되며 행정책임자로서 국장(Gemeindedirektor)을 따로 두고 있다.

독일의 다양한 지방자치 형태는 자연발생적인 것이 아니라 제2차 세계대전 패전 후 '나치'라는 일당 독재정치를 경험한 전범국가로서 중앙집권적 정치권력의 약화를 위해 의도적으로 추진됐다. 또한 미국·영국·프랑스·소련이라는 4개의 승전국에 의해 분할 통치되면서 점령지에 따라 다양한 지방자치 형태를 갖게 된 것이라는 점에서 슬픈 역사를 비추는 거울이기도 하다.

우리나라의 지방자치는 기관대립형(Check and Balance) 권력구조를 획일적으로 채택하고 있어서 지역 특성이나 특색을 반영한 다양한 지방자치를 구현하기 어렵다. 우리나라도 이제 주민들이 스스로 자기 지역의 권력구조를 결정하고, 지역 실정과 주민의 요구들이 다양하게 수렴되는 지방자치 형태를 가져야 한다. 독일처럼 지방자치가 발전하기 위해서는 무엇보다 개헌이 시급하다. '헌법은 국민의 삶을 담는 그릇'이기 때문이다. 1987년의 헌법체계로는 32년이라는 긴 세월 동안 성장하고 발전한 국민들의 다양한 요구와 바람들을 담아낼 수 없기 때문에 지방자치와 자치분권이 획기적으로 강화된 새로운 헌법을 위한 개헌이 시급하다. 현행 헌법에서 제117조와 제118조 달랑 2개 조항에만 언급되어 있는 지방자치는 연방국가인 독일과 비교하기 어려운 수준이다. 국외공무활동 내내 독일 현지에서 언급하기조차 민망하고 부끄러울 정도였다.

독일 기본법 제28조 제2항에는 "게마인데에게는 지역공동체의 모든 사무를 법률의 범위 내에서 자신의 책임하에 규율할 권리가 보장되어야 한다"고 규정하고 있다. 실제로 독일의 16개 주는 주법의 집행 등 고유 사무 외에 연방의 고유 행정인 외교, 국방, 연방재정 등 일부를 제외한 경찰, 재난보호, 사법, 교육, 문화 등 대부분을 집행하고 있다. 주 헌법에 따라 입법부, 행정부, 사법부의 삼권분립은 물론 독립적인 조세입법권과 자율적인 세금 운영권 또한 가지고 있다.

독일의 지방자치에서 주목할 점은 주민참여의 강화다. 직접민주주의 요소인 주민발안과 주민투표가 활성화되면서 주민참여와 권리가 확산되고 있었다. 1994년 주민발안이 도입된 후 노르트라인 베스트팔렌주에서만 400개가 넘는 주민발안이 있었다. 우리나라와 독일 등 지방자치에서 의사결정의 구조는 원칙적으로 주민의 대표기관인 지방의회에서 행하지만 직접민주주의 요소인 주민참여예산과 주민발안, 주민투표, 주민소환 등은 광범위하게 도입되고 있는 추세다.

지방자치의 궁극적 목표가 지역주민들의 '행복한 삶'에 있다고 한다면 대의제의 한계를 보완하는 의미에서 주민들의 자발적 참여를 바탕으로 하는 직접민주주의제도 도입은 필수적인 과정이라 하겠다. 다만 직접민주주의 요소의 도입은 대의제의 권한이 침해받지 않도록 합리적인 절차와 일정한 요건하에 진행돼야 한다.

독일의 경우 주민공청회, 주민제안, 주민질의 등의 참여가 활성화되어 있는 반면, 우리나라와 달리 주민참여예산제도는 소극적이었다. 이는 독일이 소득의 거의 40%~50%를 세금으로 징수하고 있으면서 다양한 공적보험(건강보험, 연금보험, 산재보험, 요양보험, 실업보험 등)과 육아수당, 대학교 무상등록금과 대학생 생활비 지원(바펙) 제도, 일명 '어머니연금' 등 포괄적인 사회복지 시스템을 갖추고 있는 '강한 사회국가'라는 점과 무관하지 않을 것이다. 특히, 체계적인 교육제도로 초등학교 4학년만 되면 대학 진학을 목표로 하는 김나지움(Gymnasium)에 진학해서 독일식 수능인 아비투어(Abitur)를 준비한다.

실업학교(Realschule), 기간학교(Hauptschule), 종합학교(Gesamt-schule) 등을 선택해서 비교적 일찍 직업의 길로 나서는 청년들도 많다. '아우스빌둥(Ausbildung)'은 기업현장의 실습교육과 직업학교에서의 이론교육을 병행하고, 고도로 숙련된 전문 인력들은 제조업과 중소기업 강국 독일의 탄탄한 경제 발전을 견인하고 있었다.

독일은 직업에 따른 사회적 차별이 없고 직업별 급여 차이도 적은 편이어서 사교육이나 과도한 입시 경쟁 등의 사회적 병폐가 적은 것이 가장 큰 국가 경쟁력이었다. 다른 선진 민주주의 국가들처럼 독일 역시 사회복지 지출이 가장 큰 비중을 차지하고 있었는데, 2016년 공공 사회복지 분야에 독일 국내 총생산(GDP)의 29%인 약 9,180억 유로(1,200조 원)가 지출되었다. 2019년 우리나라 1년 국가 예산 규모가 470조 원인 것에 비하면 무려 2.5배의 예산이 공공 사회복지비 분야 예산으로 집행된 셈이다. 때문에 우리나라 형식의 '주민참여예산제도'는 큰 의미가 없었다.

우리가 만난 베를린시의회 자유민주당(FDP) 베른트 슐뢰머 의원은 베를린 시민의 다양한 주민참여 사례를 소개했다. 1990년 독일이 통일되면서 베를린 시내에도 3개의 공항(템펠호프, 테겔, 쇤펠트)이 운영되었다. 도시가 점점 확장되면서 소음 피해 등이 사회문제화되자 결국 템펠호프공항이 2008년 폐쇄되었다. 베를린의 부족한 주택 문제로 인해 이곳을 택지로 개발하자는 요구들이 꾸준히 있었지만 베를린시민들은 주민투표를 통해서 2024년까지 공원으로 활용하기로 결정했다.

또한 독일 정부는 제2차 세계대전의 과오를 잊지 않고자 '템펠호프 보존법'을 제정하고, '템펠호프 프로젝트'를 진행하면서 1930년대 중반 나치 독일 정부가 대대적으로 증축할 당시 지구 최대 규모로 지었다는 주 건물(길이 1.2km, 바닥 면적 30만 m²)은 보존하되 내부 공간은 60%까지만 활용할 수 있게 제한했다. 건물과 주변 대규모 녹지를 포함하는 공항부지는 일부 경찰청사로 사용, 나머지 공간은 민간 기업에 사무, 문화 공간으로 임대하거나 난민수용소, 레이싱경기장 등으로 임대 준비가 한창이라고 했다.[4]

베를린은 독일의 수도이지만 인구는 서울 인구의 40%에도 못 미치는 380만 명에 불과한 수준이다. 그러나 44만 그루의 가로수와 2,500개에 달하는 충분한 녹지 및 공원이 있음에도 주민투표를 통해서 폐쇄된 템펠호프공항 부지를 또다시 개발이 아닌 공원으로 조성할 것을 결정했다는 데 대해 감탄하지 않을 수 없었다.

실제로 연수 기간 동안 베를린과 드레스덴에서 직접 목격한 것은 독일 국민들의 대부분이 주택가 곳곳에 위치한 공원에서 가족과 함께, 이웃과 함께 여가를 즐기고 있는 모습이었다. 하루 8시간 노동과 주 28시간 노동까지 확보한 덕분에 목요일 오후부터 주말이 시작되면서 일상에 여유가 있어 보였다.

2018년 우리나라와 독일의 임금노동자의 연간 노동시간은 1,967시간과 1,305시간이다. OECD 국가 중 가장 노동시간이 긴 우리나라는 OECD 국가 중 가장 짧은 노동시간의 독일보다 무려 4개월 더 일하고 있다. 베를린시민이 주민투표로 공원을 선택한 이유를 알 수 있는 대목이다.

물론 독일의 지방자치는 나름대로의 한계와 시련에 직면하고 있었다. "베를린은 가난하다"라고 말한 슐뢰머 베를린시의회 의원은 독일과 베

---

4) [통합 대구공항 청사진, 대구 경북의 미래] 〈4〉공항 역할 끝나 탈바꿈하는 테겔·템펠호프공항 매일신문. 2018. 7. 25.

를린이 통일된 지 30년이 지났지만 동·서독과 동·서 베를린의 임금 격차는 여전하고, 난민 문제 등 사회문제로 인해 '독일을 위한 대안'이라는 일명 극우당(AfD)이 빠르게 지지세를 확산하고 있다고 우려했다.

더불어 독일의 경우 철저한 인권보호에 가치를 두고 있어 CCTV 설치 문제가 가장 뜨거운 쟁점으로 떠올랐고, 행정과 주민참여가 '아날로그'에 머물러 있어서 변화하는 4차 산업혁명 시기에 도태될 수 있다는 위기감이 사회 전반에 깔려 있다고 보았다. 공문서의 인터넷 발급이나 주민들의 엠보팅 참여, SNS 소통, 인터넷 민원 해결, 전자행정, 행정의 디지털화 등은 독일이 심각하게 고민하고 있는 부분이며 우리나라를 벤치마킹하기 위해 큰 관심을 보이기도 했다.

흔히 '인생은 속도보다 방향'이라고 말을 한다. 얼마나 빨리 달리느냐보다 어느 쪽을 향해 달리느냐가 중요하다는 얘기다. 지방자치도 마찬가지다. 본격적인 실시 기간에 비하면 빠른 속도로 발전해 오기는 했지만 아직 우리의 지방자치는 독일, 프랑스, 미국 등 선진국에 비해 가야할 길이 멀다. 그러나 이제는 속도보다 '자치와 분권'이라는 방향이 중요한 시점이 되었다. 독일의 지방자치에서 배우고 느낀 점이다.

자치와 분권이라는 나침반이 흔들릴지언정 방향은 잃지 말아야 한다.

**에필로그**

---

인간
김용석을
말하다

# 인재근,
# 김용석을 말하다

김용석 의원을 처음 만난 건 민주주의자 김근태 의장이 첫 선거를 치렀던 1996년 봄이었습니다. 김용석과 그의 부인이 함께 김근태 의장의 선거에서 자원봉사를 했습니다. 당시 김용석 부부는 신혼여행을 다녀온 지 얼마 지나지 않았을 때였고, 그래서 그들의 선거 구호도 '신혼을 보장하라'였습니다. 김용석 부부가 열심히 뛰어 준 덕분에 선거에서 승리할 수 있었습니다.

김근태 의장의 선거가 끝난 뒤 김용석은 지구당, 지금으로 치면 지역위원회 사무실에서 함께 일하게 됐습니다. 지역사무실에선 '총무부장' 직을 달고 일했습니다. 당시에도 김용석은 지금처럼 인기가 많았습니다. 서글서글한 성격과 깔끔한 일처리로 도봉의 많은 사람들이 김용석을 높이 평가했습니다. 한창 주가가 오를 무렵 김용석은 창4동 구의원으로 출마했습니다.

김용석을 기필코 구의원으로 만들겠다고 다짐했던 저는 마치 김근태 의장의 선거를 뛸 때처럼 온 힘을 다해 선거를 도왔습니다. 당시 창4동에 있는 중학교에 제 딸이 다니고 있어서 학부모들을 많이 알고 있었는데, 마침 그분들이 동네 주민들 사이에서 상당히 신망 있는 분들이었습니다. 저는 그 학부모들부터 공략했습니다.

다행히 김용석은 팔기 좋은 '우량상품'이었습니다. 김용석은 남녀노소 누구나 좋아할 만한 매력을 가진 건실한 청년이었습니다. 사람 자체도

워낙 훌륭하고 좋았지만 경상남도 사천 출신에 경희대학교 졸업이라는 학력도 어필하기 좋았습니다. 당시 상대 후보가 부산 출신의 현역 구의원이었기 때문입니다. 김용석은 그야말로 젊고 경쟁력 있는, 누구라도 찍을 수밖에 없는 그런 후보였습니다.

결국 선거는 김용석의 승리로 끝났습니다. 그것도 압승이었습니다. 단 한 곳의 투표소에서도 지지 않고 전부 이겼습니다. 도봉을 함께 가꾸어 갈 좋은 정치인이 탄생하는 순간이었고, 그 첫 단추도 아주 훌륭하게 잘 끼웠습니다. 그때 저는 직감했습니다. 김용석 의원이 도봉을 위해 오래도록 헌신할 것이라는 예감, 그리고 그 노력으로 인해 도봉이 더 살기 좋아질 것이란 예감이었습니다. 김용석의 승리는 저를 정말 행복하게 했습니다.

정치인으로서 첫발을 디딘 김용석 의원은 그 이후 그야말로 날개를 단 듯이 활약했습니다. 민원이면 민원, 정책이면 정책, 어떤 분야에서든 막힘없이 일을 처리했습니다. 김용석은 도봉을 키우고, 도봉은 김용석을 키웠습니다. 김용석 의원의 진가를 알아본 주민들의 지지와 응원도 갈수록 늘어 갔습니다.

이렇게 김용석 의원은 내리 3선의 구의원이 되었고, 최연소 구의회 의장도 역임했습니다. 이어 그는 또 3선의 시의원을 내리 지내며, 지금은 제10대 서울시의회에서 더불어민주당 대표의원까지 맡고 있습니다.

김근태 의장도 김용석 의원을 아주 많이 아꼈습니다. 김근태 의장은 늘 김용석을 큰 정치인으로 키워 내고 싶다는 마음을 가지고 있었습니다. 지금 서울시의회에서 102명의 민주당 의원을 대표하는 자리에 우뚝 올라선 김용석 의원을 보고, 아마 하늘에서 매우 기뻐하고 있을 것입니다. 저도 같은 마음입니다. 처음 김용석 의원을 당선시켰던 그때처럼 행복한 마음이고, 또 자랑스러운 마음입니다.

김용석은 도봉의 자랑이고, 소중한 자산입니다. 그 누구보다 노력하고 헌신하며 도봉의 발전에 이바지해 온 일등공신입니다. 김용석은 김근태에게도, 인재근에게도 너무나 소중한 사람입니다. 김용석이 없었다면 오늘의 인재근도 없었을 것입니다.

인재근이 김용석에게 바라는 것, 딱 하나입니다. 건강한 삶을 바탕으로 항상 봉사하며 살았으면 좋겠습니다. 늘 응원하겠습니다.

김용석, 파이팅!

더불어민주당 국회의원

## 인재근

# 더 많은
# '김용석'을 기대합니다

**반갑습니다.** 더불어민주당 원내대표 이인영입니다.
존경하는 김용석 서울시의원의 책 출간을 진심으로 축하합니다.
다선 서울시의원으로 여러 막중한 책무를 감당하고 있음에도 책까지 낸다고 하니 놀랍습니다. 또한 단순히 자신이 한 의정활동을 소개하는 글이 아니라 다른 지방의원에게 도움이 되는 생생한 실전사례와 의정경험을 담는 책을 낸다고 하니 더욱 반갑습니다. 아마 이 책을 구해서 읽는 여러 지방의원과 후보군들의 정책적 역량은 한결 높아질 것입니다.
바야흐로 자치와 분권의 시대입니다. 앞으로 더 많은 권력과 자원이 중앙에서 지역으로 이전될 것입니다. 이에 따라 여러 긍정적인 측면도 있겠지만 동시에 수용능력의 부족으로 만만치 않은 부작용도 예상됩니다. 모쪼록 많은 분들이 책을 읽고 더 나은 지방정치를 위해 힘써 주시기를 부탁드립니다.
김용석 의원이 가진 여러 가지 장점이 있지만 짧은 지면상 몇 가지만 이야기하도록 하겠습니다.
첫째, 무엇보다도 김용석 의원은 전문성을 가진 정치인입니다. 지방재정 전문가로서 전국을 다니며 강의를 할 정도로 풍부한 경험과 식견을 가지고 있습니다. 전문성은 단순히 경험에서 나오는 것이 아닙니다. 의정활동을 하면서 끊임없이 공부하고 의정활동 자체를 학습하는 그의 열정 덕분에 만들어진 것입니다.

그를 아는 많은 정치인과 공무원들은 그의 이런 전문성을 높이 평가합니다. 특히, 이것이 누군가의 도움이 아니라 그의 개인적인 노력의 산물로 만들어진 것이기에 더욱더 존경을 받습니다. 선 수가 쌓일수록 게을러지고 누군가가 적어 주는 것이 익숙해지는 현실에서 그의 이런 꼿꼿함은 참으로 소중하고 빛나는 모습입니다. 아마 정치를 끝내는 그날까지 김용석 의원이 이런 멋진 모습을 계속 간직할 것이라고 믿어 의심치 않습니다.

둘째, 타고난 겸손함입니다. 만 27세에 구의원에 당선되어 이후 기초의회 3선과 만 31세에 전국 최연소 기초의회 의장직 수행, 광역의회 3선과 광역의회 교섭단체 대표의원 경험을 가지고 있음에도 김용석 의원은 교만하거나 거만한 모습을 찾아볼 수 없습니다. 정치를 해 본 사람은 알지만 권력은 인간을 변질시키는 경향이 있습니다. 그런데 아직까지 김용석 의원은 권력의 함정에 빠지지 않은 것 같습니다.

사실 저는 돌아가신 영원한 민주주의자, 김근태 의원님과의 인연으로 김용석 의원을 알게 되었습니다. 20대 후반의 청년을 구의원 후보로 소개하셨을 때는 너무 이른 것이 아닌가라는 생각을 했습니다. 지역의 쟁쟁한 정치인들이 존재하는 기초의회에서 과연 20대 후반의 청년이 무엇을 할 수 있을지 걱정스럽기도 했습니다. 김용석 의원은 저의 이런 편견과 걱정을 깨끗하게 날려 버렸습니다. 저는 그 바탕에 한결같은 겸손함이 있다고 믿습니다.

마지막으로, 김용석 의원은 가정에도 충실한 멋진 아빠입니다. 이 시대의 중장년은 일과 가정의 만성적 불균형에 놓여 있습니다. 가정보다는 일에 매몰되어 가족을 충실히 돌보지 못하는 것이 현실입니다. 하물며 정치인은 더욱 그렇습니다. 정치를 한다는 이유로 가정을 등한시하는 경우가 대부분입니다. 이 글을 쓰는 저 스스로도 깊은 반성을 합니다. 아무리 살림이 편해졌어도 여전히 밥을 하는 건 이 시대 중년 남성에게는 커다란 숙제입니다. 그래서 많은 아빠들은 아내가 없을 때 배달음식을 이용하거나 집에 남은 음식을 데워 먹습니다. 그런데 김용석 의원은 여느 정치인과는 다른 사람입니다. 그가 아내보다 맛있는 밥을 지어서 딸에게 칭찬 받았다는 스토리를 들어 보셨습니까? 저는 그 이야기를 듣고 웃음이 나면서도 사람이 달리 보였습니다. 저도 언젠가 따뜻한 밥 한 번 얻어먹으러 가야겠습니다.

마지막으로 다시금 김용석 의원의 책 출간을 축하합니다.
앞으로도 멋진 의정활동으로 지역을 위해 더 힘써 주시길 바랍니다.
서도 계속 응원하면서 힘을 보태겠습니다. 감사합니다.

더불어민주당 원내대표<br>
이인영

# 지방자치를 이해하는
# 동력이 되기를 기원합니다

**안녕하세요.** 서울특별시장 박원순입니다.
서울시의회 더불어민주당 김용석 대표의원의 책 출간을 축하합니다. 이 책의 출간 소식을 듣고 세 번 놀랐습니다. 우선 지방의원으로서 지역을 돌보고, 대표의원으로서 의회와 정당을 돌봐야 하는 바쁜 상황에서도 책을 쓰다니, 성실함과 부지런함에 놀랐습니다. 두 번째로는 이 책이 그간의 의정활동 노하우를 차곡차곡 모아 정리한 결과물이라는 사실에 놀랐습니다. 22년, 전문인으로서 역량을 쌓아 온 그 세월을 한 권의 책으로 담는다는 것은 결코 쉬운 일이 아니기 때문입니다. 마지막으로 이를 미련 없이 공개하는 것에 놀랐습니다. 본인이 쌓아 온 지적재산과 노하우를 공개하고 공유하는 것은 큰 결단이 필요한 일이기 때문입니다.
하지만 평소 김용석 의원을 잘 아는 사람이라면 매우 자연스러운 일이라는 것도 잘 알고 있을 것입니다. 김용석 의원이 지방의회와 지방자치에 깊은 애정을 품고 있기에 가능한 일이기도 할 것입니다. 저는 시정의 책임자로서 김용석 의원을 마주할 때마다 '감시와 견제'라는 관계의 특성 때문에 내심 긴장하기도 하지만, 그가 서울의 발전을 위해 쓴소리도 마다하지 않는 사람임을 잘 알기에 그의 말을 신뢰하고 경청하고 있습니다.
김용석 의원은 스물일곱 젊은 나이에 정치에 입문했습니다. 도봉구에서만 3선의 구의원을 지내고 이제 서울시에서 3선 시의원의 역할을 훌륭히 수행하고 있습니다. 김용석 의원을 알게 된 건 서울시의원으로 활동하면서부터였지만, 그가 도봉구에서 얼마나 활약했는지는 익히 들어 잘 알고 있었습니다. 김용석 의원은 도봉구를 오래도록 지킨 사람입니다. 삶의 근거지로 삼은 1998년 이후 한 번도 도봉구를 떠나지 않았습니다. 그는 도봉구의 주민들과 고락을 함께하면서 다양한 목소리를 듣고 더 나은 지역을 만들기 위해 일해 왔습니다. 3선 시의원으로서 지방자치를 위해, 더욱 헌신하기 위해 이 책을 썼을 것이라 생각합니다.

국가의 근간은 결국 지역입니다. 지방분권의 시대, 지역의 삶을 이해하는 것은 모두의 삶을 이해하는 길이기도 합니다. 지방자치에 대한 애정을 가득 담아 쓴 이 책이 독자를 만나 더 많은 지방의회에 대한 열망, 이해, 안목 그리고 애정을 낳기를 바랍니다.

이 책이 지방의원에게는 실력에 보탬이 되는 가이드로, 일반 독자에게는 지방의회와 지방자치를 이해하게 만드는 교양서로 훌륭히 기능을 수행하기를 기대합니다. 그래서 더 많은 이들이 지방자치에 관심을 갖고 우리의 지역을, 서로의 삶을 이해하고 돕는 사회가 되기를 바랍니다.

다시 한 번 김용석 대표의원의 첫 번째 책 출간을 진심으로 축하드리며, 이 책이 다 함께 잘 사는 사회를 만들기 위한 든든한 동력이 되기를 기원합니다.

서울특별시장

**박원순**

# 지방의회에 최적화된 인물
# 김용석 의원

**올해로** 김용석 의원과 서울시의원으로 같이 활동한 지 10년이 되었다. 2010년 제8대 서울시의회 초선의원으로 같이 입성을 한 후 이제 서로 3선 의원이 되어 한 사람은 의장으로, 또 다른 사람은 제1당의 대표 의원으로 서울시의회 내 중추적 역할을 하고 있다.

처음 의원활동을 시작할 때 사실 그간 김용석 의원에 대해 알 기회가 없었다. 그러나 구의원 활동을 경험해 본 주변의 여러 동료의원들이 하나같이 그의 능력에 대해 높은 평가를 했다. 그런 이야기들을 들으며 유독 많은 관심을 갖게 되었다

제8대 의회는 여러모로 역동적이었습니다. 처음으로 의회와 집행부 간의 권력이 분점되었다. 또한 다수당을 점하게 된 민주당 79명 의원 중 초선이 무려 72명이었다. 젊고 개혁적인 의원들은 정책사안마다 오세훈 시장과 날카로운 대립각을 형성하였다.

아마도 8대 의회 첫 시정질문 때였을 것이다. 당시 김용석 의원은 "대한민국의 수도 서울의 시장이 시정질의란 잘못된 용어를 사용하고 있다"며 "질의와 질문의 차이를 모르고 있는 것 아니냐"고 날카롭게 꼬집고 서울광장 전면 개방을 요구했다. 그 당찬 모습을 지금도 잊을 수가 없다.

2015년 상반기에 반복되는 운송원가 상승과 무임수송에 따른 적자 확대 등으로 대중교통요금 인상안이 논의되었다. 서울시의회에 의견청취안이 올라왔을 때 본회의장에서 여러 의원들 간에 치열하게 찬반토론이

진행되었다. 당시 여당 대표의원직을 맡았던 나는 상임위원회의 결정을 존중해 찬성으로 가닥을 잡았지만 김용석 의원은 대중교통 운송적자를 요금 인상만으로 서민들의 호주머니를 털어서 채우는 것은 합당하지 않다고 주장하면서 논리적으로 요금 인상의 부당함을 지적했다.

많은 의원들은 상임위원회의 결정을 존중하는 의미로 요금 인상에 대해 그다지 문제의식을 갖고 있지 않았다. 그러나 김용석 의원은 대중교통 요금 인상 반대의 입장에 서서 누가 봐도 충분히 공감할 수 있는 논리적 근거를 제시하며 본회의장 분위기를 바꿔 놓았다.

그의 반대토론을 지켜보며 요금 인상으로 주머니 사정이 조금이라도 힘들어질 서민의 삶에 대한 진한 애정을 확인할 수 있었다. 우리가 왜 정치를 하고 있는지에 대한 진중한 고민을 던져 준 사건이었다. 박원순 시장과 공무원들은 서울시의회의 수준이 이렇게 높은 줄은 몰랐다며 매우 놀라워했다.

김용석 의원의 소신 있고 당당한 의정활동은 아마도 현안에 대해 치열하게 공부하고 철저히 준비하는 자기 관리에서 시작되지 않았나 싶다. 단적인 예로 저녁 7시 이후에 김 의원과 통화하는 것은 결코 쉬운 일이 아니다.

일반적으로 의원들은 지역관리 등 이런 저런 지역모임에 얼굴도 비추고 술 한잔을 기울이지만, 김용석 의원은 저녁이 되면 만날 수가 없었다.

그는 언제나 자기 관리를 위해 칼같이 집으로 돌아갔다. 지원 인력 없이 서울이라는 거대한 도시의 현안과 예산에 대해 파악하고 대안을 제시하기 위해서 자료를 검토하고 공부를 하려고 그런다는 것을 알게 된 후 나는 미련을 버렸다. 김용석 의원과의 저녁 통화는 깨끗이 포기했다.

많은 초선의원들이 닮고 싶어 하는 의원이 바로 김용석 의원이다. 더 많은 김용석이 나온다면 서울시민은 더 행복해질 것이다. 나 또한 김용석 의원과 같이 서울시의회 생활을 하는 것이 늘 자랑스럽다. 자치와 분권의 시대에 가장 최적화된 광역의원 중 한 명이라고 자신 있게 말할 수 있다.

제10대 서울특별시의회 의장
**신원철**

# 우리 지방자치가 키운
# 1등 지방의원

김용석 시의원을 처음 본 날은 1998년 기초의원 후보에 나오기 전의 어느 날이었다. 아버지와 함께 지구당 사무실을 방문했을 때 사무실에서 비서 업무를 보던 의원님은 학생이던 나를 반가운 얼굴로 맞이했다. 동네 아저씨처럼 친절하게 대해 주던 기억이 난다. 그렇게 나의 아버지를 통해 첫 인연을 맺었다.

얼마 후 우리 동네 기초의원에 27세의 나이로 출마했다. 내 주변 사람들은 젊은 나이에 출마하는 것에 대해서 걱정을 많이 했다. 당시 의원은 나이 지긋한 분들이나 하는 것으로 생각했기 때문이다.

하지만 아버지는 주변의 만류에도 "꼭 당선시켜야 한다"며 선거운동에 뛰어들었다. 항상 집에서 누워만 있던 아버지가 갑자기 변하셨다. 새벽에 일찍 나가서 밤늦게 들어오고, 심지어는 비가 폭우처럼 쏟아지던 날까지 부지런히 나가셨다.

나는 이해가 되지 않았다. 돈을 벌어오는 것도 아니고, 가족이 선거에 출마한 것도 아니었다. 심지어 우리 집은 가난했기 때문에 당장 경제활동이 필요한 상황이었는데 누군가를 돕겠다고 나서는 모습을 이해할 수 없었다. 왜 그렇게 열심히 하시냐고 물어본 적이 있다. 그때 아버지는 "젊은 사람이 열심히 하더라. 꼭 당선시키고 싶다"라고 말씀하셨다. 그렇게 아버지의 믿음과 의지, 그리고 절실함으로 당선이 확실치 않았던 선거에서 의원님은 기초의원에 당선되었다.

의원님과 아버지와의 끈끈한 인연 덕분에 나는 의원님의 재선, 3선 기초의원과 지난해 치러졌던 3선 서울시의원 선거운동을 도왔다.

12년 만에 선거운동 현장에서 만난 의원님의 열정은 초선의원 때와 변함이 없었다. 동네 주민을 한 명이라도 더 만나서 귀 기울이려고 노력했다. 달라진 점이 있다면 예전보다 사람들이 원하는 요구사항을 더 빨리 파악해 일을 진행시킨다는 점이었다.

의원님을 바라보는 사람들의 인식도 많이 달라져 있었다. 예전에는 젊은 구의원에게 막연한 기대를 했지만 이번에는 그동안의 의정활동과 사람됨에 대한 칭찬을 많이 했다. 선거운동 현장을 다니면서 만난 사람들은 모두 하나같이 의원님에 대해 이렇게 이야기를 했다.

"오늘도 새벽에 김 의원 봤어."

자주 본다고 했다. 이런 분들이 정말 많았다. 혼자서 많은 곳을 다니면서 여러 사람들과 소통하는 것 같았다. 항상 느끼지만 김용석 의원은 참 성실하다. 처음이나 지금이나 변함없이 한결같다.

"김 의원이야 성실하고 일 잘하지. 내가 응원한다고 전해 줘."

"예전부터 봐 왔는데 참 한결같아."

"팬이라고 전해 줘."

"내 아들이지 뭐, 너무 자랑스러워."

표정이나 말투에서 진심이 느껴졌다. 모두들 응원해 주시는데 듣는 내가 힘이 나서 어떤 일이라도 해낼 수 있을 것 같았다. 어르신들은 자기 아들이라며 자랑스러워하셨다.

문득 돌아가신 아버지가 떠올랐다. 항상 아들처럼 의원님을 대했던 나의 아버지 말이다. 아버지는 의원님을 항상 자랑스러워했다. 본인이 배우지 못해서 그 어떤 꿈조차도 시도해 보지 못했던 아버지는 27세 청년의 사람됨을 알아보고 한평생을 믿고 지지했다. 지지하는 의원이 열심히 의정활동을 하고 성장하는 모습을 보며 보람을 느꼈을 것이다. 아버지의 선택과 사람에 대한 투자는 옳았다. 나도 이제 그 길을 함께 갈 것이다.

이 책은 22년간의 지방자치 현장에서의 실전경험을 담았기에 초선의원들에게 많은 도움이 될 것이라 생각한다. 의정활동을 하면서 주민들로부터 사랑받는 지방의원들이 더 많았으면 좋겠다. 지방자치의 현장에 있거나 지방의원을 꿈꾸는 이들에게 많이 읽혔으면 좋겠다.

도봉구민 **김수영**
(김용석 정치 인생의 일등공신 故 김장수 씨 딸)

# 오백 원짜리 반지

**대학교** 같은 과 동기였던 남편은 1990년 초 봄쯤 길거리 가판대에서 팔던 오백 원짜리 반지를 사 주며 '이 사람은 내 사람이다' 생각했다는 사람입니다.

결혼할 용기를 내지 못하던 제게 평생 손에 물 안 묻히게 해 주겠다고 약속한 남편이지만 믿지는 않았습니다. 그러나 남편은 결혼해서 이십 년이 넘는 시간 동안 맛있는 밥과 깨끗한 집 관리와 뽀송뽀송한 빨래를 불평 한마디 없이 해내고 있습니다.

정치인이 깨끗한 정치를 하려면 아내가 유능해야 한다고 평생 돈 벌어 오는 일은 저의 몫이니 집안일은 본인이 한다는 논리였습니다.

누군가 뇌물을 주려 했을 때 이 돈을 받아 가면 아내에게 맞아 죽는다고 거절할 수 있었던 건 유능한 아내 덕이라며 날마다 노래를 불렀습니다.

밤 9시면 잠을 이기지 못하던 남편은 구의원이 되고 나서부터 밤을 새 워 공부를 하는 날이 많았고 다들 그러는 줄 알았습니다.

제가 딸을 낳고 직장생활을 잠시 쉬는 중에도 남편은 구의원 활동을 하면서도 저녁 여섯 시면 칼퇴근을 하고서 밤에 공부하며 야간 육아를 도맡아 해 주었습니다. 딸이 스무 살이 되었을 때 그 시기가 참 힘들었지만 행복했다고 스치듯 이야기 한 적이 있습니다.

오랜 투병생활을 하던 친정어머니를 늘 아들처럼 섬기던 남편은 십 년 동안 뇌졸중으로 고생하던 친정아버지가 돌아가시는 날까지 매주 문병을 하며 최선을 다해 섬겼고, 병원 사람들은 남편이 사위라는 사실을 몰랐다고 했습니다.

그런 남편이 구의원 세 번, 시의원 세 번 당선을 하면서 늘 성실한 의정활동을 했다는 건 언제나 언론에 난 기사를 통해서 알았습니다.

딸의 고등학교 3년 등하교를 도맡아 하면서도 서울시의회 100% 출석을 이룬 단 한 사람이라는 기사는 아직도 신기한 일입니다.

요즘도 서울시 대표의원을 하면서 짬을 내 전국 지방의회 강의를 다니고 대학원 박사과정 밟느라 잠자는 걸 보기 어려운 생활을 하면서도 짜증 한 번 내는 일 없는 남편이 책까지 쓰고 있었다니 놀라울 따름입니다.

저를 만나지 않았으면 아마도 성직자가 되지 않았을까 늘 생각하게 하는 남편이 무슨 일을 하든 최선을 다하는 사람이라는 걸 누구보다 잘 압니다.

정치생활을 은퇴하면 캠핑카를 한 대 장만해서 전국 여행을 다니자는 남편의 약속을 굳게 믿으며, 그날이 멀지 않기를 소망합니다.

2019년 가을
늘 부족한 아내가

## "그래도 아쉽다"

**어릴 적** 제 팔다리는 유독 까무잡잡했습니다. 아버지와 주말이나 공휴일마다 소풍을 가거나 자전거를 타러 다닌 덕분에 햇볕에 잔뜩 그을렸기 때문입니다. 잠자리 잡기, 두발자전거 타기, 휘파람 불기, 아나바다장터 참가 등 어릴 적 해 본 색다른 경험의 기억 속엔 늘 아버지가 함께였습니다.

어린 제게 아버지는 선생님이자, 친구이자 든든한 조력자셨습니다.

저를 위해서라면 아버지는 늘 시간을 내주셨습니다. 퇴근 전과 퇴근 후, 그리고 쉬는 날 아버지의 시간은 늘 제 것이었습니다. 어렸을 땐 그게 당연한 줄로만 알았지만 이제 와 생각해 보면 아버지가 참 대단하셨다는 생각이 듭니다. 일하는 시간 외에 모든 시간을 딸에게 쏟는 게 힘들진 않았는지 여쭤 보면 아버지는 그저 즐거운 시간들이었다고 대답하실 뿐이었습니다.

스무 살이 된 해의 어느 날, 가족끼리 둘러앉아 어린 시절 이야기를 하던 중이었습니다. "우리 딸, 벌써 다 커 버렸어." 아버지가 아쉽다는 듯 말씀하셨습니다. "이렇게 다 커 버릴 날이 올 줄 알고 최선을 다해 너랑 놀았는데, 그래도 아쉽다."

그 말씀이 속 얘기를 잘 하지 않는 아버지께 들어 본 말 중 가장 깊은 이야기가 아니었나 싶습니다. 그 한마디에서 저를 소중히 여기는 아버지의 마음과, 언젠가 커 버릴 딸의 어린 시절을 지켜 주기 위해 최선을 다하셨던 아버지의 노고가 그대로 느껴졌습니다. 그래서인지 그 말씀을 천천히 곱씹어 볼 때면 어김없이 눈시울이 붉어지곤 합니다.

아버지는 늘 입버릇처럼 말씀하셨습니다. 정치를 잘하려면 가정부터 잘 돌볼 줄 알아야 하고, 사람을 사랑하는 마음이 있어야 한다고. 사람을 사랑할 줄 모르고 가정을 돌볼 줄 모르는 사람은 정치를 하면 안 된다고 말입니다. 아버지는 그런 당신의 말씀대로 가정을 훌륭히 돌봤고, 누구보다 사람을 사랑하고 존중하는 마음으로 정치를 해 오셨습니다. 가정을 돌보듯 지역공동체를 돌봤고, 가족의 말을 귀 기울여 듣듯 민원인들의 민원을 가슴 깊이 새기셨습니다. 그 와중에도 늘 새로운 배움에 망설이지 않고 도전했고, 또 그 도전에서 얻은 지식을 꼼꼼히 기록하고 주변 분들과 나누셨습니다.

아버지께선 제게 참 많은 가르침을 주셨습니다. 베풀며 살 것, 배움을 게을리 하지 말 것, 사람들과 끊임없이 소통할 것…….

이제 아버지께 받은 가르침을 여러 사람과 나눌 때가 되지 않았나 하는 생각이 듭니다. 제 아버지이기 때문만이 아니라 한 사람으로서 존경하는 아버지의 책이 세상에 나오게 되어 무척 기쁩니다. 이 책이 정치의 길을 걷고자 하시는 분들께 아버지의 깊은 사랑과 생각이 전달되는 계기가 되었으면 합니다.

사랑하는 딸 올림

## 지방의원의 길
'6선 지방의원' 김용석의 의정가이드

| | |
|---|---|
| 발행일 | 초판 2019년 11월 25일 |
| | 2쇄 2019년 12월 20일 |
| 지은이 | 김용석 |
| 발행처 | 시간의서재 |
| 발행인 | 손은미 |
| 편집인 | 이준호, 이지선, 임지혜 |
| 출판등록 | 2007년 7월 18일 제2007-000126호 |
| | 주소 서울시 중구 퇴계로36가길 10 세정IT빌딩 301호 |
| | 전화번호 02-549-5298 |
| | 홈페이지 www.sikr.co.kr |
| 출력 및 인쇄 | 포인트테크 |

| | |
|---|---|
| 공급처 | 출판물류 (주)비앤북스 |
| 주소 | 경기 고양시 일산동구 성석동 567 |
| 전화 | 031-975-3660 |
| 팩스 | 031-975-3661 |

ISBN 978-89-959932-1-7      03800

이 책의 판권은 시간의서재에 있습니다.
이 책 내용의 전부 또는 일부를 재사용하려면 반드시 저작권자의
서면 동의를 받아야 합니다.

※ 시간의서재는 (주)에스아이케이알의 출판브랜드입니다.

이 책의 국립중앙도서관 출판예정도서목록(CIP) 서지정보유통지원시스템
홈페이지(seoji.nl.go.kr)에서 이용할 수 있습니다.
(CIP 제어번호: CIP2019045731)